現代韓国の福祉事情

キャッチアップか、新しい挑戦か

金成垣・金圓景・呉世雄 編著

法律文化社

はじめに

　本書は，韓日高齢者福祉研究会のメンバーを中心に執筆したものである。本研究会は，社会福祉分野，特に高齢者福祉分野における韓国と日本の学術的交流が活発に行なわれるよう架け橋の役割をすることやそれに関連する情報発信を目的に，韓国出身の研究者を中心に2020年に設立されたものである。コロナ禍において多くの研究会や学会にZoomなどのオンライン開催が広がっていった頃，Zoomであれば，日本全国各地にいる韓国人研究者同士で簡単に研究会を開催できることに着目し，コロナ禍に新しく始めたのである。

　研究会の趣旨に賛同したメンバーが集まり，勢いよく始まったが，どのように進めていくべきか悩む時期が続いた。皆で議論を重ね，韓国にいる研究者をお招きして勉強する回，研究会メンバーの興味関心が近いテーマでグループを分け，合同研究・発表する回のほか，読書会など，様々な内容で進めてきた。そのなかでの議論や研究会前後の雑談などから，多くのメンバーに共通して浮かんだ疑問があった。

　それは，「なぜ，韓国はそうなのか？」ということであった。海外で生活しているメンバーだからこそ，気になる韓国特有の事情も多くあった。例えば，深刻な高齢者貧困や死角地帯の問題など，誰もが社会課題であることに賛同しているにもかかわらず，なぜ解決の糸口が見えないのか。その他，総合社会福祉館や老人総合福祉館など，韓国の地域福祉を担う拠点機関として取り組んでいる各種事業・プログラムの成果について話し合うことも多くあった。

　これらの背景には，韓国の脆弱な社会保障制度，特に社会保険制度が整っている一方でカバー範囲や対象者が限られているため，社会保険ではないもの（例えば，民間保険に加入しリスクに備える等）で補完している根本的な構造上の課題があった。一方で，韓国ならではの政治状況や各種市民団体による組織的な政治参画，良くも悪くもダイナミックに展開される福祉事業の取り組みなどから韓国特有の事象が発生していると考えた。

　皆で研究会を重ねるにつれ，上述したような話し合いが深まり，「現代韓国の福祉事情」という今回の企画が決まった2022年から児童・障害者福祉分野，公的

扶助を専門にする研究者も新たに加わることになった。みんなで本をまとめることは正直，簡単ではなかった。しかし，複数回の合宿を通してメンバー間の仲も議論も深めることができ，みんなで同じ方向を向くことができた。その陰で研究会の年長者の先輩方のリーダーシップがあったことを記しておきたい。特に本の企画から出版に至るまで金成垣先生の優しさと率直なコメントが飴と鞭になり，皆で一致団結することができたと考えている。

　今後，研究会メンバーで続編を企画できるように，皆で切磋琢磨していきたい。

2024年9月24日

編者を代表して

金　圓景

目　次

はじめに

序　章　社会保障制度改革にみる
　　　　「脱キャッチアップ的挑戦」————————金成垣　1

　　1　キャッチアップか，新しい挑戦か　1
　　2　社会保障制度改革にみる韓国固有の特徴　2
　　3　「脱キャッチアップ的挑戦」と「福祉国家的ではないもの」　12
　　4　本書の概要と構成　17

第1章　なぜ，「社会保険ではない制度」
　　　　が広がりつつあるのか————————————金成垣　19

　　1　社会保障制度の整備とその後　19
　　2　社会保障制度の機能不全と求められる「社会保険ではない制度」　21
　　3　多数派を占める不安定就労層への対応　29
　　4　「雇用」を前提としない社会保障制度へ？　31

第2章　なぜ，税方式の基礎年金が拡大しているのか————裵俊燮　34

　　1　高齢者の貧困問題に対する矛盾した政策対応　34
　　2　矛盾する政策理念が混在する韓国の老後所得保障制度　35
　　3　後発性ゆえの特徴と新しい可能性　42

第3章　なぜ，民間「認知症保険」の加入が進むのか————金圓景　47

　　1　民間の認知症保険の広がり　47
　　2　認知症保険の展開と保障内容　48
　　3　セーフティネットとしての認知症保険　54

第4章　なぜ，公的扶助で「就労の場」の提供が
　　　　進められてきたのか————————————金碩浩　60

1　公的扶助として「就労の場」を提供する自活事業の導入　60
　　2　多様な就労の機会を提供する自活事業とそれを支える仕組み　62
　　3　雇用なき成長時代の固着とその対応策としての自活事業の拡大　68

第5章　なぜ，社会的経済政策が進められてきたのか ……… 呉世雄　80
　　1　広がる社会的経済・社会的経済組織　80
　　2　社会的経済関連政策の展開過程　81
　　3　政府主導で進められた社会的経済政策　88
　　4　社会的経済政策への逆風と今後の行方　93

第6章　なぜ，高齢者貧困が深刻化するのか …………… 李省翰　97
　　1　高齢社会による社会課題，そして高齢者貧困　97
　　2　高齢者貧困の社会的背景と実態　98
　　3　高齢者貧困の3大要因　101
　　4　高齢者貧困対策への期待を寄せて　107

第7章　なぜ，高齢者の孤独死を防止できたのか ………… 鄭熙聖　110
　　1　ひとりで孤独な死を迎える時代の到来　110
　　2　孤独死の定義　113
　　3　孤独死防止のための新たな展開　114
　　4　高齢者の孤独死防止策の成果と課題　120

第8章　なぜ，長期療養保険制度下に
　　　　介護予防事業が存在しないのか ……………… 金美辰　125
　　1　長期療養保険制度と介護予防　125
　　2　老人福祉館の役割にみた介護予防　126
　　3　介護予防事業を担うこととなった老人福祉館　133

第9章　なぜ，少子化対策は効果がないのか …………… 金成垣　138
　　1　少子化対策の積極的な推進，ますます深刻化する少子化　138
　　2　少子化対策の展開　143
　　3　求められるのは「少子化対策」だけではない　154
　　4　個人単位の新しい社会システムの構築へ　159

目 次 v

第10章 なぜ，養育費履行確保制度の強化は可能だったのか ──── 姜民護 162

1 養育費履行確保制度に対する2つの立場 162

2 強固な反対のなかで強化された養育費履行確保制度 163

3 「行政制裁」と「刑事処罰」の法制化をもたらした3つの要因 168

4 養育費履行確保制度の強化過程にみる「韓国ならでは」の特徴と示唆 172

第11章 なぜ，政治は障害者運動に反応したのか ──── 孔栄鍾 176

1 終わりなき障害者「権利」運動 176

2 何が変わって，何が変わっていないのか 178

3 「変わっていないもの」への運動に政治を反応させたのは何か 184

4 「変わっていないもの」への挑戦とその意義 190

第12章 なぜ，在留外国人の福祉アクセシビリティ確保が推進されてきたのか ──── 李恩心 192

1 多文化共生政策と福祉アクセシビリティ 192

2 在留外国人の現状と生活支援 193

3 多文化共生政策の推進と福祉アクセシビリティ確保の併存 204

4 さらなる福祉アクセシビリティ確保に向けて 207

第13章 なぜ，総合社会福祉館が地域福祉の担い手になったのか ──── 崔恩熙 211

1 地域住民のニーズに応えてきた総合社会福祉館 211

2 総合社会福祉館の始まりから地域に定着するまで 213

3 総合社会福祉館の始まりと展開 216

4 満を持して福祉サービスの地域拠点になった総合社会福祉館 221

第14章 なぜ，農村ではマウル会館に高齢者が集まるのか ──── 金吾燮 226

1 毎日マウル会館に集まる高齢者たち 226

2 マウル会館の歴史と現状 226

3 マウル会館の魅力は何か 232

vi

4 人口消滅時代のマウル会館　236

第15章 なぜ,療養保護士の国家資格取得者が多いのか
任セア　238

1 療養保護士国家資格の流行　238
2 療養保護士の概要　239
3 療養保護士の資格取得者が多い理由　247
4 介護人材不足問題の改善への期待と示唆　251

第16章 なぜ,「死の教育」関連の民間資格が急増したのか
孔英珠　253

1 ウェルビーイングからウェルダイイングへ　253
2 「死の教育」と民間資格の現況　255
3 未熟なウェルダイイング文化と死の教育の商品化　259
4 死の教育の役割と死の教育関連資格の課題　264

第17章 なぜ,福祉行政ICT戦略が迅速に進んだのか
羅珉京　267

1 世界トップクラスのデジタル政府　267
2 デジタル政府の推進と福祉ICT化　268
3 「福祉死角地帯」への対応に向けた政府主導型のICT化戦略　275
4 第4次産業革命の時代を生き抜く福祉行政の姿　280

終　章 新たな挑戦をどうみるか：示唆と展望
呉世雄　284

1 気になる読み手の見方　284
2 韓国の福祉事情からの示唆　284
3 さらなる挑戦に向けて　292

参考文献
事項索引
執筆者紹介

序 章

社会保障制度改革にみる
「脱キャッチアップ的挑戦」

金 成垣

1 キャッチアップか，新しい挑戦か

　韓国は，20世紀末のアジア通貨危機をきっかけとして社会保障制度を整備しつつ福祉国家化に乗り出した。それ以降およそ四半世紀が経過している。現在，韓国の社会保障制度はどのような状況にあるのか。この問いに対して決してポジティブな評価はできない。

　例えば，年金をみると，皆年金が実現してから給付水準の引き上げは一度も行われず，むしろ大幅な削減改革により，現在の平均給付額は最低生計費を下回っている。皆保険体制で提供される医療サービスでは，保険外診療が一般的であるため，自己負担が6割に達することも多い。介護保険は導入されているものの，民間保険に頼る人の方が多いほど，その対象者とサービスが限定されている。雇用保険の給付水準をみても，OECD平均の3分の1程度の低水準である。最後のセーフティネットである公的扶助の基準は，この間の改革によって，一般的な相対的貧困率より下がり，中位所得30％となっている。

　このような状況のため，韓国国内では，福祉国家化以降のこの四半世紀間，社会保障制度が「足踏み」状態であるという認識が強い。上記のような制度整備の実態から，韓国は福祉国家化に「失敗した」という見解さえみられる。

　しかしながら，韓国の社会保障制度が足踏みするかのように，あるいは，福祉国家化が失敗したかのように見えるものの，それは，先進福祉国家へのキャッチアップが前提とされたときの見解であろう。キャッチアップを前提とせずに実態をみると，韓国が，先進諸国の経験からして異質的な，新しい挑戦，言い換えれば「脱キャッチアップ的挑戦」を試みていることに気づく。その「脱キャッチアッ

プ的挑戦」は，韓国を，先進諸国のような「福祉国家」ではなく，言うならば「福祉国家的ではないもの」へと導いていく可能性をも秘めているように見える。

　本書は，以上のような問題意識から企画されたものである。序章に次ぐ17本の論文では，韓国が試みている「脱キャッチアップ的挑戦」とそれによって展開される「福祉国家的ではないもの」の実態を描いている。ここでは，その出発点として，韓国にみる「脱キャッチアップ的挑戦」および「福祉国家的ではないもの」の内容は何か，それを生み出している政策的文脈は何かを概略的に検討し，それを踏まえて，韓国の経験の示す意味とともに本書全体の概要を簡単に紹介することにしたい。

2　社会保障制度改革にみる韓国固有の特徴

1　社会保障制度の歴史的展開

⑴　社会保障制度の整備

　社会保障制度は，基本的に社会保険と公的扶助から構成される。韓国におけるその歴史に関しては，1960年代まで遡って説明されることが多い。すなわち，60年代前半に公務員年金（60年法制定）や軍人年金（63年法制定）など社会保険が初めて導入されたことや，公的扶助として生活保護（62年法制定）が導入されたこと，また，1970年代後半には医療保険の実施（76年法改正）とともに公的扶助の一環として医療扶助（77年法制定）が新設されたことが挙げられる。また80年代後半に国民年金（86年法制定），1990年代前半に雇用保険（93年法制定）が導入されたことも，社会保障制度の歴史において重要な出来事であるとされる。

　ところが，以上のような諸制度の展開は，厳密に言えば，社会保障制度の前史であったとみるのが妥当である。なぜなら，1990年代半ばまでの制度は，社会保険に関しては，公務員や軍人および大企業の労働者など特定階層のみを対象としたものであり，また公的扶助に関しても，高齢者や子どもおよび障害者など労働無能力者のみを保護するものであった。社会保険においても公的扶助においても，その対象となっていたのは一部の人々のみである。すべての国民を対象とした社会保障制度が整備されるのは，以下にみる1990年代末である。

⑵　アジア通貨危機における社会保障制度の整備

　1997〜8年に発生したアジア通貨危機によって，韓国ではこれまで経験したこ

とのない大量の失業者が発生した。しかし，上記のような一部の人々のみを対象とする社会保障制度の整備のもとで，失業となったほとんどの人々が，社会保険からも公的扶助からも救済されず，失業と同時に貧困に陥るしかない状況におかれてしまった。

この危機的状況に対処すべく，政府は，一方では雇用保険の適用をすべての労働者に拡大し（1998年法改正），他方では新しい公的扶助として，労働能力の有無にかかわらず全国民の最低生活を保障する国民基礎生活保障を創設した（99年法制定）。これにより，短期失業者は雇用保険で，長期失業者や貧困者は国民基礎生活保障で救済する制度的仕組みが作られた。さらに，これらの改革が行われるなか，これまで限定的に運営されていた年金や医療など他の社会保険においても改革が進み，国民皆保険・皆年金体制の実現に至った（99年）。

アジア通貨危機による大量失業・貧困問題をきっかけとした，これら一連の改革によって，すべての国民に対して，加齢および病気や怪我また失業などあらゆる貧困のリスクに対して，まずは，年金や医療，雇用保険などの各種社会保険で対応し，それがうまくいかなかった場合，最後のセーフティネットとしての公的扶助が国民の最低生活を保障するという，社会保障制度の基本的な仕組みが整備されたのである。これが韓国における社会保障制度の成立であると言える。

この社会保障制度の成立によって多くの失業者や貧困者が救われ，21世紀初頭になると，韓国は早いスピードでアジア通貨危機から抜け出した。ところがその後，危機のときに整備された社会保障制度が，国民の生活を保障するうえでうまく機能してきたかというと，そうではない。なぜなら，危機のときの失業・貧困問題とは異なる問題が登場し，それに対する新しい対応が求められるようになったからである。

(3) 少子高齢化の急進展と社会保障制度の新しい展開

21世紀に入って新しく登場した問題は，世界で類例をみないほど急速に進む少子高齢化であった。20世紀末のアジア通貨危機をきっかけとして発生した失業・貧困問題に対しては，主に現金給付を中心とした社会保障制度が整備されたが，ここで新しく登場した少子高齢化問題に対しては，現金給付だけでは十分に対応できず，それとは異なる制度，特に，介護や育児などこれまで家族によって担われてきたケアサービスを提供する，いわばサービス給付が求められるようになった。

サービス給付を取り入れた新しい社会保障制度の整備のために，2005年には「低出産高齢社会基本法」が制定され，それに基づいて05年末には「第1次低出産高齢社会基本計画（2006～2010年）」が作成された。その後，第2次計画（2011～2015年）と第3次計画（2016～2020年）を経て，現在は，第4次計画（2021～2025年）が進行中である。これらの計画の展開のなかで，主に育児や介護などケアサービスの導入と拡充が積極的に進められるようになった。具体的な例としては，07年に導入された老人長期療養保険や13年から始まった無償保育サービスとそれに伴う保育施設の大々的な拡充，また10年代を通じてみられた育児休業制度の大幅な改善などがある。

介護や育児などケアサービスだけでなく，就労支援サービスの分野においても，少子高齢化に対応する形で積極的な政策展開がみられた。すなわち，「急速な高齢化および女性の経済活動参加の増加によって福祉・看病，保育・育児などのサービスに対する需要が急増している。しかし，韓国は，この分野における雇用が他の先進国より非常に少ない状況にある」（労働部 2004：141）ことを背景に，2004年頃から始まった「社会的雇用事業」や「高齢者就労支援事業」，それをより発展させた2007年の「社会的企業育成法」の制定による，主にサービス分野における雇用創出および拡大政策がその代表的な例である。また，その後の「マウル企業育成事業行政指針」(11年)，「協同組合基本法」(12年)，国民基礎生活保障法の改正（12年）による「自活企業」の導入，「社会的経済活性化方案」(17年)なども，急速な少子高齢化を背景とした就労支援サービスの一環として展開された側面がある（金成垣ほか編 2017：第2・3章；金成垣 2022ａ：第4章）。

なお，以上のようなサービス給付とかかわる制度展開とともに，2007年には基礎年金，18年には児童手当が，少子高齢化問題に対応するための現金給付として導入されたことも指摘しておこう。

2　「福祉先進国」へのキャッチアップ？

以上のように，1960年初頭から徐々に導入されてきた韓国の社会保障制度は，90年代末のアジア通貨危機による未曾有の失業・貧困問題への対応として，すべての国民の最低生活を保障するための仕組みが整備された。その後，2000年代初頭から顕在化した深刻な少子高齢化問題への対応として，現金給付のみならず，ケアや就労支援を中心としてサービス給付とかかわる新しい制度の導入と拡充が

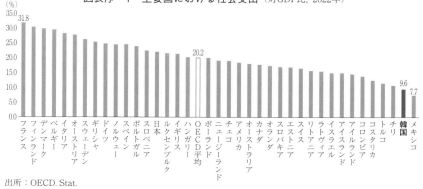

図表序-1 主要国における社会支出（対GDP比，2022年）

出所：OECD. Stat.

行われてきている。

　以上のような積極的な制度展開にもかかわらず，国際比較からみて，韓国の社会保障制度の水準が低いことが大きな特徴として指摘されることが多い。その実態をわかりやすく示しているのが，社会支出の国際比較データである。**図表序-1**にみられるように，実際，韓国の社会支出は，OECD諸国のうち最低のレベルとなっている。社会保障制度の国際比較研究において，韓国が「福祉後進国」と呼ばれるゆえんである。また，社会支出の面だけでなく，各種社会保障制度の給付水準をみても，冒頭で示したいくつかの事例からもうかがえるように，他の先進諸国に比べて非常に低く，そこからも「福祉後進国」としての韓国の状況を確認することができる。

　支出や給付水準の状況からして，韓国が「福祉後進国」とされるのは認めざるをえない。しかしながら，そういった状況が，韓国が「福祉先進国」へのキャッチアップの途上にあることを意味するとは限らないであろう。実際に，前述した通り社会保障制度の展開，特に2000年代に入ってからの制度改革の具体的な内容をみると，低い支出や給付水準を保ちながら，先進諸国の歴史的経験からすると，異質的な，新しい挑戦を韓国が試みていることを発見することができる。「福祉後進国」から「福祉先進国」へのキャッチアップが前提とされると，それらの挑戦は，「福祉先進国」に比べて「未熟」や「未発展」あるいは「過渡期的」なものとして捉えられよう。しかし，キャッチアップを前提とせずにその実態をみると，韓国固有の興味深い動きを見出すことができる。

以下，その動きにみる特徴を大きく 3 つに分けて，①改革の方向性とかかわって「社会サービス国家」へ，②制度の仕組みとかかわって「社会保険ではない制度」の広がり，③対象の選定とかかわって「準普遍主義」の主流化について取り上げてみたい。

3　3つの特徴

(1)　改革の方向性にみる特徴：「社会サービス国家」へ

まず，「社会サービス国家」という制度改革の方向性についてみてみよう。「社会サービス国家」とは，先進諸国における社会保障制度が，主に現金給付を中心として発展してきたこととは異なり，現金給付に関しては，最低限度の水準にしつつ，それを補完するためにサービス給付を充実させていくという改革の方向性である。

そもそも，現金給付とサービス給付については，現金給付は「受給者が受け取った金銭を自らの意思と裁量にもとづいて処分することができるという意味で，対象者（＝利用者）の自由を確保しやすいという長所がある」とされ，それに対して，サービス給付は，「むだが少なく，比較的に安上がりであり……かつ効果的である」とされ（三浦・三友編 1982：37-38），両給付は補完関係というより代替関係として捉えられるのが，従来的な考え方であった。

しかしながら，近年の韓国における社会保障制度改革では，その両者を補完関係として捉えつつ，最低限度の現金給付を行いながら，それによって充足されない様々なニーズに対してはサービス給付で補完しようとする動きが目立つ。

代表的な例として，老後所得保障の分野をみるとわかりやすい。冒頭で示した通り，韓国の年金制度は，給付水準が最低生計費を下回る低い水準にあり，高齢者がそれだけで生活を営むことは到底難しい。しかし，その給付水準を大幅に引き上げることは財政制約などのため現実的に困難である。そのため韓国では，低い水準の年金を補うべく，様々なサービス給付が積極的に展開されている。例えば，「総合社会福祉館」や「老人福祉館」などといった地域の福祉センターで食事や家事および医療や介護などのケアサービスが提供され，また，上記の高齢者就労支援事業や社会的企業によって，一定程度の収入が得られる各種就労支援サービスが提供されている（金成垣ほか編 2017）。そして，年金が低い水準であるため，それらのケアサービスや就労支援サービスが高齢者の生活に欠かせないも

のになっている。

　サービス給付を重視する考え方が初めて現れたのが，2000年代半ばの盧武鉉政権期（03年2月〜08年2月）であった。同政権では，前の金大中政権（1998年2月〜03年2月）において成立した社会保障制度が，主に現金給付中心の所得保障制度であり，その所得保障制度だけでは当時急速にすすむ少子高齢化とその背後にある家族構造の変容や家族機能の弱体化に適切に対応することができないという判断で，ケアや就労支援などサービス給付分野における制度整備を課題とする「社会的投資戦略」を社会保障制度改革の基本理念として採用した（大統領諮問政策企画委員会 2006）。そこでは，従来の現金給付が「事後的」かつ「消費的」なものとしてネガティブに評価され，それに対して，介護や育児などのケアサービスやそれとかかわる就労支援サービスが，経済的および社会的に「見返り」のある「投資的」なものとしてポジティブに評価されていた。

　その後，進歩派から保守派への政権交代が行われたにもかかわらず，「福祉の経済への貢献」を重視する李明博政権（2008年2月〜13年2月）では，「能動的福祉」というスローガンのもとで，現金給付よりサービス給付を重視する前政権と同様の考え方による社会保障制度改革が展開された（キム・ウォンソブ／ナム・ヨンチョル 2011）。そういった考え方がより正式化したかたちで現れたのが，李明博政権につぐ朴槿恵政権（2013年2月〜17年3月）の時期であった。朴槿恵政権が社会保障制度改革の方向性として打ち出したのが，上記の「社会サービス国家」という社会保障制度改革のビジョンである。

　少し詳しくみると，**図表序−2**のように，現金給付とサービス給付を補完関係として設定したうえで4つのタイプの社会保障制度のあり方が提示される。北欧諸国のように現金給付が手厚く同時にサービス給付も十分に行われているのがタイプⅠ，日本や大陸ヨーロッパのように現金給付は手厚いもののサービス給付は不十分にしか行われていないのがタイプⅡである。それに対し，韓国の社会保障制度は現在，現金給付もサービス給付も最低限しか行われていないタイプⅢに属するが，今後，先進諸国にみられるタイプⅠやタイプⅡを目指すのではなく，どちらのタイプとも異なる独自路線としてタイプⅣ，つまり現金給付は最低限にしつつサービス給付を充実させる，いわゆる「社会サービス国家」を目指すべきであるという考え方が提示された。この「社会サービス国家」は，先進諸国へのキャッチアップではなく，韓国独自の路線が示されたものなのである。

図表序-2 社会保障制度改革の方向性としての「社会サービス国家」

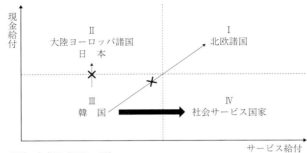

出所：金成垣（2022a：93）。

朴槿恵政権が打ち出した「社会サービス国家」は、「現金給付よりサービス給付を中心として社会保障制度を拡充しようとした点で、盧武鉉政権の社会的投資戦略を継承するものであった」（ユン・ホンシク 2019：398）と評価されているように、政権交代によって用語は変わっても、現金給付よりサービス給付を重視する考え方は、2000年代半ば以降における韓国の社会保障制度改革にみる一貫したものと捉えることができる。朴槿恵政権後、進歩派の文在寅政権（17年5月〜22年5月）へ、また保守派の尹錫悦政権（22年5月〜現在）へと、頻繁な政権交代が行われながらも、「社会サービス国家」という政策目標と同様の文脈で、社会保障制度改革が展開されてきている（金成垣 2022b）。そこには、政権の政治的性向とは関係なく、財政制約という昨今の経済および政治情勢のなかで、「現金給付より、財政負担が少なく予算調整がしやすいサービス給付を重視」（金ほか編 2017：48）しなければならない状況が強く反映されていると言える。

(2) 制度の仕組みにみる特徴：「社会保険ではない制度」の広がり

次に、社会保障制度の仕組みにみる特徴として、「社会保険ではない制度」の広がりについてみてみよう。

そもそも社会保障制度は、周知の通り、何らかの理由による所得の喪失に対応するために生まれたものである。その仕組みは、保険料を財源とし貢献原則に基づいて防貧機能を果たす社会保険と、税を財源として必要原則に基づいて救貧機能を果たす公的扶助から構成される。加齢および病気や怪我また失業などによって所得を失った場合、まずは社会保険からの給付を受けるが、その給付条件を満たさず貧困状態にあると、公的扶助の対象となる。このように社会保険が主軸、

公的扶助が副軸とするその両制度の結合が，社会保障制度の基本的な仕組みである（田多 1994；2009；田多編 2014など）。韓国で，アジア通貨危機をきっかけとしてこの基本的な仕組みからなる社会保障制度が整備されたことは，すでに指摘した通りである。

　ところが，整備後における社会保障制度の改革をみると，社会保障制度の主軸である社会保険をうまく機能させることができず，そこで副軸としての公的扶助を含む，いわば「社会保険ではない制度」が急速に広がっている状況が顕著となっている。

　例えば，李明博政権期の2012年にスタートした「ドゥルヌリ社会保険」事業や文在寅政権期の20年に実施された「全国民雇用保険」など，国家財政による保険料支援を通じて，社会保険の対象を拡大しようとする改革が持続的に試みられてきている。しかしながら，経済のサービス化やIT化による労働市場の柔軟化および雇用の流動化に伴い，非正規雇用者や自営業者またギグワーカーやフリーランサーのような個人事業主など，社会保険の対象外となる，いわゆる不安定就労層が大きく増加するなか，かれらへの保険料支援のための財政負担に限界があり，それらの改革が大きな成果を出していないのが現状である（イ・ビョンヒほか2016；キム・ヨンスン2017など）。

　そこで，社会保障制度の副軸である公的扶助の拡大が積極的に行われている点が注目に値する。すなわち，国民基礎生活保障に関して，これまで扶養義務者基準の緩和やボーダーライン層対策の推進など，その対象者を拡大するための様々な改革が行われてきた。そのなかで，何より注目すべき改革として，朴槿恵政権が2015年に実施した，「統合給付」から「個別給付」へという給付方式の変更がある。

　そもそも国民基礎生活保障には，7つの給付（生活・住宅・医療・教育・出産・葬祭・生業扶助）があり，従来は，いずれの給付も，最低生活費以下の者のみを対象とし，給付方式についても生活扶助を基本に，必要に応じて他の給付を併給する，いわゆる「統合給付」となっていた。しかし，2015年の改正で，給付ごとに対象者選定基準を設定し個別に給付を行う「個別給付」という方式へと変更された。この「統合給付」から「個別給付」への変更は，単一の制度であった国民基礎生活保障を機能分化する可能性を秘めており，その意味において公的扶助の拡大として捉えることができる。

より重要なのは，公的扶助ではないが，それと同様の税方式の制度が拡大してきている点である。そういった動きは2000年代後半から徐々にみられた。例えば，盧武鉉政権末期の07年に導入が決まり，李明博政権期の08年にスタートした基礎年金がその代表的なものである。同制度は，社会保険としての国民年金における「無年金・低年金」問題を改善するために税方式の制度として導入された。当初は，国民年金の成熟につれ基礎年金の役割が縮小されるという考え方が強かったが，現時点でみると，高齢者の生活における基礎年金の役割はますます大きくなっている。また，08年の介護保険の導入以来，その保険制度がカバーできない人々のために，税を財源とした中央および地方政府による介護サービスの提供が徐々に増えてきていることも注目される。そういったなか，10年代半ば以降になると，「OECD諸国のうち，雇用が最も不安定な韓国において，社会保険はほとんどの人々のニーズに対応することができない」（ユン・ホンシク 2016：1018）という認識が強くなり，税方式の新しい制度導入とその拡充を中心とした改革の動きがより鮮明になった。

　2017年以降，文在寅政権によって展開された「5大所得保障政策」がまさにそうである。すなわち，①失業扶助の導入，②基礎年金の引き上げ，③基礎保障における扶養義務者基準の撤廃，④児童手当の導入，⑤障害者年金の引き上げという5つの改革課題である。その内容をみると，社会保険に関するものは一切含まれておらず，すべてが税方式の制度の新設および拡充であることがわかる。文在寅政権では，上記の「全国民雇用保険」の実現といったような社会保険の拡大の試みもあったが，大きな効果はなく，むしろこの税方式の制度改革により力を入れていた。

　さらに言えば，2022年5月に新しく登場した尹錫悦政権が出した社会保障制度改革の課題をみても，同様の状況がうかがわれる。すなわち，同政権では，①基礎年金の引上げ，②基礎保障の引上げ，③子育て世帯への給付という3つの改革課題を挙げている。現時点（24年4月）で，③はすでに実施されており，①と②に関しては計画通り実現できるか否かが定かではない。とはいえ，ここで重要なのは，その内容からして，①～③すべてが社会保険ではなく税方式の制度の新設および拡充の試みであるということである。

(3)　対象者の選定にみる特徴：「準普遍主義」の主流化

　最後に，社会保障制度の給付対象者の選定にみられる「準普遍主義」の主流化

という特徴についてみてみよう。

　社会保障制度の給付を行うにあたり，所得水準と関係なくすべての人々に給付を行う（＝普遍主義）か，それとも貧困層に限定して給付を行う（＝選別主義）かをめぐっては，その政策的効果や財政負担の程度またそれぞれの背後にある貧困の捉え方の相違などのため，これまで「普遍主義 vs. 選別主義」といった対立構図のなかで議論が展開されることが一般的であった。

　しかしながら，この間の韓国の社会保障制度改革では，その対立構図から離れて，むしろ「選別主義と普遍主義の融合」という動きがみられている。すなわち，社会保障制度の給付対象に関して，すべての人々ではなく所得水準を基準にして選定を行うが，それが，従来のように貧困層に給付対象を限定した選別主義ではなく，中間層を含めた選別主義，逆に言うと，富裕層のみを給付の対象から排除する形での選別主義であるということである。これを普遍主義とすることはできないが，そうかといって選別主義とすることも相応しくない。言うならば「準普遍主義」と呼ぶのが妥当であろう。2000年代後半以降の韓国における社会保障制度の改革展開をみると，この「準普遍主義」の主流化現象がみられていることが注目に値する。

　最も代表的なものが，上記の基礎年金である。同制度は，所得を基準として下から70％の高齢者に税財源で給付を行っている。所得水準を基準としているものの，それが貧困層に限らず中間層を含んでいるため，選別主義的な給付に対して懸念されるスティグマが発生しにくい。また，財政制約のなかで，限られた財源を集中することで費用対効果が大きいという選別主義の長所が活かされている。制度導入後，進歩派ではすべての高齢者へ給付対象を拡大しようとする試みがあったり，保守派では貧困層への限定した給付を主張したりすることもあったが，現在においても70％という所得基準が維持されている。それは，給付や財政の面で，「準普遍主義」的な基準の持つメリットが大きいからであると言える。

　「準普遍主義」的な制度は基礎年金だけではない。2010年に李明博政権期に導入された障害者年金においても，同様の基準（所得下位70％）に基づいて給付が行われている。また最近の改革でみると，18年に文在寅政権で新しく導入した児童手当は，当初は「すべての子どもに児童手当を！」という声も強かったが，制度導入の段階で，富裕層の子どもに給付することが世間的にあるいは政治的に認められず，結局は，所得上位10％を除外する形での導入となった。[1] 上記の，文在

寅政権の「5大所得保障政策」のなかで，2021年に導入された国民就業支援制度
——中位所得60％，18〜34歳は120％——においても，また2022年に行われた国
民基礎保障における扶養義務者基準の廃止——扶養義務者の所得（年収1億ウォ
ン以上）および財産（保有不動産価格9億ウォン）が一定水準以上の場合は，扶養義
務基準を適用——においても，類似した考え方によって対象者選定が行われてい
る。さらに言えば，コロナ禍で実施された各種支援金をみても，例えば，「所得
下位88％」（21年9月実施の「国民支援金」）といった基準で，富裕層を対象から外
しつつ，中間層までその対象とする形で給付が行われるケースが多かった。

　現金給付だけではない。例えば，2022年の改革によって，対象者の拡大が試み
られた「家事・看病訪問支援事業」をみると，ケアサービス給付の分野において
も「準普遍主義」的な傾向が鮮明に現れている。同事業は，障害者や重症疾病者
およびシングルペアレント世帯に家事および看病サービスを提供する国の事業で
ある。これまでこの事業は，貧困層（中位所得30％）と次上位階層（中位所得
50％）を対象として行われていたが，2022年から中位所得70％までへとその対象
を拡大することとなった。同事業の他にも，地方政府で独自に行われている介護
や育児関係のケアサービスの提供において，また各種就労支援サービスの提供に
おいても，「準普遍主義」的な基準に基づいて実施されている制度は数多く存在
する。

　新しい制度を導入する，あるいは従来の制度を拡大する際に，給付対象者を選
別することに行政コストがかかることを政府関係者が説明しても，富裕層に給付
することに対する反発が強く，富裕層には給付しないというのが世間的にも政治
的にも受け入れやすい。その結果，行政コストは高くても，いわゆる政治コスト
が低いため，富裕層を対象から除外する「準普遍主義」的な給付方式が導入され，
実施されているのである。

3　「脱キャッチアップ的挑戦」と「福祉国家的ではないもの」

1　後発福祉国家の「脱キャッチアップ的挑戦」

　以上，主に21世紀に入ってからの韓国における社会保障制度改革にみる特徴を
検討してきた。改革の方向性にみる特徴としては「社会サービス国家」へ，制度
の仕組みにみる特徴としては「社会保険ではない制度」の広がり，対象者の選定

にみる特徴としては「準普遍主義」の主流化である。いずれも，先進諸国の経験からすると異質的な，新しい試みであると言える。21世紀に入りこの20年以上，頻繁な政権交代が行われたにもかかわらず，社会保障制度改革にみるそれらの特徴は，大きく変わらず，むしろより鮮明な形で現れるようになっている。このような韓国の状況はいかに解釈できるのか。

　韓国は，しばしば「後発福祉国家」と呼ばれるように（金成垣 2008；2022ａ），日本や西欧の先進諸国に比べて半世紀以上遅れて福祉国家化している国である。韓国が社会保障制度を整備しつつ福祉国家化に乗り出した20世紀末以降という時点は，世界的にみると，戦後のフォーディズムによる高度経済成長を背景として社会保障制度が大幅に拡大した「福祉国家の黄金時代」が終わり，社会保障制度の縮小あるいは抑制をもたらす新自由主義的な政策傾向が蔓延するグローバル資本主義の時代に突入していた。国内でも，サービス化やIT産業化および情報化を軸とした脱工業化が急速に進むなか，フォーディズムによる高度経済成長があったからこそ先進諸国が共通に経験した「福祉国家の黄金時代」を，韓国は享受できない状況におかれていた。むしろ制度抑制への強い圧力のもとで社会保障制度改革を進めなければならなかったのである。「社会サービス国家」という改革の方向性，「社会保険ではない制度」の新しい導入と拡充，「準普遍主義」に基づく対象者の選定は，そのような状況におかれた後発福祉国家としての韓国が選択した社会保障制度改革の戦略であったと言える。

　近年，先進諸国においても，かつて「福祉国家の黄金時代」を支えていた歴史的条件が崩れ，その持続可能性が問われつつ社会保障制度の抑制が試みられている。そこで，韓国のような改革戦略が議論されることもある。しかしながら，かつて「福祉国家の黄金時代」に社会保障制度の大幅な拡大を経験した先進諸国において，韓国にみられる「社会サービス国家」や「社会保険ではない制度」および「準普遍主義」を容易に取り入れられるかというと，決してそうとは言えない。なぜなら，従来の高い水準の現金給付を最低限に引き下げることは，いくらサービス給付によってそれを補うといえども，強い政治的な反発が予想されるからである。また，労働市場の柔軟化や雇用の流動化のなかで社会保険の限界が見えたとしても，長い間，社会保障制度の主軸として機能してきた社会保険を簡単に取り払うことはできない。同様の文脈で，長きにわたって普遍主義的に行われた給付に突然，所得制限を設けることは難しいであろう。これらは，制度の経過年数

が長く，その分，制度をめぐる利害関係が複雑になっているがゆえの制約であると言える。

　翻って，後発福祉国家としての韓国についてみてみると，「福祉国家の黄金時代」を経験していないがゆえに，そういった歴史的および制度的制約，つまり経路依存的制約が相対的に弱く，新しい挑戦に乗り出しやすいのである。これは，アジア経済論で言われる「新興国の逆説的な強み」（伊藤 2020：159）と似たような状況である。後発福祉国家としての韓国にみられる「社会サービス国家」と「社会保険ではない制度」および「準普遍主義」は，決して先進諸国へのキャッチアップの過程ではなく，むしろそこから抜け出すための，言うならば「脱キャッチアップ的挑戦」であると言ってよいであろう。

2　「新しい福祉国家」への途か，「福祉国家的ではないもの」への途か

　韓国が試みている「脱キャッチアップ的挑戦」に関して，ここで重要な論点として指摘しなければならないのは，その「脱キャッチアップ」的挑戦を，先進諸国の歴史的経験を参照しつつそれを取捨選択しながら「新しい福祉国家」に進む動きとしてみるか，それとも，先進諸国の歴史的経験をあえて選択せず，言うならば「福祉国家的ではないもの」に進む動きとしてみるか，という点である。これを，概念図として示してみると，**図表序−3**のようになる。

　本章で検討した「脱キャッチアップ的挑戦」の中身やその展開過程をみると，そこには「新しい福祉国家」の要素として解釈できるものもあれば，「福祉国家的ではないもの」の要素として解釈できるものもあり，それをどちらかの1つの途として明確に判断することは難しい。それは，分析対象としての福祉国家の概念定義や福祉国家についての歴史認識に深くかかわっており，その概念定義や歴史認識は，それを論じる人の問題関心や学問的立場によって見方が大きく異なるからである。

　とはいえ，「脱キャッチアップ的挑戦」という韓国の経験を，本章でみてきた社会保障制度改革の範囲を超えてより広い文脈で考えると，「社会サービス国家」への改革の方向性，「社会保険ではない制度」の広がり，「準普遍主義」の主流化のなかで，韓国では，「新しい福祉国家」より「福祉国家的ではないもの」に進む動きがより強く現れているように見える。

　この点を明確にするために，ここで仮に，福祉国家を，人々の生活を国家が直

序章　社会保障制度改革にみる「脱キャッチアップ的挑戦」　15

図表序-3　福祉国家と後発福祉国家の異なる経路

出所：筆者作成。

接支える仕組みとして広く定義し，「福祉国家的ではないもの」を，国家の直接的な介入のない，人々の支え合いの仕組みであるとしてみよう。先進諸国の場合，戦後の「福祉国家の黄金時代」に社会保障制度の大幅な拡大が行われるなか，人々の支え合いの仕組みとしての「福祉国家的ではないもの」は縮小あるいは弱体化してきたとみることができる。それに対して，後発福祉国家としての韓国では，先進諸国が共通に享受した「福祉国家の黄金時代」を経験せず，社会保障制度が足踏みするなか，「福祉国家的ではないもの」，つまり国家の直接的な介入のない，人々の支え合いの仕組みが多く残り，場合によっては広く発展してきたと言える。

　その「福祉国家的ではないもの」は非常に多様な形をとっている。韓国の実態に即して言えば，福祉国家化する以前の1980年代から，地域福祉の重要な担い手として活発に活動をしてきた総合社会福祉館や老人福祉館および障害者福祉館などがあり，また，福祉国家化以降の2000年代後半以降に新しく登場し，その活動領域を急速に広げている社会的（経済）企業や協同組合またマウル企業や自活企業などのコミュニティ・ビジネス組織もある。一方で，遠隔介護や保育または遠隔看護や診療などの最新のデジタルテクノロジーを利用した遠隔ケアシステム，そして，インターネットを活用したクラウドファンディングなど，地域を基盤としない新しい形態の相互扶助システムも構築されつつある。また，社会保障制度の不十分さを補うために，民間医療および介護保険，私的年金や生命保険などの民間保険が大幅に普及している状況も見受けられる。

図表序 - 4 様々な「福祉国家的ではないもの」

		支え合いの距離	
		近 隣	遠 隔
仕組みのあり方	旧型	I 総合社会福祉館，老人福祉館， 障害者福祉館，マウル会館など	II 民間医療および介護保険， 私的年金，生命保険など
	新型	III 社会的（経済）企業，協同組合， マウル企業，自活企業など	IV 遠隔ケアシステム， クラウドファンディングなど

出所：筆者作成。

　韓国ではこのような多種多様な「福祉国家的ではないもの」が広範に存在しており，かつ急速な展開をみせている。「社会サービス国家」，「社会保険ではない制度」，「準普遍主義」といった最近の社会保障制度改革が，その展開に拍車をかけている側面もある。それらの様々な「福祉国家的ではないもの」をいかに分析するかについては，かなりの工夫が必要になると思われるが，差し当たり**図表序 - 4**のようないくつかの類型を理念型として示すことができよう。

　すなわち，支え合いの距離が，従来の地域社会をベースにした近隣ネットワーク（＝「近隣」）か，マーケットやテクノロジーを活用した遠隔ネットワーク（＝「遠隔」）か，そして仕組みのあり方が，旧来から存在する互酬および交換システム（＝「旧型」）か，そこから解放された自由な個人の自発的意志によって新しく生まれた相互扶助システム（＝「新型」）かによって，4つの類型の「福祉国家的ではないもの」が見出される。上記の韓国の実態にみる様々な「福祉国家的ではないもの」は，この4つの類型のいずれか，あるいは複数の類型の混合として位置づけられる。

　いずれにせよ，ここで強調したいのは次のことである。先進諸国へのキャッチアップを前提とすると，韓国における以上のような「福祉国家的ではないもの」の存在は，福祉国家の「未発展」あるいは「未熟」の状況と捉えられがちである。しかしながら，「福祉国家の黄金時代」に先進諸国にみられた社会保障制度の大幅な拡大を経験していない韓国が，それを補完あるいは代替すべく「福祉国家的ではないもの」の展開を積極的に進めているのだとすれば，それは，「未発展」でも「未熟」でもなく，むしろ「脱キャッチアップ」という動きとして捉えてよいであろう。上で検討した社会保障制度改革にみる「脱キャッチアップ的挑戦」

と合わせて　上記の様々な「福祉国家的ではないもの」の展開からすると，韓国は，先進諸国が歩んできた福祉国家の歴史的過程から大きく離れようとしているように見えるのである。

4　本書の概要と構成

　本書は，韓国の実態に関する以上のような問題意識から企画されたものである。まとめてみると，「社会サービス国家」，「社会保険ではない制度」，「準普遍主義」といった社会保障制度改革にみる「脱キャッチアップ的挑戦」とそこで展開される「福祉国家的ではないもの」のなかで，後発福祉国家としての韓国は，先進諸国へのキャッチアップを超えて，その先進諸国の歴史的経験とは異なる新しい道を切り拓こうとしているのではないか，という問題意識である。

　本書は，そのような問題意識を共有しつつ，新しい道を切り拓こうとしている韓国の実態を描く17本の論文から構成されている。社会保険や公的扶助を中心とした，主に現金給付と関連する社会保障制度改革にみられる新しい挑戦を取り扱う論文もあれば（主に第1章〜第3章），就労およびケア関連の社会保障制度改革にみられる新しい挑戦に焦点を当てる論文もある（主に第4章〜第12章）。また，各種支援サービスの担い手や提供の仕組みにみられる新しい挑戦を検討する論文もある（主に第13章〜第17章）。テーマはそれぞれであるが，タイトルにみるように，すべての論文が「なぜ」という問いから始まっているのが注目に値する。それは，本章で検討した問題意識がそれぞれの論文に明確に共有されていることを意味する。その問題意識を共有しつつ韓国の新しい挑戦の実態を描くことが，本書全体の目的である。

　関連して最後に，次の2点を指摘しておきたい。1点目は，言うまでもなく，韓国にみる新しい挑戦に，「光」の側面だけでなく，「影」の側面があることである。各論文では，その両側面を可能な限りバランスよく扱おうとした。韓国は現在，「光」と「影」を同時に含む形で試行錯誤をしながら新しい挑戦を試みていると言える。本書全体を通じて，後発福祉国家としての韓国にみるその新しい挑戦が，先進諸国における福祉国家のこれまでの経緯とこれからの展望に対して示す理論的および政策論的示唆を考える素材になることを期待したい。

　2点目は，各章で取り上げているテーマが，韓国が試みている新しい挑戦のす

べてではないことである。本書では，新しい挑戦の全体像を示すことより，各執
筆者の専門分野を優先する形で企画を進めたため，全体を網羅できずテーマが
偏った側面があることは否めない。とはいえ，全体像を示すことを急ぐつもりは
ない。本書を第一歩として，今後さらに多様な分野における韓国の新しい挑戦を
描いていきたい。その過程で，全体像が少しずつ現れ，また他の先進諸国に対す
る示唆も徐々に明確になっていくことを期待したい。

注
1）　ただし，導入後の実際の対象者選定過程で，所得上位10％の選別作業が担当者の過重な業務負
担となってしまうことが判明した。そこで，ソウル市や城南市など大きな自治体では，選別を止
め自治体予算を投入してすべての子どもに手当を支給することを決めた。これをきっかけに政府
の方針が変わり，すべての子どもを対象とした普遍主義な制度へと改正されることとなった。

第1章

なぜ，「社会保険ではない制度」が
広がりつつあるのか

金　成垣

1　社会保障制度の整備とその後

1　アジア通貨危機と社会保障制度の整備

　周知のように，社会保障制度は，資本主義社会においてそこに必然的に随伴する失業・貧困問題に対応するために生まれたものである。その仕組みは，保険料を財源とし貢献原則に基づいて防貧機能を果たす社会保険と，税を財源とし必要原則に基づいて救貧機能を果たす公的扶助から構成される。失業などで所得を失った場合，まずは社会保険からの給付を受けるが，その給付条件を満たさず貧困状態にあると，公的扶助の対象となる。このように社会保険を主軸，公的扶助を副軸とするその両制度の結合が，失業・貧困問題に対応するための社会保障制度の基本的な仕組みである。

　韓国で以上のような仕組みからなる社会保障制度が整備されたのは，1990年代末のアジア通貨危機のときであった。[1]危機によってこれまで経験したことのない大量の失業者や貧困者が発生し社会経済全体が大混乱に陥った。危機の最中で登場した金大中政権（98年2月～2003年2月）は，それに対応すべく社会保障制度の整備にとりかかった。社会保険としての雇用保険の全企業への拡大（98年）と現代的な公的扶助である国民基礎生活保障（以下，基礎保障）の導入（99年法制定，2000年施行）を行い，失業者や貧困者の最低生活を保障することとなった。その過程で，それまで限定的に運営されていた年金や医療など他の社会保険の整備もすすみ，99年には皆保険・皆年金が達成された。これによって，失業のみならず加齢や病気などあらゆる貧困のリスクに対して，まずは社会保険で対応し，それがうまくいかなかった場合，最後のセーフティネットとしての基礎保障が国民の

最低生活を保障するという，社会保障制度の基本的な仕組みが整備された。

　アジア通貨危機をきっかけに整備された社会保障制度はその後，給付の内容や対象および水準などの様々な側面においてその拡充を図る改革が行われてきた。金大中政権に次ぐ盧武鉉政権（2003年2月〜08年2月）では「社会的投資戦略」，李明博政権（08年2月〜13年2月）では「能動的福祉」，朴槿恵政権（13年2月〜17年3月）では「オーダーメイド型福祉」，文在寅政権（17年5月〜22年5月）では「包容的福祉」，現在の尹錫悦政権（22年5月〜）では「生産的オーダーメイド型福祉」など，それぞれ独自のスローガンのもとで社会保障制度の機能強化のための改革を進めてきている[2]。

2　広がる「社会保険ではない制度」

　この間，進歩派（金大中・盧武鉉・文在寅政権）と保守派（李明博・朴槿恵・尹錫悦政権）の間で頻繁に政権交代が行われたこともあり，そこで展開された社会保障制度改革に対しては，政治的な立場によってその評価が分かれることが多い。しかしながら，いずれの政権においても，社会保障制度の機能強化のための政策的努力が持続的に試みられていることは事実であり，そこに共通する重要な特徴を見出すことができる。それは，社会保障制度の主軸である社会保険がうまく機能することができず，そこで副軸としての公的扶助を含む，いわば社会保険ではない制度が急速に広がっていることである。

　韓国においてなぜ社会保険がうまく機能することができないのか，そしてそのなかで社会保険ではない制度が広がっていることは何を意味するのか。本章では，韓国における社会保障制度の改革過程を検討しながら，社会保険ではない制度が広がっている実態とその要因および意味を明らかにしたい。

　実は，社会保険がうまく機能することができず，社会保険ではない制度が広がっている韓国の現状からは，今日の世界各国における社会保障制度改革に対して重要な政策的および理論的示唆を見出すことができる。そのため本章では，韓国の実態に関する現状分析を行うとともに，それが示すインプリケーションについても考えてみたい。

2 社会保障制度の機能不全と求められる「社会保険ではない制度」

1 「死角地帯」問題

　アジア通貨危機をきっかけとした社会保障制度の整備が，危機によって発生した失業者や貧困者の生活安定に一定程度寄与したことは間違いない。実際，2000年代前半になると，危機からの「早期卒業」が言われたように，早いスピードで韓国は危機から抜け出した。

　しかしながらその後，特に2010年代に入ると，危機時に整備された社会保障制度のもつ機能不全が指摘されるようになった。何より急速にすすむ経済のサービス化やIT化による労働市場の柔軟化と雇用の流動化のなかで，パートやアルバイト，派遣および契約社員などの非正規労働者や，自営業者またギグワーカーやフリーランサーのような個人事業主など，いわゆる不安定就労層が大きく増加したことが，社会保障制度に深刻な機能不全をもたらす主な要因となった。

　具体的に言うと，それら不安定な就労状況におかれている人々は，解雇や雇止め，あるいは業績不振や倒産などの理由によって，所得の減少あるいは喪失など貧困のリスクに陥る可能性が高いにもかかわらず，正規労働者の定期的・継続的な保険料納付を前提とする社会保険から排除されていることが大きな問題となった。例えば，2010年代半ばの時点でみて（15年），非正規労働者の社会保険加入率は年金（37.0％），医療（43.9％），[3] 雇用保険（42.1％）のいずれにおいても5割を大きく下回っている（韓国労働研究院 2019）。徐々に改善が図られているとはいえ，加齢や病気および失業によって所得を失っても，大半の非正規労働者が社会保険からの給付が受けられないのは現在も変わりはない。[4]

　とすると，かれらは何らかの理由で生活困窮に陥った場合，公的扶助に頼るしかない。しかし韓国の基礎保障の場合，資力調査や扶養義務者基準[5]などの厳しい資格条件のため，捕捉率つまり実際の貧困者のうち給付を受けている人々の割合は20〜30％で非常に低い（金成垣 2013；キムミゴン／ユジンヨン 2015：17）。給付基準や運営の仕方からして，不安定就労層が生活困窮に陥っても，基礎保障に頼ることは実質的に難しいのである。

　以上のような状況のなかで，不安定就労におかれている多くの人々が社会保険と公的扶助のどちらの制度にもカバーされず，貧困のリスクにそのままさらされ

てしまうことが，いわゆる「死角地帯」問題とされ，かねてからその深刻さが指摘されてきた。「社会保険が主に対象としているのは，安定した雇用状態を維持しうる労働者である。その仕組みから多くの非正規労働者や零細中小企業の労働者および自営業者など不安定就労層が排除される。……特に法的に社会保険の適用対象にもかかわらず，重い保険料負担のため社会保険に加入していない人々が数多く存在する。他方で，公的扶助の厳しい受給条件のため，給付を受けることができず，『死角地帯』におかれている人々が非常に多い」（イ・ミョンヒョン 2014：15-16）という指摘である。労働市場の柔軟化と雇用の流動化がますます進むなか，その「死角地帯」におかれている人々が「生活不安を超えた生存不安」（ウォン・ヨンヒ 2017）の状況にあるとも言われた。

　その「死角地帯」問題の解決あるいは改善のために，これまで様々な改革が行われてきた。様々な改革といっても，多数の方法があるわけではなく，社会保険と公的扶助からなる社会保障制度の基本的な仕組みからすると，大きく2つの方法がありうる。つまり社会保険の改革と公的扶助の改革である。それぞれについてみてみよう。

2　社会保険拡大の試みとその限界

　まず，社会保険の改革に関して言えば，非正規労働者や自営業者など不安定就労層の保険料負担を軽減し加入インセンティブを高めるために，李明博政権においてスタートした「ドゥルヌリ社会保険」事業がその代表的な例である。10人未満の従業員を雇っている事業所に対して，雇用主と従業員の国民年金と雇用保険の保険料の50％を国が支援することを主な内容とする事業である。同事業は，2012年にモデル事業から始まり，その対象や水準を拡大しながら現在まで続いている。

　ただし，その効果は微々たるものであることが多くの研究で指摘されてきた（イ・ビョンヒほか 2016：キム・ヨンスン 2017など）。すなわち，50％の保険料支援といっても，①非正規雇用や自営業者にとって社会保険の新規加入に伴う保険料の負担は依然として大きいこと，②同制度の申請によって所得が把握され税負担が重くなること，何より，③近年の産業構造の変化による労働市場の柔軟化や雇用の流動化のなかで，そもそも社会保険の加入対象にならない働き方が持続的かつ大幅に増加していることが，その主な要因となっている。

いうまでもないが，「ドゥルヌリ社会保険」のような社会保険の対象拡大を図る改革は，それ単独では不十分で，労働市場の安定化のような労働市場の規制強化改革を並行しなければならない。不安定就労層の増加をそのままにしたのでは，安定的な雇用とそれによる持続的な保険料納付を前提とした社会保険の対象拡大は成果を出しにくい。しかし近年の韓国の状況をみると，経済のサービス化やIT化のなかで，労働市場の規制強化どころか，むしろ規制緩和の動きが目立つ。特にギグワーカーやフリーランサーなど，そもそも社会保険の加入対象にならない個人事業主がますます増加するなかで，保険料支援のような形で社会保険の加入対象を増やそうとしてもその限界は明らかなのである。

実はこの点，2020年に文在寅政権が試みた「全国民雇用保険」の実現において明確に現れた。同制度は，政府の財政支援で，非正規雇用者や自営業者および個人事業主など，従来の雇用保険から排除されている不安定就労層への適用拡大を目指したものである。しかし実際の実施段階で，その対象者の多さゆえ財政負担の急増が懸念され，芸術関係従事者など一部の不安定就労層のみ（7.5万人）が新しく対象となり，それ以外の不安定就労層（政府推計で63.1万人）は今後の段階的な拡大の対象とされた（パク・ヨンソク 2021）。その後，対象拡大が徐々に試みられているが，その改革の成果には大きく期待できないのが現状である（ベク・スンホほか 2021；ト・ジェヒョン 2022など）。

3 公的扶助を含む税方式の制度の拡充

社会保障制度改革において，社会保険の改革に以上のような限界があると，次に，公的扶助の拡大が「死角地帯」問題の改善のための現実的な改革案となる。この点については，明示的にではないにしろ政府も認識しており，そこで，社会保険の改革の限界を踏まえつつ公的扶助の拡大が積極的に行われてきた。

例えば，国民基礎生活保障に関して，これまで扶養義務者基準の緩和やボーダーライン層対策の推進など，その対象者を拡大するための様々な改革が行われてきた。そのなかでも何より注目すべき改革として，朴槿恵政権が2015年に実施した「統合給付」から「個別給付」へという給付方式の変更を挙げることができる[6]。

そもそも基礎保障には，7つの給付（生活・住宅・医療・教育・出産・葬祭・生業給付）があり，従来は，いずれの給付も，最低生活費以下の者のみを対象とし，給付方式についても生活給付を基本に必要に応じて他の給付を併給する，いわゆ

る「統合給付」となっていた。しかし，2015年の改正で，給付ごとに対象者選定
基準を設定し個別的に給付を行う「個別給付」という方式へと変更された。この
「統合給付」から「個別給付」への変更は，単一の制度であった基礎保障を機能
分化する可能性を秘めており，その意味において公的扶助の拡大として捉えるこ
とができる。実際，この改正によって，基礎保障の対象者が14年の133万人から
15年の165万人へと20万人以上も急増した。19年には188万人まで増えている。

　より注目されるのが，以上の公的扶助の改革とともに，それと同様の税方式の
制度が拡大してきていることである。そういった動きは2000年代後半から徐々に
現れた。

　2008年に，社会保険としての国民年金における「無年金・低年金」問題を改善
するために税方式の基礎年金が導入されたのが代表的な例である[7]。当初は，国民
年金の成熟につれ基礎年金の役割が縮小されるという考え方が強かったが，現時
点でみると，高齢者の生活における基礎年金の役割はますます大きくなっている。
それだけではなく，08年の介護保険の導入以来，保険制度ではカバーできない人々
のために，税を財源とした中央および地方政府による介護サービスの提供が増え
てきていることも[8]，同様の文脈で捉えることができる。そういったなか，2010年
代半ば以降になると「OECD 諸国のうち，雇用が最も不安定な韓国において，
社会保険はほとんどの人々のニーズに対応することができない」（ユン・ホンシク
2016：1018）という認識が強くなり，税方式の新しい制度導入とその拡充を中心
とした改革の動きがより鮮明にみられるようになった。

　2017年以降，文在寅政権によって推進された「５大所得保障政策」（共に民主党
2017）がまさにそうであった[9]。すなわち，同政権は「死角地帯」問題に象徴され
る従来の社会保障制度の機能不全に注目し（大統領直属政策企画委員会・関係部署合
同 2018），その解決のために①基礎保障における扶養義務者基準の撤廃，②国民
就業支援制度（韓国型失業扶助）の導入[10]，③児童手当の導入，④基礎年金の引き上
げ，⑤障害者年金の引き上げという５つの改革課題を打ち出した。本章の問題関
心からして，それら改革課題において，社会保険に関するものは一切含まれてお
らず，すべてが税方式の制度の新設および拡充であることが興味深い。文在寅政
権では，上記の「全国民雇用保険」の実現といったような社会保険の拡大の試み
もあったが，その限界のため，むしろこの「５大所得保障政策」により力を入れ
ていた。実際，税方式の制度を中心とした「５大所得保障政策」は，文在寅政権

図表 1-1 文在寅政権の「5 大所得保障政策」の成果

制度名	内容
国民基礎生活保障	・扶養義務者基準の段階的廃止 ・一定水準以上の財産（年収 1 億ウォン，保有不動産価格 9 億ウォン）の場合は扶養義務者基準適用
国民就業支援制度	・雇用保険の対象にならない失業者を対象として，最大 6 か月間・月50万ウォンを給付 ・所得制限あり：中位所得60％，18～34歳は120％
児童手当	・7 歳未満の子どもを対象に月10万ウォンを給付
基礎年金	・月10～20万ウォンから30万ウォンへと引上げ
障害者年金	・基礎給付を月20万ウォンから30万ウォンへと引上げ ・付加給付は現状維持（最大 8 万ウォン）

出所：筆者作成。

の 5 年間の任期内にほぼすべて達成できた。その内容は**図表 1-1**を参照されたい。

さらに言えば，2022年 5 月に新しく登場した尹錫悦政権が出した社会保障制度改革の課題をみても，同様の状況がうかがわれる。すなわち，同政権では執権当初，①基礎年金の引上げ，②基礎保障の引上げ，③子育て世帯への給付という 3 つの改革課題を挙げていた。23年 7 月現時点で，それらの改革課題のうちで実現されているのは，「0 ～11か月の子どもに対して月30万ウォン支給」を主な内容として23年 1 月から実施された③（名称は「親給付」）のみである。①と②に関してはまだ検討中であり，これらの改革が計画通り実現できるか否かは定かではない。しかしここで重要なのは，①～③の課題がいずれも税方式の制度つまり社会保険ではない制度を中心とした改革であるという点である。

4 ベーシックインカムへの関心の高まり

以上のように，近年の韓国における社会保障制度改革の状況をみると，主軸としての社会保険がうまくいかず，公的扶助の拡大を含む社会保険ではない制度が広がっているのが現状であると言える。そういった現状からして，2010年代後半から20年代初頭にかけて韓国で，ベーシックインカムに関する関心が高まったことが注目に値する。

周知の通り　ベーシックインカムは，「政府がすべての国民に対して最低限の生活を送るのに必要とされる額の現金を無条件で支給する制度[11]」である。ここでいう「無条件」には，言うまでもなく，保険料の納付を条件としない，つまり貢

献原則を適用しないということも含まれており，その意味において究極の社会保険ではない制度であると言える。2010年代半ば以降，「社会保険はほとんどの人々のニーズに対応することができない」ことが社会保障制度改革の重大な課題となり，そのベーシックインカムが「韓国社会が直面した問題を解決するための有力な代案」（ユン・ホンシク 2016：996）として大きく注目された。それ以降，アカデミズムの世界ではもちろん，政治の現場においてもベーシックインカムに関する議論が盛んになり，ベーシックインカムの実験的な実施を行う自治体も多数現れた（キム・キョソンほか 2018＝2021；金成垣 2022：第６章）。

　そういったなか，ベーシックインカムが社会保障制度の現実的な改革案として浮かび上がったのが，2020年初頭に始まったコロナ禍である。感染症の拡大とその防止策の実施によって，パートやアルバイトなどの非正規労働者および自営業者また個人事業主が圧倒的に多い小売や宿泊・飲食などの対面サービスを中心とした業種が，厳しい規制の対象になったからである。かれらは仕事を失ったり，収入が急激に減ったりしたにもかかわらず，従来の社会保障制度にはほとんど頼ることはできず，深刻な生活困窮に直面したのである。

　それに対応するために実際，「災難基本所得」や「緊急災難支援金」および「国民支援金」など，ベーシックインカム的性格をもつ給付金が各自治体や政府で矢継ぎ早に実施された。応急的かつ臨時的とはいえ，それらの給付金の実施によって，これまでアカデミックな研究対象あるいは政策の実験対象に止まっていたベーシックインカムが，一般の人々の間でも関心が高まり現実味を帯びてきた。例えば，上記の給付金の実施後間もない時期に，それに触発され，地上波テレビの有名な討論番組で「ベーシックインカムの時代，果たして来るのか」と題し，その賛否をめぐる政治家や研究者の激しい討論が行われた（2020年６月）。他にもテレビやラジオ番組，全国紙や地方紙を含む多くの新聞，またインターネット動画サイトで給付金の実施によってその可能性をみたベーシックインカムの導入をめぐって，多様な情報や意見の交換が行われた。その後，コロナ禍の長期化と数回にわたる給付金の延長実施のなかで，ベーシックインカムに関する関心はさらに高まっていった。

　ベーシックインカムへの関心の高まりに，政治的な状況が深く絡み合っていたことも指摘しなければならない。政治の現場で最も精力的にベーシックインカム導入論を展開してきたのが進歩派政治家の李在明である。かれは，市長を務めた

京畿道城南市でベーシックインカムを実験的に実施した経験があり，その経験を踏まえて「1人当たり月50万ウォン」のベーシックインカムの給付を主張してきた。李在明はコロナ禍のさなかで各種給付金の実施を主導してきた張本人でもある。かれが，2022年3月の大統領選挙で有力な候補の1人となったことで，ベーシックインカムの実現への期待はさらに高まっていた。

　結果的に大統領選挙でかれが落選し，ベーシックインカムの導入は将来の課題となったが，ここで強調したいのは，韓国における以上のようなベーシックインカムへの関心の高まりには，従来の社会保障制度が抱える「死角地帯」問題への対応として，社会保険ではない制度が強く求められていることが，その背景にあったということである。

5　新しい現金給付の広がり

　2022年の大統領選挙以降，ベーシックインカムへの関心は弱まっている。しかし，社会保障制度の改革において社会保険ではない制度が求められている現状には変わりがない。そこで，その社会保険ではない制度として，新しい現金給付として近年急速な広がりをみせているのが，通称「青年通帳」と呼ばれる事業である（図表1-2）。

　同事業は，マッチングファンド方式の資産形成支援事業である。主に若年層を対象として，本人の貯蓄分に合わせて政府が支援金を支給し，一定期間後にそれを資産として活用できるようにするものである。同事業は現在，中央政府だけでなく多くの地方政府によって積極的に実施されている。その対象者や支援金の水準また期間などは事業ごとに異なる。**図表1-2**は，2023年7月の時点で，中央および地方政府で行われている同事業のうち，政府の社会保障制度関連情報サイト（「福祉路」）で確認できる14の事業の内容を簡単にまとめたものである。[12]

　この「青年通帳」事業が韓国でいつから始まったかは定かではない。2010年代半ばに，京畿道で中小企業への就職およびそこでの長期勤続を促すために，主な対象者となる若年層に対して給料に合わせて支援金を支給した「青年労働者支援」事業がその当初の形であったと思われる。同事業は京畿道を中心に現在も続いている。「青年通帳」事業と「青年労働者支援」事業は類似しているが，異なる点と言えば，「青年通帳」事業の場合，就職や勤続を条件としないこと，給料ではなく貯蓄に合わせた支援金を支給していることである。この「青年通帳」事業は，

図表 1 - 2 　中央および地方政府が実施する「青年通帳」事業の例

事業名	運営主体	内容
青年明日貯蓄講座	保健福祉部	・対象者：19〜34歳，個人所得月50〜220万ウォン，世帯所得中位所得100％以下，財産基準3.5億ウォン（大都市）か２億ウォン（中小都市）か1.7億ウォン（農漁村）以下 ・内　容：３年間毎月10万ウォン以上の貯蓄に対して同一金額を支給
世宗青年未来積金	世宗市	・対象者：19〜39歳，該当地域で６か月以上居住・勤労，個人所得中位所得120％以下 ・内　容：３年間毎月15万ウォンの貯蓄に対して同一金額を支給
希望二倍青年通帳	ソウル市	・対象者：19〜34歳，該当地域居住，該当地域で１年３か月以上勤労，本人所得月255万ウォン以下，扶養義務者（親，配偶者）年所得１億ウォン未満・財産９億ウォン未満。 ・内　容：３年間毎月15万ウォンの貯蓄に対して同一金額を支給
モアドリーム青年通帳	慶尚南道	・対象者：18〜39歳，該当地域に居住・中小企業勤務，本人所得270万ウォン以下，世帯所得中位所得130％以下 ・内　容：２年間毎月20万ウォンの貯蓄に対して同一金額を支給
益山市青年資産形成通帳	益山市	・対象者：18〜39歳，該当地域で３か月以上居住・勤労，世帯所得中位所得120％以下 ・内　容：３年間毎月10万ウォン／15万ウォンの貯蓄に対して同一金額を支給
青年希望踏み台通帳	全羅南道	・対象者：18〜39歳，該当地域内で居住・３か月以上勤労，世帯所得中位所得120％以下 ・内　容：３年間毎月10万ウォンの貯蓄に対して同一金額を支給
淳昌郡青年勤労者シードマネー通帳	淳昌郡	・対象者：19〜39歳，該当地域内で居住・３か月以上勤労，中位所得140％以下 ・内　容：毎月10万ウォンの貯蓄に対して同一金額を支給
未来二倍青年通帳	大田市	・対象者：19〜39歳，該当地域内で６か月以上居住・勤労，中位所得120％以下 ・内　容：２年／３年間毎月10万ウォン／15万ウォンの貯蓄に対して同一金額を支給
釜山青年資産形成支援	釜山市	・対象者：18〜39歳，該当地域内で居住，本人所得中位所得140％，世帯所得中位所得120％以下 ・内　容：18か月〜36か月間毎月10〜30万ウォンの貯蓄に対して同一金額を支給
青年労働者通帳	京畿道	・対象者：18〜39歳，該当地域内で居住・勤労，中位所得100％以下 ・内　容：２年間毎月10万ウォンの貯蓄に対して580万ウォン支給
青年希望踏み台通帳	霊光郡	・対象者：18〜45歳，該当地域内で居住，中位所得120％以下 ・内　容：３年間毎月10万ウォンの貯蓄に対して同一金額を支給
咸安定着青年通帳	咸安郡	・対象者：19〜39歳，該当地域内で居住・勤労（正規職） ・内　容：５年間毎月10万ウォンの貯蓄に対して企業と郡が同一金額を支給
霊岩青年希望踏み台通帳	霊岩郡	・対象者：19〜39歳，該当地域内で居住・３か月勤労，世帯所得中位所得120％以下 ・内　容：３年間毎月10万ウォンの貯蓄に対して同一金額を支給
優秀冠岳青年通帳	冠岳区	・対象者：19〜34歳，該当地域内で居住，本人所得255万ウォン以下 ・内　容：３年間毎月10万ウォン／15万ウォンの貯蓄に対して同一金額を支給

出所：筆者作成。

もちろん上記の，何も条件とせず現金給付を行うベーシックインカムとも異なるものである。ただし，ベーシックインカムであれ，「青年通帳」事業であれ，また「青年労働者支援」事業であれ，そこに共通する点を指摘すると，社会保険ではない制度として現金給付の役割を果たすものであるということである。

　ちなみに，この「青年通帳」事業は若年層の間で大好評であり，そのため，上記の18の事業に加えて新規に事業を始めている自治体が増えており，すでに実施している自治体でもその対象者数を増やしている状況がみられる。また若年層に限らず，貧困層，子育て世帯，障害者，北朝鮮逸脱住民など，その対象範囲を広げて「〇〇通帳」という形で新しい事業が次々と現れている。

3　多数派を占める不安定就労層への対応

　以上，社会保障制度の整備後の韓国におけるその改革過程をみてきた。何より，社会保障制度の機能強化を図る改革において，社会保障制度の主軸となる社会保険の拡大がうまくいかず，そこで，公的扶助およびそれと同様の税方式の制度，つまり社会保険ではない制度の新設と拡充を中心とした制度改革が行われていることを確認した。

　社会保障制度改革において，社会保険の拡大がうまくいかないのは，指摘した通り，近年の産業構造の変化やそれによる労働市場の柔軟化および雇用の流動化のなかで不安定就労層が増加していることが主な要因であると言える。李明博政権の「ドゥルヌリ社会保険」事業や文在寅政権の「全国民雇用保険」改革のように，その不安定就労層を社会保険でカバーしようとする拡大改革が持続的に試みられてきたものの，それに十分な成果を期待できるかというとそうではない。むしろ，社会保険ではない制度によって，社会保険の拡大改革の限界を補おうとしているのが現状である。本章では，紙幅の関係で紹介しきれなかったが，近年の韓国の社会保障制度改革をみると，失業や加齢にかかわる現金給付と介護にかかわるサービス給付の分野で社会保険ではない制度が増え，その役割も増していることが目立つ。

　不安定就労層の多くが社会保険でカバーされていない状況については，すでに取り上げた通りである。それについてのより詳細な状況を，雇用保険に限定して示したのが**図表1-3**である。ここにみられるように，正規労働者の雇用保険加

図表 1 - 3　就業形態別でみた雇用保険の加入率 (2019年)

就業形態	加入率
賃金労働者	65.8%
正規労働者	78.1%
非正規労働者	44.4%
時限的雇用	56.0%
時間制雇用	25.9%
非典型雇用	29.0%
派遣	72.5%
サービス外注	59.2%
特殊雇用	9.6%
日雇	5.7%
在宅勤務	16.2%
自営業者	0.38%

出所：韓国労働研究院 (2019) より作成。

入率が 8 割近くであるのに対して (78.1%)，非正規労働者の場合は 5 割に満たない (44.4%)。就業者のうち高い割合を占める自営業者 (2019年に24.9%) の場合，雇用保険の加入対象であるにもかかわらず，実際にはそのほとんどが加入していない (0.38%)。また最近，急増しているギグワーカーやフリーランスなどの個人事業主——韓国では「特殊雇用」と呼ばれる——の加入率は 1 割を下回っている (9.6%)。

　もちろん，非正規労働者や自営業者および個人事業主などの不安定就労層が，社会保障制度のうち，特に社会保険から抜け落ちていることは，韓国だけの状況とは言えない。日本を含む多くの先進諸国でも多かれ少なかれみられるものである。ここで重要なのは，韓国では，それら不安定就労層が，他の先進諸国に比べて非常に多く，社会全体的にみてむしろ多数派になっていることである。

　韓国で不安定就労層が数多く存在していることは，様々なデータから確認できる。国際比較が可能な形で示してみると，例えば，雇用の時限性を基準とした臨時雇用者の割合は，2019年において韓国は24.4% であり，OECD 平均 (12.2%) の 2 倍となりトップレベルである (日本は15.7%)。また，全体就業者に占める自営業者の割合では，韓国 (24.9%) は，OECD 平均 (15.3%) の1.6倍を超え (日本 [10.0%] の2.5倍)，OECD 諸国のうち最も高いグループに属している。

このような国際比較データとは異なり，韓国国内で，それら臨時雇用者や自営業者を含む不安定就労層の多さを示すためにしばしば取り上げられるのが，**図表1-4**の就業形態別の割合である。太枠で示している「非正規労働者」とその下位分類および「自営業者」が不安定就労層とみなされる。それらを合わせると，2019年現在，全体の就業者に占めるその割合は5割を超え，多数派となっていることがわかる（52.2%）。このように不安定就労層が多数派になっている韓国の状況は長年変わっていない。詳しくは別稿を参照されたいが（金成垣 2022：第1章），むしろそれは，20世紀第4四半世紀からの韓国特有の経済発展過程で形作られ，21世紀に入ってからは，経済のサービス化やIT化といった産業構造の変化のなかでより強固なものとなった，言うならば「常態」とも言うべき状況なのである。

不安定就労層が少数派であれば，社会保障制度が抱える問題も相対的に小さく，社会保険の拡大による対応も期待できるかもしれない。しかし韓国では，不安定就労層が多数派となっている現状において，安定的かつ持続的な保険料納付を前提とする社会保険を中心とした改革は，社会保障制度の機能不全を解決する根本的な対策にはならず，そこで，社会保険ではない制度の導入と拡充によって，その機能不全つまり「死角地帯」問題に対応しつつ社会保障制度の機能強化を図っているのである。

冒頭で述べたように，そもそも社会保険と公的扶助からなる社会保障制度の仕組みにおいて主軸を果たすのは社会保険である。しかしながら，韓国の場合は，その社会保険が主軸にならず，近年の社会保障制度改革をみると，むしろ社会保険ではない制度が主軸となりつつある状況が顕著に現れているとみてよい。

4 「雇用」を前提としない社会保障制度へ？

最後に，韓国の社会保障制度改革にみる社会保険ではない制度の広がりが示すインプリケーションについて考えながら今後の課題を示したい。

そもそも社会保険なしの社会保障制度はありえない。歴史的にみてそういった社会保障制度が存在しないことは事実である。それは，社会保障制度が資本主義社会で生まれたものであり，そこでは働いて生活を送ること，つまり「雇用」が大前提となっているからである。

この意味において，韓国の社会保障制度改革における社会保険ではない制度の

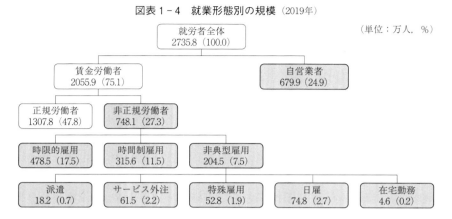

図表1-4 就業形態別の規模（2019年）

注1）太枠で示している「非正規労働者」とその下位類型および「自営業者」を不安定就労者とみなすことができる。
　2）「非正規労働者」の全体規模は重複するケースがあるため合計と一致しない。
出所：統計庁（2019a；2019b）より作成。

広がりは，その大前提としての「雇用」の意味が弱くなっていることを示すものであると言えるのではないか。もちろん，韓国の社会保障制度において社会保険が無用になっているわけではない。しかしながら，不安定就労層が多数派を占めている労働市場の実態，そしてそれを背景にして社会保険ではない制度がますます広がっている実態を慎重に受け止めるのであれば，近年の韓国における社会保障制度改革は，「雇用」を前提としない社会保障制度への動きとして捉えることができよう。これは，社会保障制度の本来のあり方からして大きな挑戦であるとも言える。

　興味深いことに，以上のような状況は韓国に限ったことではない。近年，日本を含む多くの先進諸国においても，経済のサービス化やIT化による産業構造と雇用構造の変化が「社会保険の限界を明るみに出し，福祉形態としては周辺的であった社会扶助をますます中心的なものに変化させている」（Garland 2016＝2021：182）と言われている。本章で取り上げた韓国の経験と類似した状況にあると言える。ただし重要なのは，それら先進諸国に比べて，制度の経過年数が短くその分利害関係や経路依存的な制約が弱い韓国だからこそ新しい挑戦に乗り出しやすいことである。社会保険を主軸にした社会保障制度の整備には遅れた韓国が，それゆえに，逆に社会保険ではない制度を中心とした社会保障制度改革において

は，他の先進諸国より先を走っていく可能性が高いのである。「新興国の逆説的強み」（伊藤 2020：159）とも言われる状況である。

　以上のような点を念頭におきながら，韓国における社会保障制度改革のより詳しい実態とそこにみる新たな可能性を探ることを今後の課題として指摘し，ここでひとまず論を閉じることにしたい。

注
1 ）　アジア通貨危機をきっかけとした韓国の社会保障制度の整備過程に関しては，金成垣（2008；2022：第 2 章）および松江（2014）に詳しい。
2 ）　もちろん，それぞれの政権にみられる社会保障制度機能強化はその方法や手段また主に力を入れる分野などは異なっていた。盧武鉉・李明博・朴槿恵・文在寅政権については金（2022：第 5 章）を参照されたい。なお，尹錫悦政権の社会保障制度改革に関しては，未だに明らかになっていないところが多い。同政権で強調しているのは，現金給付を最低限にすること，それとともに介護や育児関係のサービス給付を充実させること，そして現金給付においてもサービス給付においても，ターゲットを絞った給付を行うことである。その意味において，尹錫悦政権の社会保障制度改革は「弱者福祉」と特徴づけられている。
3 ）　ここでの，医療保険における非正規労働者の加入率は，職場加入の場合の割合である。地域加入の場合に30％程度（2017年に28.9％）であるが，未納・滞納が多いことが問題として指摘されている。
4 ）　2019年のデータでみると，非正規労働者の社会保険加入率は，年金で37.9％，医療保険で48.0％，雇用保険で44.4％である（韓国労働研究院 2019）。
5 ）　後に再度取り上げるが，文在寅政権に入って，扶養義務者基準を緩和する制度改正が行われ，2022年から全面廃止となった。ただし，扶養義務者の所得および財産が一定基準（年収 1 億ウォン，保有不動産価格 9 億ウォン）を超えた場合は，依然として扶養義務者基準が適用される。
6 ）　同改革の背景には貧困問題に適切に対応できない基礎保障の問題があった。当時，生活困窮に陥ったにもかかわらず，基礎保障の対象になれず死に至ったシングルマザー世帯のことが世間の注目を浴び，同改革を牽引することとなった。改革の詳細については松江（2023：第 1 章）を参照されたい。
7 ）　当初，「基礎老齢年金」という名称であったのが，2014年から「基礎年金」となった。
8 ）　本書第 7 章や第 8 章および第14章などで紹介されている高齢者関連サービスもまさにそうである。なお，中央および地方政府で提供されている介護サービスに関しては，政府の社会保障制度関連情報サイト「福祉路」（https://www.bokjiro.go.kr/）で確認できる。
9 ）　詳しくは金成垣（2022）の第 4 章を参照されたい。
10）　不安定就労層のための社会保障制度として，国民就業支援制度の導入はその意味が非常に大きい。同制度に関する詳しい内容は松江（2023：5 章）を参照されたい。
11）　ベーシックインカムの定義については，キム・キョソンほか（2018＝2021：68-73）を参照されたい。
12）　いずれの事業においても対象者の設定基準に所得制限があり，そこに低所得者だけでなく中間層が含まれていることが興味深い。近年の韓国の社会保障制度にしばしばみられている「準普遍主義」という特徴である。この点については金成垣（2022：第 3 節）を参照されたい。

第2章

なぜ，税方式の基礎年金が拡大しているのか

裵　俊燮

1　高齢者の貧困問題に対する矛盾した政策対応

　韓国は現代の世界各国と同様の悩みを抱えている。労働市場の不安定化とともに少子高齢化が急速に進んでいる。また，工業化や福祉国家の制度化のタイミングが遅れた後発福祉国家韓国は，自営業者の割合が高く国民年金制度の歴史も先進諸国に比べ短いため，高齢者の貧困問題が深刻な社会問題となっている。40％を超える韓国の高齢者の貧困率が，OECD のなかで圧倒的に高いことはよく知られている。

　深刻な高齢者の貧困問題という悩みを抱えている韓国政府は，この問題に対して，保険方式の国民年金制度の拡大ではなく税方式の基礎年金制度の拡大を通じて対応してきた。このような韓国政府の対応には政策合理性の観点からして非常に興味深い点がある。まず，韓国政府は，高齢者の貧困問題が深刻であるにもかかわらず，国民の老後所得を保障する国民年金制度に対して，制度の持続可能性を確保することを理由に大規模な制度縮小改革を行ってきた。しかし，それと同時に，租税を財源とする基礎年金制度を近年急速に拡大している。なぜ，韓国政府は国民年金制度ではなく基礎年金制度の拡大を通じて高齢者の貧困問題に対処しようとしているのだろうか。さらに興味深いのは，それぞれの政策の動きが相互に矛盾している点である。以下の本論で確認するように，制度に対する国庫負担がほとんど存在しない国民年金制度に対しては制度の持続可能性を理由に制度縮小改革を行ってきたが，租税を財源とする基礎年金制度に対しては大幅な拡大を試みることで，莫大な財政負担をもたらしているのである。

　以下では，このような韓国の老後所得保障制度をめぐる矛盾というパズルの答

えを制度設計の特徴およびそれによって規定される福祉政治の観点から考察する。そこで明らかになることは，韓国で形成されている老後所得保障のための制度および，それをめぐって展開されてきた政策過程というものが，先発福祉国家とは大きく異なるという点である。

2　矛盾する政策理念が混在する韓国の老後所得保障制度

本節では，まず，韓国の独特な老後所得保障制度設計の仕組みについて触れた後，制度改革の特徴を確認する。それを通じて韓国の老後所得保障制度体制が，先発福祉国家で現れている姿とは大きく異なるということを明らかにする。[1]

1　社会保険制度原理適用の徹底と政策合理性の喪失

韓国の国民年金制度が，先発福祉国家の公的年金制度と大きく異なる特徴は，最初の制度導入期に高齢者が制度の適用対象から排除されたことや，財政負担を被用者と企業主に依存し国庫負担をほとんど入れなかったことである。

韓国の国民年金制度の起源は，朴正熙政権期（1963.12～79.10）の70年代初頭に，重化学工業を中心とする経済発展を推進するための財源の必要性に対する内資動員手段の一つとして考案された国民福祉年金制度に求めることができる。しかし，同制度は，オイルショックの勃発とともに制度の実施が無期限延期された。その後，全斗煥政権（80.8～88.2）が政治的支持動員を目的に国民年金制度を実際に導入することになったが（86年法制定，88年施行），制度導入を主導したのは当時の社会政策を扫当した部署ではなく，経済政策を主導した経済企画院であった。

最初の制度導入期に制度対象に含まれていなかった高齢者に対しては，最貧困層の高齢者にのみ少額の給付金を与える公的扶助としての老齢手当制度が1991年に導入された。それまで高齢者に対する公的社会保障システムは存在しなかった。したがって，制度初期に高齢による短期加入者優待措置がなく，受給早期世代で多い短期加入高齢者に対する老後所得保障の効果も制限的にならざるを得なかった。

国民年金制度と同時期に導入された他の社会政策が「低負担－低給付」の制度設計であったのに対して，国民年金制度では「低負担－高給付」の制度設計が行われた。企業側の負担をできるだけ小さくする必要があったため，保険料を低く

設定したものの，給付に関しては高給付を得ることを積極的にアピールし，投資手段の一つとして国民年金制度は宣伝された（国民年金制度史編纂委員会 2015）。しかし，「少なく払ってたくさんもらう」制度は，社会保険制度の設計上あり得ない。保険料率は非常に低く設定され，1988年から92年までは３％，93年から97年までは６％，98年から現在に至るまで９％が適用されている。その一方で，給付水準は制度導入当初は40年加入の平均所得者を基準とした場合に70％という極めて高い所得代替率を示していた。

　一方，国庫支援に関しては，社会保険制度の原理を徹底的に適用している。日本とは異なり，政府による国民年金制度のための財政負担はほぼゼロに近い（高安 2014：67）。国民年金の保険料に対して政府からの補助はなく，国民年金公団の管理・運営費のみに対する一部の国庫補助が存在している。国民年金制度に対する政府からの支援はもともと少なかったが，その規模はさらに縮小している。2004年まで国庫から補助していた国民年金公団の管理・運営費も，04年以降は大幅に縮小している（チェ・ソンウンほか 2009：85）。「国民年金法」第87条によると，「国家は毎年公団および健康保険公団が国民年金事業を管理・運営するのに必要な費用の全部または一部を負担する」ことになっているものの，実際には国家負担は非常に少ない。国民年金公団の管理運営費総額の約1.8％に当たる年間100億ウォンのみを国庫が負担しているのである。対 GDP 比公的年金の支出額で見ても2017年基準 OECD 平均が7.7％であるのに対して，韓国は2.8％に過ぎず，このうちの95％以上を基礎年金の給付に当てている（「KBS ニュース」2023年８月16日）。

　韓国の国民年金制度のもう一つの興味深い点は，国民年金の制度設計上，平均所得以上の加入者が負担した金額の約25％が低所得層の方に再分配されるように，かなり大きい所得再分配の機能が内包されていることである。もっとも，多くの先進諸国では，基礎年金制度を定額年金の形態で運営することによって，公的年金制度の加入期間とは連携させない形で高齢者の所得を保障することが一般的であるのに対して，韓国の場合には所得再分配の機能が国民年金制度の加入期間と連動するため，所得再分配の機能が弱いとも指摘されている。つまり，先進諸国の多くの場合には，一旦受給資格を得ると，すべての人に同一額を支給する原則が一般的である。それに対して，韓国の場合にはそうではないのである。このような独特な国民年金の制度設計上の特徴は，後に説明する基礎年金制度と役割が重複するという問題を引き起こすことになる。

第2章　なぜ，税方式の基礎年金が拡大しているのか　37

　このような特徴を有する国民年金制度は，制度導入後，大きな構造的変化なしに急速に制度の適用範囲を拡大してきた。1988年1月1日から10人以上の被用者を有する事業所に対して強制適用されることで始まった国民年金制度は，その後1992年には5人以上の事業所，95年7月には農漁村地域，99年4月には都市地域へと適用範囲が拡大され，制度導入からわずか11年で国民皆年金の時代を迎えた。[3]

2　国民年金制度の大規模な縮小改革

　上記で触れたように，高齢者が制度の適用対象から完全に排除されたうえに社会保険制度の原理が無視された「低負担－高給付」の制度設計に基づく国民年金制度は，制度の持続可能性や広範囲に及ぶ「死角地帯」（保険料を払えない現役世代と制度適用対象から排除された高齢者世代）の問題を同時に抱えた。そのなかでも特に，制度の持続可能性に関する問題提起が相次ぎ，2度にわたる大規模な制度縮小改革が実施された。国民年金制度の持続可能性を確保するためには，保険料の引き上げ，給付水準の引き下げ，国庫支援の拡大などの政策オプションが考えられるが，韓国政府が選択したのは，保険料の引き上げでも国庫支援でもなく，給付水準の引き下げであった。[4]

　制度改革の主な内容は「所得代替率の引き下げ」であった。極めて高い所得代替率に比べて低すぎる保険料率であったものの，その引き上げに対する世論からの反発は根強く1998年や2007年の法改正時にも最終的には保険料率9％を維持することになった。その代わりに（その結果として），所得代替率が1998年末の法改正により60％に引き下げられ，さらに07年7月の法改正により28年まで段階的に40％に引き下げられることになった[5]（保健福祉部 2016：390-392）。このように，制度導入後わずか20年で，持続可能性確保のための制度縮小を伴う大規模な改革を2回行った韓国は，世界的にも極めて稀なケースである（金淵明 2004）。一連の国民年金制度改革は，支出抑制に焦点を当てた改革であると同時に世代間所得移転は弱まったと評価されている（イ・ヨンハ 2014：219）。

　一方，当初の改革目標であった制度の持続可能性確保の観点からすると，目標の一部を達成することにとどまった。政府の当初の改革案が採用されていれば，年金基金の枯渇は2070年まで引き延ばすことが可能であった。しかし，保険料率の引き上げができなかったため，2060年までの年金基金の枯渇時期の延長にとど

まった。制度改革を行わなかった場合，47年に年金基金の枯渇が起きると予測されていたことを考えれば，ある程度の目標は達成されたと言えるだろう。しかし，その代わりに，老後所得保障の役割は弱まり，特に加入期間が短い場合には，最低生計費にも満たない水準の給付しか受給できなくなってしまった。

　なぜこのような急激な制度縮小を伴う改革が，国民からの大きな反発なく達成できたのだろうか。その背景として，第2次制度改革が行われた2008年の時点で，国民年金の受給者の割合は約30％に過ぎず，この時点では年金受給者より年金非受給者の方が多かったことがある。また，国民年金の平均月額の水準も非常に低く，09年基準で24万2000ウォンであった。これは，当時の最低生計費が一人世帯で49万1000ウォン，二人世帯で83万6000ウォンであるのと比べると非常に低い水準であった。そのため，国民年金制度への国民からの関心もそれほど高くなかったと考えられる。

3　基礎年金制度導入をめぐる制度改革議論

　一方，後に説明する基礎年金制度との関連における国民年金制度改革をめぐる議論の特徴を確認してみると，大きな変化があった。第1次年金改革の際に「国民福祉企画団」が提出した最終報告書のなかには，「年金構造の，基礎年金と所得比例年金制度への二元化」の内容が含まれていた。また，当時の年金制度改革を主導した専門家たちは，年金制度の持続可能性を確保するための手段として制度の二元化を主張した。制度改革と都市地域への制度適用範囲拡大の順序をめぐって大統領府と保健福祉部の間で意見が対立していたが，保険料を財源とする賦課方式の基礎年金を導入し，既存の国民年金は完全積立方式で運営する所得比例年金に変更する案が，保健福祉部内部の会議で提案され，政府内部でも議論されるようになった。その後「国民年金制度改善企画団」の制度改革案においても制度の二元化案が再び登場し，賛成多数案として採択された。そこには，給付水準を40年加入平均所得者基準で所得代替率を既存の70％から40％に引き下げ，その代わりに，基礎年金が16％，所得比例年金が24％をそれぞれ保障する内容が含まれていた。

　しかし，当時制度の二元化案に反対していた保健福祉部は，所得代替率を55％に引き上げるとともに（代わりに）保険料率を16.25％まで段階的に引き上げること，また給付算式を修正することによって所得再分配機能を縮小させる案を金大

中政権の政府案として位置づけることに成功した。しかし，保険料率の引き上げに対する世論の激しい反発から保険料率を引き上げることに失敗した。紆余曲折を経て，制度改革より都市地域への制度適用範囲の拡大を優先した保健福祉部の案を中心に制度改革が行われた。結果的に，制度上は国民皆年金を達成したものの，死角地帯の問題に対する解決策は提示されておらず，制度の持続可能性の課題も残ったままであった。

　その後2002年の第16代大統領選挙運動時には，当時の野党であった「ハンナラ党」が，政策公約として再び年金制度の二元化論を掲げた。「ハンナラ党」が提唱した案の内容は，国民年金の給付水準を60％から40％に引き下げる代わりに，それを保険財源とする基礎年金を作ることによって，基礎年金と所得比例年金の所得代替率をそれぞれ20％とする二元化案であった。1997年に提案された「国民年金制度改善企画団」の多数案とほぼ同じ内容であった。「ハンナラ党」案は，選挙運動中に基礎年金の財源調達方法が租税に変わったものの基本的な政策案の構造は維持された。しかし，その後の年金改革をめぐる議論のなかで，基礎年金と所得比例年金の二元化を伴う構造改革案は注目されなくなった。その理由は，大規模な構造改革を実施するには，それに伴うコストが大きすぎるということで，漸進的な改革で問題を解決できるという雰囲気の方がより優勢であったためであると考えられる。

　しかし，最近，基礎年金制度との関連で大規模な構造改革を行う必要性について再び注目が集まっている。2003年は，「国民年金法」第４条に基づいて５年ごとに実施される財政計算の時期に当たり，再び国民年金制度の改革をめぐる議論が行われたが，もはやパラメトリックな改革だけでは高齢者の貧困問題や死角地帯の根本的な問題解決を期待できないという認識が専門家を中心に広がった。公的年金制度の大規模な構造改革の実施が現実的に難しいなかで，パラメトリックな改革案が好まれていた，以前の制度改革をめぐる議論の動きとは大きく異なる特徴が表れたのである。

　一方，構造改革の必要性を訴える主張には，いくつかのバリエーションがあり，大きく分けると，①国民年金を中心とした老後所得保障体制の確保，②国民年金の財政安定化の確保，③基礎年金を中心とした老後所得保障体制の構築の３つの方向性が示されている。国家の役割を最低所得保障のみとするような，多層型老後所得保障体制の構築を目指す動きが徐々に強まっているように見える（リュ・

ジェリンほか 2022：131-134）。

4　基礎年金制度の急速な拡大

　国民年金制度改革の結果，「低負担-高給付」から「低負担-低給付」へと変化した国民年金制度の役割を補完するために，公的扶助に基づく老齢手当制度を制度的起源とする基礎年金制度が近年大きな注目を集めている。高齢者からの政治的支持を確保するための政策手段として，政治家たちに利用されてきた側面が強い同制度は，名目上は基礎年金という名前が使われているものの，実質的には公的扶助の性格が強い制度である[6]（オ・ゴンホ 2014：106）。

　図表2-1にみられるように，韓国で高齢者を政策対象とした所得保障制度の起源は，1991年に導入された老齢手当制度である。「老人福祉法」に基づく同制度は，70歳以上の生活保護対象高齢者の内，居宅保護高齢者に月1万ウォンという少額を給付する制度で，給付対象者の範囲は非常に限られていた。その後，制度は拡大され月3万ウォン（80歳以上は5万ウォン）が支給されるようになり，1992年には70歳以上の生活保護高齢者全体に，1997年からは65歳以上の生活保護高齢者全体に制度適用範囲が拡大されるとともに，65～79歳の高齢者には3万5000ウォン，80歳以上の高齢者には5万ウォンの給付が行われた（株本 2000）。老齢手当制度は，給付額が非常に少なく，老後所得保障制度としての機能よりは，生計給付を補完する役割としての性格が強かった（国会予算政策署 2023：45）。

　その後「老人福祉法」の改正とともに，給付額および対象範囲が拡大する形で新しい制度として敬老年金制度が導入され，1998年から実施されるようになった。給付対象が65歳以上の低所得層高齢者に拡大されたが，給付額は国民年金の特例老齢年金の最低給付額を超えないように低く設定されるなど，依然として公的扶助の性格が強いことには変わりがなかった。また，同制度は，国民年金が成熟するまでに高齢者の貧困問題を解決するための臨時的制度として位置づけられた（国会予算政策署 2023：45）。

　国民皆年金の達成以降にも国民年金制度の給付対象から除外されていた多数の高齢者に対する政策対応の不十分さが指摘され続け，2008年から基礎老齢年金制度が導入された。基礎老齢年金制度は，制度導入当初は，70歳以上の高齢者のうち，所得下位60％に対して，国民年金加入者全体の年金受給前3年間の平均月所得（A値）[7]の5％を給付していた。その後，同制度は65歳以上の高齢者の内，所

第2章　なぜ，税方式の基礎年金が拡大しているのか　41

図表 2 - 1　基礎年金制度導入までの経緯

	老齢手当	敬老年金	基礎老齢年金	基礎年金
導入時期	1991年	1998年	2008年	2014年
給付対象	70歳以上の生活保護対象高齢者→65歳以上の生活保護対象高齢者	65歳以上の低所得層高齢者	65歳以上の高齢者の内所得下位70%	65歳以上の高齢者の内所得下位70%
給付水準	35,000〜50,000ウォン	20,000〜50,000ウォン	国民年金A値の5%水準	国民年金A値の10%水準

出所：国会予算政策署（2023：48）より作成。

得下位70％にまで適用範囲が拡大された。

　もっとも，基礎老齢年金制度も依然として給付水準が低かったため，高齢者の貧困問題を根本的に解決するには十分な効果を発揮することができなかった。また，所得逆転が発生することを防止するために年金額の一部が所得認定額の区間によって減額支給されるとともに国民年金との重複受給が可能であるなど（国会予算政策署 2023：46），制度の性格が曖昧であった。

　基礎老齢年金制度の導入後も，深刻な高齢者の貧困問題がなかなか改善されないなかで，2012年の大統領選挙で朴槿恵候補は基礎年金制度を公約として掲げた。その内容は，受給額を基礎老齢年金額の2倍に引き上げ（約20万ウォン），13年からすべての高齢者に支給する基礎年金制度を導入するというものであった。しかし，朴槿恵政権（13年2月〜17年3月）が13年9月25日に発表した基礎年金制度導入計画においては，基礎年金の支給対象を65歳以上の高齢者のうち，所得認定額基準下位70％にのみ従前の2倍を支給し，国民年金受給者にはそこから年金額を引いた金額を支給するという内容に変わった。このような制度設計の変更については，選挙公約の破棄ということで，世論から厳しい批判がなされた。しかし，政府はこの案をそのまま13年11月に国会に提出し，最終的に法案が14年5月に国会を通過したことにより，14年7月から基礎年金制度が施行されることになった。

　国民年金制度の長期加入者に対しての基礎年金の給付額が少なくなるような制度設計は，租税を財源とする基礎年金制度の財源負担を抑制することが目的であったが，それは国民年金の長期加入者にとっては不利な条件である。また，2022年の国民年金の平均給付月額は58万ウォンであり，高齢者1人当たり約30万ウォン，夫婦合算の場合に約50万ウォンである基礎年金制度は大きな意味を持つ。基礎年金制度が，国民年金の未加入者の年金未受給問題や短期加入者の低額年金

の問題解決に役立っているのは事実である（チェ・オククム 2022）。

　しかし，今後高齢化が急速に進むことが確実な状況のなかで，財源や制度間の代替関係が問題となっている。現在の基礎年金制度が維持される場合，2020年の時点で17兆ウォンであった基礎年金の財政所要額は，80年には312兆ウォンに増えることが予想されている[8]（「KBS ニュース」2023年9月17日）。また，基礎年金制度と国民年金制度間の代替関係は，相互補完的であるべき両制度の間に緊張関係をもたらしている。その結果，国民年金制度の任意加入者が減少し始めているのが現状である。

　上記で触れたように，国民年金制度には，すでに低所得層のための所得再分配機能が備わっている。制度上では，高所得層からの約25％の所得再分配効果を通じて所得水準が低い人は，長期間国民年金に加入することによって基礎年金以上の老後所得を確保できる。しかし，基礎年金制度と国民年金制度の間の連携減額制度が存在するために，基礎年金が減らない程度で国民年金制度に加入しようとする人が増えれば，国民年金制度は形骸化する可能性がある。特に，中上位所得層の国民年金加入者の立場からすれば，国民年金制度における所得再分配の制度設計の影響により，自分の給付額が引き下げられることに加えて基礎年金も受給できないか半分に減額されてしまうことになると二重の損をしているように受け止められても仕方がないだろう。権利としての給付が重視される社会保険の原理との衝突が起きているのである。

　両制度の対立的関係を解決するための方案としては，①基礎年金制度を強化し，国民年金制度を所得比例の方向に変えるか，②基礎年金の給付対象を絞り，浮いた基礎年金制度への支援予算を国民年金制度に回すことが考えられる。しかし，専門家の間でも意見が分かれているのが現状である（裵俊燮 2023：171）。その背景には，依然として解決されていない2つの問題である死角地帯の問題と高齢者の貧困問題がある。

3　後発性ゆえの特徴と新しい可能性

1　現役世代が中心となった国民年金制度改革をめぐる議論

　韓国における初めての国民年金制度改革は，国民皆年金の時代を迎えた直後の1998年に実施された。皆年金達成後すぐの段階で制度改革が実施されたため，高

齢者は国民年金制度における既得権勢力として存在し得なかった。福祉国家の制度化がようやくスタートした時点でアジア通貨危機による打撃を直接的に受けた現役世代にとっては，遠い将来の利益より現在の負担軽減の方がより重要であった。政策合理性の観点からすると，最初の制度設計が「低負担－高給付」の構造であったため，老後所得保障制度としての機能を維持するためには保険料率を大幅に引き上げる必要があった。しかし，厳しい経済状況のなかで，政治家にとって将来の利益確保のために保険料率を引き上げるという政策の提案は極めて難しいオプションであった。高齢化率が依然として低かった当時の国民年金制度は，老後所得保障制度としての意味をほとんど有しておらず，現役世代の保険料負担の側面が主に注目された。

　一方，保険料率の引き上げを放棄した帰結として現れた所得代替率40％という数字は，それ自体は国際比較の観点からそこまで低い数字ではない。しかし，自営業者の割合が高い後発福祉国家韓国では，実際の国民年金制度の加入期間が非常に短く，広範囲にわたって死角地帯が存在するため，国民年金制度のみで老後の所得を保障することはもはや期待できない（キム・ヨンミョン 2022）。このような国民年金制度の政策帰結をもたらした背景には，現役世代が短期的観点から得られる利益が，制度改革に関する議論で中心的な役割を果たしたという事実がある。

2　高齢者が中心となった基礎年金制度をめぐる議論

　年齢集団としての高齢者に特化した基礎年金制度は，高齢者の利益が集約されやすい。そこで，国民年金制度の改革については，政治的支持を得るための政策オプションの選択が不可能であった政治家にとって，そもそもの給付水準が低かった基礎（老齢）年金制度は，福祉政治の活性化の局面において非常に魅力的な政策オプションとしての意味を持った。そのために，所得代替率の引き下げの選択に伴う「非難回避の政治」の局面で，基礎（老齢）年金制度が「手柄争いの政治」のための手段として利用されることとなった。ここで明らかになる，欧米諸国とは大きく異なる韓国の年金政治の特徴は，老後所得保障の議論が，同じ年金制度の枠組みのなかで展開されるのではなく，別の制度体系を持つ政策手段の文脈から展開されてきたことである（裵俊燮 2018）。

　その結果，高齢者が既得権集団としての影響力を発揮する制度として基礎年金

制度が登場した。当初は，国民年金制度の成熟に伴い自然消滅すると考えられた基礎老齢年金制度であったが，制度導入後急速に拡大され基礎年金となった後，先発福祉国家では大黒柱の役割を果たす社会保険制度としての国民年金制度を形骸化させる可能性すら指摘されるようになった。当初は，既存の社会保険制度である国民年金制度の受給者の権利を損なわない程度でのみ基礎年金の給付水準が引き上げられるだろうと予想されたが，近年の基礎年金制度をめぐる動きを見ていると，実質的にはほぼ同水準にまで給付水準が引き上げられている状況である。

　一方，韓国政府は最近，老後の生活に備えるために，より積極的に公的年金制度以外の老後所得保障制度を活用するよう国民に呼びかけている。専門家の間でも個人年金・退職年金で公的年金制度の限界をカバーする必要性をより強く提起している。このような動きのなかで，所得上位階層30％を制度適用対象から排除する「準普遍主義」的特徴を有する基礎年金制度の急速な制度拡大の動きは，今後の先発福祉国家および新興国の社会政策の展望に対して重要な示唆を示していると考えられる（金成垣 2022）。

3　後発性の先進性

　さて，このような韓国の経験は，韓国固有の特殊性に起因するものだろうか。以下では，これまでの韓国における老後所得保障制度改革の動向が，将来の先発福祉国家や新興国における社会政策の展望を理解するための示唆を示す可能性について言及し，この章を締めくくりたい。

　韓国の国民年金制度が機能不全状態に陥っている社会経済構造的背景は，自営業者の割合がそもそも高かったことに加え，不安定な労働市場の拡大が続いていることと密接にかかわっている。しかし，労働市場の不安定化という現象は，韓国だけが抱えている問題ではない。先発福祉国家・新興国ともに一般的に進んでいるグローバルな現象として理解すべきであろう。

　先発福祉国家は，安定した労働市場と親和的な関係にある社会保険制度を中心に福祉国家の規模を拡大してきた。しかし，急速な少子高齢化や不安定な労働市場の拡大に伴い，かつての安定した社会保険制度を維持することがますます難しくなっている。

　一方，韓国を含む後発福祉国家では，工業化のタイミングが遅れたことを背景にインフォーマル経済の割合が高い水準を維持しながら経済発展を成し遂げてき

た。つまり，先発福祉国家はフォーマル経済を基盤とする経済成長を達成したの
に対して，韓国を含む後発福祉国家は，インフォーマル経済を基盤に経済成長を
達成してきたのである。非定型労働を中心とするインフォーマル経済の拡大が予
想されるなかで，今後，先発福祉国家においても後発福祉国家と類似した構造的
条件が普遍的に現れる可能性が高いと考えられる。本書第1章でも検討している
ように，このような社会経済構造的な変化は，既存の社会保険制度では十分に対
応することが難しいだけではなく，社会保険制度そのものの存続を難しくする要
因として働く可能性が高い。

　日本を含む先発福祉国家において，高齢者の貧困問題が相対的に抑制されてき
た背景に，公的年金制度の整備が大きな役割を果たしてきたことは言うまでもな
い。しかし，その一方で，急速に進む少子高齢化のなかで公的年金制度の持続可
能性を確保するための様々な制度縮小改革を余儀なくされているのも事実であ
り，現役世代が過去のような社会保険料を負担する余力は失われつつある。制度
改革の過程では既得権勢力としての高齢者と現役世代の間での世代間対立が顕在
化し，制度改革に伴うコストは非常に高く，根本的な制度改革を達成することは
難しい。日本の場合，小泉政権期に現役世代の過度な保険料負担に上限を設ける
という意味を持つ「マクロ経済スライド」制度を導入し，「100年安心年金」を訴
えたものの，現役世代の国民年金制度に対する不信感は未だに根強く残っている。

　韓国の経験は，新興国の将来の社会政策展開に関しても示唆を提供する可能性
がある。新興国の場合，インフォーマル経済が中心となった経済構造のなかで，
社会保険制度は整備されていない。そのような状況では，韓国が経験したように，
制度によって構築された既得権としての高齢者集団が不在であるため，先発福祉
国家と比べ，各国政府は自律的に政策を展開できる可能性が高い。高齢化率が高
まる前の段階で，最小限の老後所得保障制度のみを政府が導入する場合，新興国
における社会政策の今後の展開は，社会保険制度を中心とした福祉国家の構築に
注力してきた先発福祉国家の姿とは大きく異なる様子を呈する可能性が高いだろ
う。また，新興国では，先発福祉国家が経験してきた様々な政治的対立が生じな
い可能性もあり，政府による最低限の老後所得保障制度が比較的円滑に構築され
る可能性が高いと考えられる。

　以上の点から言えるのは，韓国のこれまでの特殊な経験は，今後の社会政策の
展開過程においては普遍的な経験となる可能性があるということである。最近の

社会政策学の議論では，韓国を含む後発福祉国家の事例に注目が集まっており（Béland and Mahon 2016=2023），その背後にはこのような背景が存在している。

注
1） 韓国の老後所得保障体制を構成する各制度の名称は，先発福祉国家と類似した用語を用いているものの，制度の実質的な中身が大きく異なる場合もあるため注意が必要である。
2） 1995年から制度適用対象となった農漁村地域の加入者は，1999年まで保険料率3％が維持された。その後，2000年から04年までは6％，2005年からは9％が適用されるようになった。一方，99年から制度適用対象となった都市地域においては，初期には3％の保険料率が適用され，2000年からは毎年1％ずつ引き上げられ，05年から9％が適用されている。
3） しかし，制度加入者の約半分を占める地域加入者の保険料納付はほとんど行われず，名ばかりの国民皆年金制度であった側面も強かった。
4） 国民年金制度の保険料率が低く設定されているため，保険料の引き上げの必要性については専門家を中心に多くの議論が行われてきた。
5） また，受給開始年齢は2013年から33年にかけて，5年ごとに1歳ずつ引き上げて65歳にすることになった。
6） したがって，日本国内で一般的に用いられている基礎年金の用語とは異なることに注意する必要がある。一方，最近の基礎年金制度の急速な拡大とともに，OECDの国際比較データベースにおける基礎年金の位置づけに関する問題提起が行われており，今後は公的扶助のカテゴリーから分離される可能性もある。
7） 所得再分配の機能を持つA値は，国民年金の給付額の内，基礎年金的な性格を有する部分であり，国民年金の加入期間および全体加入者の平均所得月額の平均額に比例し，加入者の所得とは関係なくすべての加入者に同じく算定される金額である。
8） 尹錫悦政権は基礎年金の給付額を月40万ウォンに引き上げることを公約として掲げたが，これを実施する場合には，2080年に384兆ウォンが必要となる。

第3章

なぜ，民間「認知症保険」の加入が進むのか

金　圓景

1　民間の認知症保険の広がり

　韓国は，急速に高齢化が進んでおり，認知症のある人が増え続けている。保健福祉部ほか（2023）によると，2021年現在，65歳以上の高齢者のうち認知症を主な理由に入院または外来，薬局を1回以上利用した人は10.4％（約89万人）を占める。また，65歳以上の高齢者の推定認知症有病率は10.33％で，推定認知症患者数は毎年，約5万人ずつ増え，50年には約300万人を超えると推計されている（図表3-1）。

　認知症のある人が増え続けることが予想されるなか，認知症に対する不安を抱えた国民が増えている。2014年の調査によると，年齢が高くなるにつれ認知症が最も恐れる疾病として認識されている。60歳から69歳が最も恐れている疾病は「認知症」（43％）で，次いで「がん」（33％），「脳卒中」（12％），糖尿病（12％）等の順になっており，韓国社会における認知症に対する不安の大きさが推察される（保健福祉部 2020）。

　韓国では，認知症に対する不安から民間の認知症保険に加入する人が増えている。保険に加入している人は，特別な事情を抱えた人に限らない。里帰り出産で帰国していた筆者は，ある日，母の通話内容を聞いて驚いたことがある。電話で知り合いに頼まれて認知症保険に加入しようとしていたからである。韓国には介護保険も医療保険もあり，母はすでに別の民間保険にも複数加入しているのになぜ，認知症保険に加入しようとするのか疑問であった。母は，①祖母が認知症を患っていたことから認知症ケアにはお金がかかること，②今の制度だけでは足りないこと，また③医療費の自己負担額が大きいことなどを理由に認知症保険への

図表 3-1　65歳以上の推定認知症患者数の推移（2017〜21年）

（人）

	男性	女性	合計
2017年	254,676	450,797	705,473
2018年	274,244	476,244	750,488
2019年	294,341	499,940	794,281
2020年	316,426	523,766	840,192
2021年	339,115	547,058	886,173

出所：保健福祉部ほか（2023：20）を参考に筆者作成。

加入を前向きに検討していた。これは我が家に限ったことではない。

　韓国においては，1989年から国民皆保険が，2008年から老人長期療養保険制度（日本の介護保険制度に該当）が始まっただけでなく，08年以降は「認知症総合管理対策（2008〜2012年）」を始め，各種認知症施策が展開されている。同じく公的な医療・介護保険が整備されている日本では，認知症保険への加入は進んでおらず，要介護状態になる場合に備えて民間保険に加入する人も少ない（熊沢 2019；公益財団法人生命保険文化センター 2021：167）。

　なぜ，韓国では民間の認知症保険への加入が進むのか。本章では，民間の認知症保険がいつから始まり，何を保障してくれるのか，またどのような人が加入しているのかなどを紹介した後，韓国社会特有の事情を分析する。なお，本章では，認知症保障に関する保険商品全般を認知症保険とする。また，韓国では認知症に対し，「痴呆」と表記するが，用語の混乱を避けるために認知症とする。

2　認知症保険の展開と保障内容

1　認知症保険の始まりとその後の展開

　韓国において認知症保険が販売され始めたのは，1995年からである。政府は，当時，公的医療保険で対応できる治療が限られていたことから，民間の医療保険で認知症の治療などに対応することを発表した。「京郷新聞」（1994年10月5日）によると，「早ければ，来年から民間医療保険と自費病床制度が導入・実施される。4日，当時の保健社会部（現・保健福祉部）が国会に提出した国政監査資料によると，現行医療保険体制の補完のために公的医療保険の適用外となっている高額医

療機器による診療費および傷病手当などを商品化させた民間医療保険を推進することにした。民間医療保険が実施されれば，現在，保険適用外のCT・MRIなど高額医療費の保障はもちろん，がん・認知症など，特定疾病に対する傷病手当が障害が発生するたびに支給されることから公的医療保険が適用されない診療などによる医療費負担が大きく減ることが期待される」と報道している。

　その後，実際に民間保険会社によって様々な医療保険が販売されるようになった。なお，認知症関連保険商品については，当初は，認知症に特化した商品ではなく，親の老後生活を保障することを目的に開発された「親孝行商品」に認知症を保障する内容が付加され，販売されていた。例えば，大信生命の親孝行保険は，子どもが親の老後のために加入する商品として開発され，兄弟姉妹で分担して保険料を支払えるように設計され，老後の年金支給（年間最大360万ウォン）だけでなく，親が認知症になった場合，毎月20万ウォンが追加支給される（「毎日経済」1995年4月26日）。

　認知症保障に特化した「認知症保険」が販売され始めたのは，1997年からである。高麗生命は，30歳から60歳までの成人が加入できる「無配当認知症保障保険」を開発し，認知症になった場合は，保険料納入期間中を含む満了後も保険金を支払う内容の商品を販売した。認知症になった場合，診断後6か月が経過すると500万ウォンの認知症給付金が支給され，以後，最大10年間にわたって毎月100万ウォンの認知症年金が支払われる（「朝鮮日報」1997年6月18日）。以降，多くの保険会社が認知症保険の開発・販売を始め，今なお様々な保障内容を含んだ認知症保険の販売が積極的に進んでいる（「韓国経済」2023年3月19日）。

　このように民間の認知症保険の開発・販売が促進されている一方で，2017年9月に「認知症国家責任制」を発表した政府は，認知症ケアの社会化を目指し，認知症のある人への医療・ケアのサービス拡大や費用負担の軽減に向けて努めてきた。特に，重度認知症の人の医療費負担率を最大60％から10％に大幅に減らすなど，積極的に対応に努めてきたが，患者の対象が限られていたことなどから民間の認知症保険の開発・販売は，その後も広がった（保健福祉部 2020）。

　2018年には，韓国の保険市場に新たな国際会計基準が導入された影響で貯蓄性保険の販売が縮小され，保障性保険が集中的に販売されるようになった。そこで，中小規模の保険会社は，新たな保険商品の販売を目的に軽度の認知症も保障する内容を含んだ商品の開発を進め，多くの人気を集めるようになった。これを受け

て，すぐに大手の保険会社も軽度の認知症まで保障対象を広げた商品を開発，または従来の商品を強化させた。これらの動きにより18年以降，民間の認知症保険の販売をめぐる保険市場が過熱する事態が起きた（キム・ミンクク 2019）。

認知症保険の販売が積極的に進む一方で，保険金請求をめぐるトラブルも多数発生していた。そこで，政府は保険加入者が認知症や昏睡状態などで保険金請求が難しくなる場合に備えて，代理請求人が保険金を請求できるように認知症保険の「指定代理請求人制度」を創設した。関連して，金融監督院（2018）は「認知症保険加入時の留意事項」に関する報道資料を配布している。報道資料では，認知症が進行した後，自ら保険金を請求することは簡単ではないことを考慮し，認知症保険の指定代理人請求制度を利用することを勧めている。指定代理人請求制度とは，保険契約者，被保険者および保険受益者がすべて認知症などを理由に保険金を直接請求することができない場合に備えて，家族などが保険金を代わりに請求することができるように，保険契約者が事前に代理請求人を指定できることをいう。

しかし，この制度はほとんど利用されておらず，2020年6月現在，利用者は全体で8.27％にとどまっている。大手保険会社の利用率は，さらに低く1.26％にとどまっている。例えば，サムソン火災は17万5947件を販売したなかで代理請求人を指定した件数は1218件に過ぎず，0.69％にとどまっていた。関連問題を国政監事で報告したジョン・ジェス議員は，制度利用の義務化を進めるべきであると指摘した（「京郷新聞」2020年10月5日）。

以後，金融監督院は代理請求人の指定に関する周知・勧告に積極的に取り組んでいる。また，関連制度が定着できるように，高齢者を対象に加入義務化，提出書類要件の緩和，保険加入時の案内を強化している（金融監督院 2023）。

2 認知症保険の保障内容と販売の実態

現在，韓国において販売されている主な認知症保険は，認知症ケアにかかる費用負担を軽減させることを目的にした保障性の性格が強い。民間の保険会社によって販売されている認知症保険は，認知症と診断された場合，診断費およびケア費用を看病費として保険金が支給される商品であり，生命保険会社と損害保険会社から販売されている。

2018年5月現在，軽度認知症を保障する商品に限って言えば，9つの生命保険

会社で16商品（主保険8商品，特約8商品），9つの損害保険会社で36商品が特約形態で販売されている（金融監督院 2018）。このように，多岐にわたる民間の認知症保険商品の保障内容をきちんと理解したうえで，適切な保険商品を選ぶことは簡単ではない。なぜなら，保険商品によって保障期間や保障範囲など，具体的な内容が様々であるからである。

　図表3－2は，韓国の大手保険会社が販売している認知症保険商品の主な特徴をまとめたものである。保障内容は，損害保険会社の商品であるか，生命保険会社の商品かによっても大きく異なる。認知症保険の販売が過熱している今日，商品によって保障内容が細かく異なるだけでなく，どのような特約をどのくらい選択するかによっても保障内容が違ってくる。近年，販売されている認知症保険の保障内容は，さらに多様化している。

　「Dementia News」（2023年3月6日）の記事によると，ライナ生命保険は，これまでに民間保険の死角地帯とされた長期療養受給者5等級の人を始め，在宅サービスを利用する場合にも，毎月支援金を支給する認知症保険（無解約返戻金）を販売している。KYOBO 生命は，重度の認知症と診断された場合，生活資金として毎月100万ウォンを支給する認知症保険を販売している。また，2023年3月に販売を始めた未来アセット生命の認知症保険は，認知症検査から診断，薬物治療，看病費用までといったように認知症の初期段階である軽度から重度の認知症までを段階的に保障することが特徴である。さらに，重度の認知症の人は看病費負担が重いことを考慮し，「重度認知症生活費保障特約」を付けることで生活資金として活用することができるようにしている。その他，損害保険業界でも認知症看病保険の保障性を強化させた商品を続々と販売している。

　このように，様々な保障内容の認知症保険が販売されているなか，目を引くのがテレビ広告である。特に中高年が多く見る番組や時間帯に認知症保険の広告が頻繁に流れている。例えば，「遅くなる前に今，備えるべき」，「認知症診断を受けた後，入院時の看病人支援」，「初期段階の軽度認知症より診断金保障」，「重度認知症診断時，毎月の看病費支給」など，認知症になる前に今から加入しておかないと関連費用負担で大変なことになることを暗示させる広告がほとんどである。これらの広告は，認知症に対する恐怖をあおりながら，保険加入の必要性を強調している。

　しかし，これらのテレビ広告だけで各自にとって適切な認知症保険を選ぶこと

図表 3 - 2　大手保険会社が販売している認知症保険の保障内容の一例

保険名	主な保障内容
DB 損害保険「簡便な家族愛看病認知症保険」	・基本保障（主契約）：老人長期療養保険の1級または2級の認定を受けた場合の長期看病療養診断費 ・選択保障（特約） ①老人長期療養保険の1～5級の認定を受けた場合の長期看病療養診断費 ②CDR尺度3点以上の重度と診断された場合の診断費 ③CDR尺度1点以上の軽度以上と診断された場合の診断費
ハンファ生命「ハンファ生命 The 心配ない認知症保険（無解約返戻金型）」	・基本保障（主契約）：重度認知症と診断された場合，最初1回に限って1000万ウォン支給 ・選択保障（特約） ①CDR尺度2点以上の中等度と診断された場合，看病資金として毎月100万ウォン（生存時に限って最初の36回保障） ②老人長期療養保険認知支援等級の認定を受けた場合（長期療養点数が45点未満），診断資金として最初の1回に限って100万ウォン保障／看病資金として毎月10万ウォン（生存時に限って最高5年を限度に最初の3年（36回）保障） ③認知症通院保障：一般病院（1回1万ウォン），総合病院（1回3万ウォン）／上級総合病院（1回5万ウォン）の通院費を年30回まで保障

注：2023年12月時点で販売されている商品内容である。
出所：DB 損害保険ウェブサイトより作成。

は簡単ではない。近年，インターネット上に認知症保険の比較検討サイトが複数開設されているが，多くの特約内容まで読み込んだうえで適切な商品を選ぶ必要がある。さらに，認知症保険の商品開発が進むスピードが速く，商品によって販売期間が短いか同じ商品でも年度によって保障内容をバージョンアップさせた商品がどんどん発売されている。つまり，一人の消費者として各自にとって適切な認知症保険商品を選ぶことは難しい。

　韓国において様々な認知症保険の商品が販売されているなか，特に加入が進む時期がある。それは，5月5日の「子どもの日」や5月8日の「親の日」などが集中する5月である。家庭月間である5月は，親孝行商品として認知症保険の人気がさらに高まり，民間保険業界において認知症保険の販売に偏る現象が起きている。また，営業現場では，認知症保険の販売手数料が終身保険と同等に高いことから販売を促す保険設計士が少なくない実態が指摘されている（「韓国保険新聞」2019年5月6日）。

　なお，世界で最も高齢化が進んでいる日本では，韓国に比べると認知症保険の販売に関する動きは遅い。熊沢（2019）によると，日本では2016年頃から認知症保険を冠した保険が提供され話題になっている。特に18年以降，商品名に認知症

第3章　なぜ，民間「認知症保険」の加入が進むのか　53

保険を冠し　認知症予防を訴求した保険の販売や主力保険に付加する認知症保障
に特化した特約を新設する動きが出てきている。

3　認知症保険の特徴と急増する加入者

　販売されている認知症保険の種類が増えるなか，認知症を単独で保障する「単
独型」と認知症を特約の形で保障する従来の「総合型」に区別したキム・ヒョン
ギョン（2019）によると，近年，保障期間が長く，軽度の認知症まで保障範囲を
拡大させた「単独型」商品の新規契約数の急増が目立つ（**図表3-3**）。

　キム・ヒョンギョン（2019）の調査によると，「単独型」商品の新規販売割合
は2017年に3％にとどまっていたが，18年には52％に，19年には78％まで増えて
おり，「総合型」商品の22％を大幅に上回っている。「単独型」商品は，軽度診断
に対する保障の割合が80％と高く，保障期間が90歳までと長期にわたることから
「総合型」産品より認知症になった場合，保障される内容が充実していることが
販売促進につながっている。また，保険料も「単独型」商品（月額平均6.6万ウォン）
のほうが「総合型」商品（月額平均10.7万ウォン）より低いことも人気の要因の一
つである。

　同調査によると，2017年上半期に認知症保険に新規で契約した件数は，約21万
2000件にとどまっていた。しかし，保障対象が重度認知症に限らず，軽度まで拡
大されたことで18年以降，新規契約が増えている。認知症保険の新規契約は，18
年上半期に約20万3000件だったのが19年上半期には約136万2000件に増えている。
とりわけ軽度の認知症まで保障対象を広げた商品の新規契約に限ってみると，さ
らにその伸びが著しい。17年下半期に約3万1000件だったのが，18年下半期には
約19万9000件に増え，19年上半期には約110万2000件へと加入者が急増している。

　それでは，これらの認知症保険の加入者にはどのような人が多いか。同調査に
よると，2019年6月末現在，加入者の年代別の特徴をみると「単独型」および「総
合型」の加入率が最も高かったのは50代であった。特に「単独型」商品に加入し
ている人の40.5％が50代であった。認知症保険に限らず，民間保険への加入率の
高い韓国において50代が加入している民間保険の月平均保険料をみると，「単独
型」の加入者が66万ウォン，「総合型」の加入者が59万ウォンであった。それに
対して，認知症保険に加入していない人の月平均保険料は，32万ウォンであった。

　一方で，生命保険協会（2021）の調査によると，生命保険の世帯加入率は81％で，

図表 3 - 3　認知症保険の「単独型」と「総合型」商品の定義と特徴

	「単独型」商品	「総合型」商品
定　義	商品名に認知症が含まれ，認知症保障（認知症診断・看病）を専門とする商品	終身保険や統合保険などに認知症保障が特約の形で含まれている商品
軽度の認知症診断費用保障	80%	28.5%
平均保障年齢	89.9歳	83歳
月平均の保険料	6.6万ウォン	10.7万ウォン
年齢別加入現況	1位：50代（40.5%） 2位：60代（27.2%） 3位：40代（20.7%） 4位：30代（5.8%）	1位：50代（25.2%） 2位：40代（24.5%） 3位：30代（16.1%） 4位：20代（14.7%）

出所：キム・ヒョンギョン（2019：1-9）より作成。

加入世帯当たり平均4.3件加入しており，毎月，平均39.1万ウォンを支払っている。言い換えると，韓国の50代は，民間保険の保険料だけで毎月，平均32万ウォンから66万ウォンを支払っているのである。つまり，認知症保険の加入者は，経済的に安定している人が多いことが推察される。

　認知症保険の加入特性について分析したキム・ソンスク（2021）は，認知症保険への加入は計画的な行動とは言い難く，口コミの影響力が示唆されることから保険消費者が合理的な保険設計および管理できるように加入者の力量を強化させる必要があると指摘している。類似した認知症保険が多数販売されているなか，加入者は商品名だけでは把握できない契約内容や保障内容をきちんと比較検討したうえで，適切な商品を選ぶ必要がある。また，加入後，認知症が進んだ場合でも必要な保障を適切に受け取れるような体制整備が求められる。

3　セーフティネットとしての認知症保険

1　終わりの見えない認知症ケアの費用負担

　認知症のある人を抱えた家族は，ケア期間の長期化および要介護者の認知機能の低下に伴い，24時間365日，目を離すことが難しくなることが増え，共倒れになることも少なくない。そのため，認知症ケアの社会化の必要性がいわれており，公的なサービスも増え続けているが，認知症ケアに関する費用は決して安くない。そのために，当事者を始め，家族が経済的な負担を軽減させることを目的に，民

第 3 章　なぜ，民間「認知症保険」の加入が進むのか　55

図表 3 - 4　認知症のある人 1 人当たり年間管理費用構成

費用項目	内　　訳
直接医療費：1127万2253ウォン	・医療費：982万1691ウォン
	・本人負担薬剤費：145万562ウォン
直接非医療費：690万6904ウォン	・有料看病人費用：79万1586ウォン
	・非公式看病費：407万1002ウォン
	・交通費：110万6866ウォン
	・補助用品購入費：65万8318ウォン
	・患者時間費用：3 万4999ウォン
	・保護者時間費用：24万4133ウォン
長期療養費用：273万8061ウォン	
間接費：20万7161ウォン	
【年間費用】　2112万4379ウォン	

出所：保健福祉部・国立中央医療院・中央認知症センター（2023：29）を参考に筆者作成。

間の認知症保険に加入するケースが増えている。

　保健福祉部ほか（2023）の報告によると，認知症ケアに必要な費用は2021年現在，年間2112万ウォンと推定されている。認知症になった場合，直接医療費が全体費用の53.3％，直接非医療費が32.7％を占めている。関連医療費だけで全体の 8 割以上を占めていることから医療費に関する経済的な負担が大きいことが確認できる（図表 3 - 4 ）。

　また，2021年現在，一世帯当たり平均所得は月464.2万ウォンである。ここから年間世帯所得を算出すると5570万ウォンになることを考えると，認知症ケアに必要な年間費用2112万ウォンは，世帯所得の49.5％を占めることになる（保健福祉部ほか 2023：28）。言い換えると，家庭に認知症のある人が 1 人いるだけで，家計に大きな影響が出ることが予想される。

　このような現状を踏まえ，民間の保険会社は，認知症に備え，経済的な負担を抑えたいという国民のニーズに合わせて様々な認知症保険商品を積極的に開発・販売している。つまり，終わりの見えない認知症ケアに対する不安とケア期間に比例して増え続けることが予想される経済的な負担に備えて認知症保険に加入する人が増えており，もはや国民にとって民間の認知症保険はセーフティネットとして選ばれていると言える。

2 急速に展開された認知症施策と社会保険の限界

　公的な医療保険を実施している韓国では，認知症を理由に医療機関を利用する人が増えている。しかしながら，非給付診療が多いことや治療薬が高額であることなどから医療費負担の大きさが課題となっている。また，低年金者が多く，高齢者の貧困率の高さが指摘される韓国においてこれらの費用負担は，家計を圧迫することになる。このような状況のなか，2004年に始まった新自由主義的医療改革によって民間医療保険が急成長（小笠原 2019）したことは，認知症保険の開発・販売を促進させている。

　韓国では日本の介護保険に該当する老人長期療養保険が2008年から始まり，公的な介護保障システムの土台が整備された。しかしながら，当初の老人長期療養保険は，限られた要介護高齢者を対象にしており，身体的に元気な認知症のある人は除外されていたことから認知症ケアは，家族任せの状態が続いた。

　一方で，認知症施策が急速に展開され始めたのもこの頃である。同年9月に「認知症との戦争」を宣言した政府は，「認知症総合管理対策（2008～2012年）」を公表することで，認知症対策に本腰を入れ始めた。韓国における主な認知症施策は2008年以降，急速に展開されている（**図表3-5**）。その結果，14年7月に老人長期療養保険の療養等級に「認知症特別等級」が創設された後，18年には軽度の認知症の人を対象にした「認知支援等級」が新設され，認知症のある人も認定を受けられるように対象範囲が広がった。

　しかし，今なお認定を受けられる対象者が限られている。2022年12月現在，老人長期療養保険の認定を受けた要介護高齢者は102万人（高齢者人口の10.9％）にとどまっている（保健福祉部 2023）。なお，日本は高齢者人口の18.9％（2020年現在，約682万人），ドイツは高齢者人口の23.8％（2020年現在，約432万人）が認定を受けており，規模の違いがうかがえる（保健福祉部 2023）。また，認定を受けた場合でも，利用できる介護サービスは限られる。2022年現在，療養施設は875か所，昼夜間保護施設は515か所が不足すると推定されているだけでなく，その質も問われている（ジョン・ソンヒ 2022）。さらに，長期療養機関の数において地域間格差がみられており，地域において需要と供給のバランスの悪さが課題となっている（保健福祉部 2023：37）。

　このような状況のなか，最初から介護サービスではなく，医療サービスを選ぶ人も少なくない。代表的なのが医療法に基づいて運営されている「療養病院」で

第3章　なぜ，民間「認知症保険」の加入が進むのか　57

図表3-5　韓国における主な認知症施策の展開

	主要政策
2008年	第1次認知症総合管理対策（2008～12年）
2011年	「認知症管理法」制定（2012年2月施行）
2012年	第2次国家認知症管理総合計画（2013～15年）
2014年	老人長期療養保険に「認知症特別等級」創設
2015年	第3次認知症管理総合計画（2016～20年） ※5年単位の計画樹立の義務化
2017年	「認知症国家責任制」発表
2018年	老人長期療養保険に「認知支援等級」新設
2020年	第4次認知症管理総合計画（2021～25年）
2021年	「認知症管理法」改正

出所：金圓景（2020）より作成。

ある。なかには周りの目を気にして，高齢者施設の入所よりも療養病院を選ぶ家族も少なくないが，病院利用の場合，別途看病人を雇うことが多々ある。つまり，認知症のある人が利用できる公的な社会保険および社会サービスが限られているなか，私的な看病人を雇う場合もあるが，費用負担が大きく，認知症ケアに対する社会不安が大きいといえる。とりわけ公的な年金制度の低い保障性が課題とされる韓国において，老後，いつまで続くかわからない認知症ケアが大きな費用負担につながる。

　これらの課題を解決するために，政府が出した対策が「認知症国家責任制」である。同制度は，2017年に政権交代によって成立した文在寅政権が，新たな政治公約の一つとして打ち出したもので，認知症のある人と家族の経済・心理的な負担緩和に向けて，国と社会の責任を強化させる計画を含んでいた。国家による「認知症国家責任制」が進んだことで全国市郡区において「認知症安心センター」の設置・運営が進み，早期検診，オーダーメイド型相談，シェルター運営，事例管理など多様なサービスが提供されるようになった。また，介護サービスの拡大および認知症の診断・治療に関する費用負担軽減に向けて，高額であった認知症検査（SNSB）に健康保険を適用させたことで，従来の30～40万ウォンから15万ウォンに負担額が軽減された（上級総合病院基準）（保健福祉部 2020）。

　また，2020年には認知症安心社会（Safe from Dementia）の具体的な実現に向けて「第4次国家認知症管理計画（2021～2025年）」が発表され，「専門化された認

知症管理とケア」および「認知症関連政策基盤強化」を軸に関連施策が進んでいる。このように，韓国では認知症ケアの社会化を目指し，関連施策が急速に進んだことで一定のインフラ構築につながっている。

しかし，これらのインフラ構築状況は地域によってばらつきがあり，全国的に関連インフラがまだ十分に構築されているとは言えない。また，専門人材の確保や良質なサービスの確保などに関する課題が残されている（保健福祉部 2020）。その他，政権が変わるたびに，前政権の代表的な政策にメスが入ることが多々ある。例えば，「認知症国家責任制」を進めていた文政権が設置した行政の「認知症政策課」が2022年の伊政権交代後，「老人健康課」に変わるなど，「認知症国家責任制」の痕跡消しが始まったとの批判がある（「Dementia News」2023年3月29日）。

図表3-5で示したように，政府による認知症施策が急速に展開されてきた結果，認知症がある人と家族への支援に関するインフラが一定程度構築されている。しかし，急速に進んだ認知症施策のカバー範囲が限られていること，それに公的な介護・医療・年金制度の限界が相俟って，様々な課題が浮き彫りになっている。そこで，認知症になることに備えて，民間の認知症保険に加入する人が増えている。言い換えると，社会保険の限界によりセーフティネットとして，認知症保険に加入する人が増えている。

3　公的保険と民間保険のツー・トラック体制の韓国

韓国では世帯規模の縮小，一人暮らし高齢者の増加，共働き世帯の増加などにより従来のような家庭内介護は難しい状況である。親の扶養をめぐる国民の認識も大きく変化してきている。統計庁（2018）によると，親の扶養は「家族が担うべき」と考える人は年々減少しており，2002年の70.7％から2010年には36.0％まで減り，その後も減り続け2018年には26.7％であった。このことからも従来のような家族介護は，期待できないことが推察できる。一方で，老後は「自ら解決すべき」と考える人が増え続けており，2018年には19.4％を占めている。また，「家族・政府・社会が一緒に担うべき」と考える割合が最も高く，2018年には48.3％であった。言い換えると，家族介護の限界に直面している韓国において，介護の社会化および自助の考えが強まってきており，自分の老後は自分で対策しないといけないと考える人が一定数増えてきている。このような認識の変化に合わせて，自分の老後に備えて認知症保険に加入する人が増えている。

一方で，韓国ではそもそも民間保険の加入率が高い。国内で1999年から販売され始めた「実損医療保険」（以下，実損保険）は，2020年末には国民の約75％（3900万人）が加入している。そのため，政府は実損保険の適正な運用に向けて，保険業法の改正を通じて定期的な見直しを行っており，23年から第4世代の実損保険が始まっている。これらの実損保険は，不十分な医療保険の機能を補完する私的なセーフティネットとしての役割を担っていると評価されている（金融委員会2021）。

政府による民間保険の積極的な位置づけは，今に始まったことではない。韓国の福祉資本主義の特徴として「資産基盤福祉」と規定したキム・ドキュン（2018）は，公的福祉の代わりに家計貯蓄を基盤にした経路が形成され，民間保険を長期貯蓄と社会保障の政策手段として開発・育成し，保険資金を生産資金化する動きがみられたことを指摘している。さらに，1976年に保険料控除制度が新設され，持続的に控除対象となる保険の範囲や金額を拡大してきており，民間保険への加入を促す施策が展開されてきたといえる。

今後も，民間保険が公的な保険を補完するいわゆる「ツー・トラック体制」の維持が予想される。今なお，公的な保険の限界を解決するために，民間保険会社による隙間を狙った「認知症保険」が開発され続けている。このような実態を踏まえて，政府は認知症保険の適正な販売・支給に向けて注意勧告を行っている。引き続き，政府による民間保険の適切な運用に向けた定期的な見直しが欠かせない。例えば，民間保険の適正な保険料設定と加入者が必要な場合，きちんと保障内容に沿って保険金が支給されるシステムを構築する必要がある。

社会保障制度の不十分さから「自助社会」ともいわれる韓国において，今後も公的な保険を補完する形で民間保険の開発・販売が進むことが予想される。公的保険と民間保険が共存するツー・トラック体制の適正な運用に向けた韓国政府の取り組みは，今後，急激に高齢化が進んでいくアジア諸国において示唆するところが大きい。

第4章

なぜ，公的扶助で「就労の場」の提供が
進められてきたのか

金　碩浩

1　公的扶助として「就労の場」を提供する自活事業の導入

「小さな建設会社を運営していたＡさん（66）は，事業の失敗で家も財産もすべて失い，
多額の借金を背負った状態でドヤ街の地下に移り挫折した日々を送っていたが，ある日，
住民センターを訪れ社会福祉専担公務員に相談したところ，「技術もまなべるし，お金
も稼げる」と地域自活センターを勧められた。Ａさんは地域自活センターで住宅修理や
壁紙張替え，塗装の技術を学んだ後，現場に投入され経験を積んだ。自信を得たＡさん
は一緒に地域自活センターで働いていた同僚とともに，ソウル市から支援を受けた5,000
万ウォンを資金に○○という自活企業を創業した。自活企業を立ち上げて13年が経った
現在では政府の低所得層住環境改善事業や大手建設会社の社会貢献事業を請け負うな
ど，成長し続けている。」（「東亜日報」2020年10月12日）

　事例の自活企業とは，勤労能力のある貧困層が自ら起業する形で経済的自立を
図る支援制度であり，自活事業の一つとして制度化している。詳細については後
述するが，自活事業は，一般的に公的扶助である国民基礎生活保障制度（2000年
10月施行）が規定している7つの扶助の一つである「自活扶助」の給付対象とな
る各種自立支援プログラムを総称するものである。[1]同事業により，「就労の場」
の提供を始め，職業訓練，就業斡旋および資産形成支援等，勤労能力のある貧困
層向けの多種多様な自活事業が地域自活センターに代表される専門支援機関にて
推進されている。
　勤労能力のある貧困層のうち，勤労能力が比較的高い場合は，雇用労働部が管
轄する就業支援事業の対象となるが，比較的に勤労能力が低いと判定された場合
は，保健福祉部が主管する自活事業に参加することになる。[2]2022年度「保健福祉

白書」によると，雇用労働部の就業支援事業参加者数は14,260人，保健福祉部の自活事業参加者数は80,317人であり，合計94,577人がいずれかの事業に参加しているという。

　このように多くのプログラムが用意され勤労能力を有する貧困層の自立を図っているが，そのなかでも就労の場を提供する形で経済的自立を図る推進体制が相対的に充実化されている。事例の自活企業の他に，市場参入型自活勤労や勤労維持型自活勤労等，自活勤労団を結成して自立を図る自活勤労事業というものもある。いずれも既存の労働市場への再就職を斡旋する形ではなく，新しい就労の場を提供することにより新たに雇用創出を意図する形を採っている。2022年12月現在，94,577人から雇用労働部の就業支援事業参加者14,260人と保健福祉部の資産形成事業である「希望貯蓄口座Ⅰ・Ⅱ」参加者21,415人を差し引いた58,902人が自活勤労事業あるいは自活企業といった就労の場の提供を受けながら経済的自立に励んでいる（保健福祉白書 2023）。

　就労の場を提供する形態の自活事業という施策が講じられたのは昨今の動きではない。国民基礎生活保障法の制定当時である1990年代後半の社会的・経済的・政治的状況を反映した形で就労の場を重視する自活事業が導入され，現在においても制度的拡張をみせている。アジア通貨危機の影響で97年に2.6％であった失業率が98年には7.0％にまで急上昇し（KOSIS国家統計ポータル），雇用市場が機能不全に陥った。しかし，当時の雇用保険制度と生活保護制度では激増した稼働能力のある失業・貧困層に有効な支援を行うことが不可能であったため，新しい形の対応策の模索とその実行が喫緊の課題となっていた。

　その打開策として市民団体を中心に国民基礎生活保障法の制定運動が展開されていたが，同法の成立を可能にした決定的なきっかけは，1999年に金大中政権（98年2月～2003年2月）が打ち出した「生産的福祉」と言える。生産的福祉の象徴として，無差別平等に生計扶助を行うこと，勤労能力を有する貧困層には自活事業への参加を条件に生計扶助を行うことを主要内容とする国民基礎生活保障法が制定した。

　こうして国民基礎生活保障制度のなかに組み込まれた形の制度としてスタートした自活事業は，20年以上の歳月が経った現在においても制度の充実化が図られており，勤労能力を有する貧困層を対象とした経済的自立支援制度の主軸を担っている。本章では，就労の場の提供が主要特徴とされる自活事業の仕組みと現状

を概観した後，なぜ自活事業という経済的自立支援制度が導入され充実化が図られているのか，その背景について検討する。[3]

2 多様な就労の機会を提供する自活事業とそれを支える仕組み

1 勤労能力の判定と自活事業への参加[4]

　国民基礎生活保障法第9条に基づき，保障機関は大統領令の定めるところにより，勤労能力の有無を判定して条件付き受給資格を与えることができる（国家法令情報センター[5]）。実際に，生計扶助と医療扶助の受給者を対象に自活事業に参加する事前措置として，医学的評価と活動能力評価に基づいた勤労能力有無の判定を実施している。勤労能力ありの判定が下された受給者に対しては，さらに条件付き受給者または条件付与猶予者のいずれかの判定が行われる[6]。条件付き受給者に対しては，国民基礎生活保障制度の生計扶助を受給する条件として自活事業への参加が課せられる。

　条件付き受給者が自活事業の主な対象となるが，条件付き受給者ではない基礎生活受給者や基礎生活受給者ではない低所得者も自活事業に参加することができる。このことを鑑みると，強制就労と引き換えに生計扶助を実施する制度にとどまっているのではなく，条件付き受給者以外の幅広い貧困・低所得者にも自活事業への参加を積極的に促すことにより経済的自立を図っている勤労連携福祉制度を成していることがわかる。自活事業の対象者は具体的に，条件付き受給者，自活扶助特例者，一般受給者，特例受給世帯の世帯員，次上位者，勤労能力のある施設受給者等に区分される。

　前述のように，勤労能力のある生計扶助受給者は条件付き受給者として判定され，自活事業への参加が義務づけられるが，条件付き受給者が自活事業への参加を拒んだ場合，原則として生計扶助が受けられなくなる[7]。自活扶助特例者とは，医療扶助受給者が自活事業または雇用労働部が実施する国民就職支援制度に参加して得られた所得によって所得認定額が基準中位所得の40％を超えた者をいう[8]。一般受給者は，勤労能力のない生計扶助受給者，条件付与猶予者および医療・住居・教育扶助受給者のうち，自活事業への参加を希望する者を指す。特例受給世帯の世帯員とは，医療扶助特例世帯および移行扶助特例世帯の勤労能力のある世帯員のうち，自活事業参加希望者である。次上位者とは，勤労能力があり所得認

図表 4-1 自活事業参加者数の推移

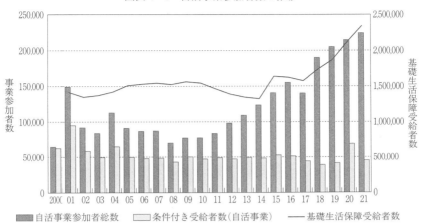

出所：2000年〜2017年の自活事業参加者数と条件付き受給者数（自活事業）は，イ・サンアほか（2021）を参考に作成．2018年〜2021年の自活事業参加者数と条件付き受給者数（自活事業）は，保健福祉部「保健福祉白書」各年度を参考に作成．国民基礎生活保障受給者数は，e‐ナラ指標より筆者作成．

定額が基準中位所得50％以下の人のうち，非受給者をいう．次上位者も自活事業への参加を申請すれば参加できる．最後に，勤労能力のある施設受給者も自活事業の対象に含まれる．

図表 4-1 は自活事業参加者数の推移である．自活事業に参加している条件付き受給者数に関しては少し変動があるものの，50,000人前後をキープしている傾向を表している．一方，自活事業が制度化した2000年に65,000人であった自活事業参加者の総数は，21年には224,082人にまで増加し，約3.5倍にまで膨らんでいることがわかる．この統計データからも条件付き受給者数に限らず，多くの貧困・低所得層が自活事業に参加することで経済的自立に取り組んでいることが明らかである．

2　様々な就労の場を提供する自活事業

国民基礎生活保障法第15条では自活事業に関して，「受給者の自活を助けるための，①自活に必要な金品の支給又は貸与，②自活に必要な勤労能力の向上及び機能習得の支援，③就職斡旋等情報の提供，④自活のための勤労機会の提供，⑤自活に必要な施設・設備の貸付，⑥創業教育，機能訓練及び技術・経営指導など

創業支援，⑦自活に必要な資産形成支援，⑧その他大統領令で定める自活のための各種支援」と定めている。

以上のように多くの自活事業が展開されているが，法律の条文からも既存の労働市場への復帰を目指す就職斡旋にとどまらず，就労の場を提供する事業の展開や起業支援による自立を積極的に進めている点を確認することができる。就労の場の提供を通じて自立を図る事業としては，保健福祉部が主管する自活勤労事業および自活企業支援事業等があり，職業の斡旋を通して既存の労働市場への復帰を目指すプログラムとしては，雇用労働部が主管する国民就業支援制度等が代表的な制度である。

(1) 自活勤労事業

自活勤労事業は一時的な就労の提供にとどまらず，低所得層が就職や創業を通じて経済活動を営むことができるように基礎能力の向上および自立阻害要因の除去に焦点を当てている。全国5大標準化事業（看病，住宅修理，清掃，飲食物リサイクル，資源リサイクル等）および官民連携事業（住宅改補修や介護等のコミュニティケア，政府糧穀配送等）など，全国単位の事業および地域実情を考慮した多種多様な特化事業を積極的に開発・推進し，自活勤労事業への参加を誘引している。例えば，農漁村の地域特性を勘案した地域特化事業である栄農事業，大都市生活圏中心の戦略事業としての外食事業などを積極的に開発・施行している。

自活勤労事業は参加者の自活能力と事業の種類に応じて①市場参入型自活勤労，②社会サービス型自活勤労，③インターン・アシスタント型自活勤労，④勤労維持型自活勤労に大別される（保健福祉部 2023：58-61）。

市場参入型とは，総事業費対30％以上の売上高があり，就業または自活企業の創業による市場参入を目指す事業団の事業をいう。社会サービス型とは，総事業費対10％以上の売上高があり，社会的に有意義な仕事を提供し参加者の自活能力を高めることによって今後の市場参入を準備する事業を指す。インターン・アシスタント型とは，自治体や地域自活センター，社会福祉施設，一般企業等で自活事業対象者が自活インターン社員として勤務しながら技術の習得や経験を積んだ後，就業を通じた自活を図る就業誘導型自活勤労事業のことである。最後に，勤労維持型とは，勤労能力が比較的に低い対象者が参加しており，現在の勤労能力および自活意志を維持しながら，今後上位の自活事業への参加を準備する形態の自活勤労事業である。高齢者や障害者に対する家事支援を始め，地域環境整備，

第4章　なぜ，公的扶助で「就労の場」の提供が進められてきたのか　65

図表4-2　自活勤労事業団の業種別状況（2020年）

(事業団数)

	住宅修理	社会サービス	環境整備	清掃	洗濯	リサイクル	生活用品生産
市場参入型	17	26	9	126	27	20	13
	食品生産	工産品生産	委託生産	広報物	畜産物の生産・加工	農産物の生産・加工	水産物の生産・加工
	61	2	7	1	4	18	2
	流通・販売	配送	理容・美容・健康	飲食店	人材派遣	趣味・余暇	その他
	111	72	1	195	16	－	34
社会サービス型	住宅修理	社会サービス	環境整備	清掃	洗濯	リサイクル	生活用品生産
	31	137	20	176	89	89	82
	食品生産	工産品生産	委託生産	広報物	畜産物の生産・加工	農産物の生産・加工	水産物の生産・加工
	101	28	183	7	11	117	9
	流通・販売	配送	理容・美容・健康	飲食店	人材派遣	趣味・余暇	その他
	71	81	4	162	35	7	130

出所：イ・サンファほか（2021：129）より筆者作成。

公共施設管理補助等，労働強度は低いものの，地域社会では必要不可欠な社会サービスの提供が主流となっている。

　図表4-2は2020年現在の自活勤労事業の一部である市場参入型および社会サービス型自活勤労事業団の業種別現状である。多種多様な自活勤労事業団を運営することで勤労能力水準が異なる利用者に最適な就労の場を提供しようとしていることがうかがえる。自活勤労団のなかでも勤労能力が比較的に高く，事業団の運営を今後一般労働市場へ参入することを目指す市場進入型では，清掃や飲食店，流通・販売が多い反面，比較的勤労能力が低く，一般労働市場での競争が難しい社会サービス型では，社会サービスの提供や委託生産等が多いことがわかる。

　次に，自活勤労事業の参加者数は，平均すると毎年4万人余りが自活勤労事業に参加していることになるが，2009年から11年までは参加者が増えていることがわかる（図表4-3）。老人長期療養保険制度の成立（08年7月施行）により介護事業に参入する自活勤労事業団が増加したことと，李明博政府（08年2月～13年2月）

図表 4-3　自活勤労事業参加者数の推移

(人)

2002年	2003年	2004年	2005年	2006年	2007年	2008年	2009年	2010年	2011年
39,000	39,000	48,000	48,000	50,643	47,993	41,232	62,404	60,162	60,385
2012年	2013年	2014年	2015年	2016年	2017年	2018年	2019年	2020年	2021年
53,342	34,031	30,731	28,865	25,836	24,666	24,505	29,977	34,402	35,290

出所：2002年～2012年はイ・サンア（2021：43-49）を参照に作成，2013年～2021年は保健福祉部「保健福祉白書」
　　　各年度を参照に筆者作成。

が「自活福祉先進化プロジェクト」を実施し，自活事業を成果中心に強化したことに起因する。しかし，朴槿恵政権（13年2月～17年3月）である13年からは自活勤労事業への参加期間を36か月に制限したため，参加者数が急減していることがわかる。

(2)　**自活企業支援事業**

　自活企業とは，2人以上の受給者または次上位者が相互協力して組合または事業者の形態として自活事業を営む事業体のことをいう。自活企業支援事業は，国民基礎生活保障法の制定当時は「自活共同体」の創業支援として始まったが，2012年の法改正により「自活企業」への名称変更とともに積極的な支援体制を整えた。自活事業の実施機関に対しては自活企業の設立・育成や各種支援を積極的に行うことが義務づけられている。さらに，市場参入型自活勤労事業の技術向上および経験蓄積を図るとともに，成功事例のベンチマーキングを通して自活企業として育成していくことも求められている。

　自活企業に対しては，国の政策として，自活勤労事業団を経た自活企業への創業資金支援，専門人材および参加者の最大5年間の人件費支援，特別保証および経営コンサルティングの提供，最大5000万ウォンまで施設補強事業費の支援，事業開発費の支援，基礎生活受給から脱却した参加者を対象に社会保険の企業負担金の支援，優秀自活企業に対する最大1億ウォンの支援，国・共有地の優先的な賃貸支援，自活企業生産品の優先購入等の支援を行っている（保健福祉部 2023：105-127）。

　2020年度「保健福祉白書」によると，20年末現在，全国で1,012か所の自活企業が各地域で稼働中である。具体的には，清掃・消毒231か所（22.6％），住宅修理194か所（19.0％），配送141か所（13.8％），飲食店126か所（12.3％），介護・ケア等社会サービス80か所（7.8％），食品生産56か所（5.5％），その他194か所（19.0％）

第4章　なぜ，公的扶助で「就労の場」の提供が進められてきたのか　67

図表4-4　自活勤労事業参加者数（2020年，実人員数）

	地域自活企業	広域自活企業	全国自活企業	合計
自活企業数	1,022	37	3	1,062
参加者数	7,124	1,029	6,736	14,916

注：参加者数は実人員数。
出所：イ・サンア ほか（2021：132）より筆者作成。

に分けられる。また，保健福祉部では，脆弱階層向け政府糧穀の安定配送のために「希望ナルミ」を12年7月に全国自活企業の第1号として認定を行い，20年末現在，3か所の全国自活企業が認定を受け企業活動を展開している。全国自活企業は，市場競争力強化のために専門家の助言，経営コンサルティング，広報およびマーケティング等の支援を受けながら，全国で「規模の経済」を活かした企業活動を行っている。また，広域単位の自活企業である広域自活企業も37か所が稼働している。20年の自活企業数と参加者数の詳細については，**図表4-4**を参照されたい。

(3)　その他

自活勤労事業および自活企業支援事業の他にも，国の政策である資産形成事業として「希望貯蓄口座Ⅰ・Ⅱ」および「青年明日貯蓄口座」を実施して，働いている生計・医療・住居・教育扶助受給者および次上位者，そしてそれら世帯の青年世帯員の資産形成を支援している。さらに，勤労能力が比較的高い条件付き受給者を含む低所得層の就業を支援する雇用労働部が主管する国民就業支援制度もある。

また，自活事業を円滑に遂行するために，新規参加者等を対象に個人別自立経路（Individual Action Plan; IAP）および個人別自活支援計画（Individual Service Plan: ISP）を策定する「Gateway 課程」を運営している。さらに，自活事業参加者全員を対象に，個人別自活支援計画をベースに相談，就労機会の提供および自活勤労を通じた勤労意欲と自尊感情の向上等をモニタリングして自立に必要な様々なサービスを連携・支援する「自活事例管理」も実施している（金碩浩 2022：16-29）。

3　自活事業を支える専門組織体系[9]

中央省庁である「保健福祉部」は，国民基礎生活保障制度全般を総括しており，

自活事業に関しても総合自活支援計画の策定，自活プログラムの開発と推進，地域自活センターの指定・管理等を行っている。保健福祉部の傘下組織である「韓国自活福祉開発院」は，自活事業の調査・研究・教育・広報，自活情報システムの構築・運営，自活事業プログラムの開発・推進・評価等を担っている。

　広域自治体である「市道」は広域自治体単位の自活事業を総括しており，基礎自治体である「市郡区」と一緒に地域自活支援計画の策定，自活基金の設置・運営，自活扶助の給付有無・給付内容の判定および実施，自活機関協議体の運営，参加者の自活支援計画の策定・管理等を行っている。「市道」の傘下組織として小規模で特殊な広域自治体1か所を除く16か所の広域自治体に「広域自活センター」を設置し，広域単位の低所得層に対する就業・創業支援，地域特化型自活プログラムの開発・普及等を担っている。

　2023年現在，基礎自治体である「市郡区」の傘下に250か所の「地域自活センター」を設置しており，これは平均的に人口20万人当たりに1か所が設置されていることを意味する。各地域において自活事業を実際に実行する中核機関として位置づけられていることがわかる。地域自活センターは小規模の12の市郡区を除く全国の市郡区に設置し，自活意欲向上プログラム，包括的ケースマネジメントである「事例管理」，情報提供・相談・職業訓練・職業斡旋，自活プログラムの実施等，多種多様な自活事業を展開している。また，韓国では市郡区の下に「邑面洞」という小規模行政単位があり，邑面洞では社会福祉士資格を有する福祉職公務員が自活事業に参加する条件付き受給者の確認調査を行っている。なお，中央省庁である「雇用労働部」では就業支援を総括しており，各市郡区に設置されている「雇用センター」を通して就業支援を実施している（**図表4-5**）。

3　雇用なき成長時代の固着とその対応策としての自活事業の拡大

1　アジア通貨危機と溢れ出す失業貧困層

　パク・ジュンギョン／キム・ジョンホ（1992：171-175）は，1990年代の産業別就業構造の変化を指摘し，農林水産業の就業比重が顕著に低下し，製造業の就業比重も減少する一方，サービス業の就業比重は増加することを予想していた。1990年代に入って現れた韓国経済における最も大きな構造変化は，雇用のポスト工業化現象であった（キム・ジョンイル 2006：3）。雇用のポスト工業化は大量の雇

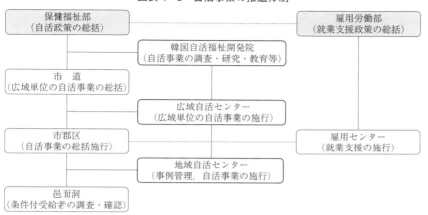

図表4-5　自活事業の推進体制

出所：保健福祉部（2023：3）をもとに筆者作成。

用を担っている製造業の割合が減少することを意味するが，実際には製造業のなかで最も競争力の低い業種が淘汰されていき，そこで働いている低熟練労働者の構造的な失業問題を引き起こした。このような雇用のポスト工業化が進展し，87年に12.7％であった実質経済成長率が10年後の97年には6.2％にまで減少し，低熟練労働者の失業・貧困が深刻化していくが，アジア通貨危機が勃発するまでの1990年代の失業率は2.5％前後を推移していたこともあり，潜在的問題に対する雇用安定政策よりは経済成長政策が優先されていた。

しかし，ポスト工業化の始まりから10年間における製造業の雇用減少強度を比較してみると，アメリカ（1966～76年）が△1.428％，日本（73～83年）が△5.626％，台湾（87～97年）が△8.541％であったのに対して，韓国（88～99年）は△17.943％を記録しており，深刻な雇用問題が発生していたことがわかる（キム・ジョンイル2006：13）。

このようにポスト工業化という産業構造の変化が現実化しているにもかかわらず，低熟練労働者の失業問題や稼働能力のある貧困・低所得者問題に対して政府レベルの積極的な対応が講じられないままの状態で，未曽有のアジア通貨危機に直面することとなる。[10]

経済危機以降の社会は，倒産や閉業，構造改革等により労働市場が極端的に萎縮し，1997年11月の時点では2.6％（57万人）であった失業率が99年2月には史上

最高水準である8.6％（178万人）を記録した（ヨ・ユジンほか 2004：92）。97年と98年第1四半期を比べると，所得不平等を表すジニ係数も28.80から32.22に高騰した（自活福祉開発院 2021：12）。99年3月からは失業率が減少に転じ，国民基礎生活保障法の国会議決が行われた2000年8月には3.7％（82万人）にまで落ち着いたが，問題はこのような失業率の下落の多くの部分が「統計上の失業率[11]」の下落であるという点と，低所得長期失業者の割合が高い水準を維持している点である（ヨ・ユジンほか 2004：92；キム・ミゴン 2005：10）。とりわけ，失業者のうち失業期間が6か月も続く長期失業者の割合が10％台半ばを維持していた。

　社会保障制度が十分に整っていない状態で急に表面化した大量失業は，ソーシャルセーフティネットという蚊帳の外におかれていた，いわゆる「死角地帯」の失業・貧困者を量産した。1998年には5兆6672億ウォン，99年には9兆5439億ウォンの社会支出予算を投入しても，ソーシャルセーフティネットによる保護率は98年に35.0％，99年に60.4％に過ぎない水準であった。これは，緊急臨時失業対策である公共勤労事業等を含む保護率であるにもかかわらず，雇用（失業）保険，失業扶助および公的扶助だけで失業者を保護しているフランス（98％）やドイツ（89％），オーストラリア（82％）よりはるかに低い数値である（ヨ・ユジンほか 2004：93）。

　このような大量失業問題は，家計所得の減少，内需の萎縮，生産活動の縮小，雇用市場の萎縮，失業の拡大という負のスパイラルに陥ることになり，この過程のなかでさらなる貧困層の増加をもたらすことになる。ソク・ゼウン／キム・テワン（2002：130-131）によると，アジア通貨危機後の貧困率は経済危機直前と比べ，最低生計費を基準にした貧困率では約4.5％増加，中位所得40％を基準にした貧困率では2.8％増加，中位所得50％を基準にした貧困率では1.9％増加をもたらしたという。

　貧困と雇用に対するセーフティネットが十分に構築されていない経済危機の状況では，貧困人口の急増をもたらし，彼らの生存権を脅かすことにつながった。とりわけ，日雇いや非正規労働者等，勤労能力はあるものの底辺の非熟練労働を転々としていた人々にとっては，突然訪れた大失業時代は，仕事も生存も従来通りに期待することが困難な時代となってしまったのである。

　このように，アジア通貨危機によって急増した前代未聞の失業と貧困，そして，それに起因するホームレス化，家族の解体，自殺のような深刻な社会問題も発生

第4章　なぜ，公的扶助で「就労の場」の提供が進められてきたのか　71

したため，既存の脆弱な社会保障体制に対する批判とともに，国民による改善を求める声も高まった。すべての国民に最低限度の生活を無差別平等に保障するために，そして，雇用市場の崩壊とその対策の機能不全を乗り越えることを目的として稼働能力のある貧困層に新しい形の就労支援を提供するために成立した国民基礎生活保障制度および自活事業も，このような厳しい経済的背景の下で成立したものなのである。

2　金大中政府の「生産的福祉」と国民基礎生活保障制度

　失業と貧困の急増という経済的状況は，国民基礎生活保障制度と自活事業の成立を説明する必要条件ではあるが十分条件ではない。政治的要因として，金大中政府の「生産的福祉」の推進が決定的な影響を与えたことを看過してはならない。

　1997年末のアジア通貨危機の勃発は，当時モデル事業として展開していた自活事業を積極的に制度化するきっかけとなる（自活福祉開発院 2021：12）。上述したように失業者が急増して貧困と雇用の問題が大きな政策課題となる状況のなか，市民団体や社会福祉学界は，臨機応変的な生計支援策ではなく，根本的なソーシャルセーフティネットの構築のために，①国民福祉基本線を設定し，国家が公的な社会保障制度により国民の最低生活を保障すること，②生計扶助の拡大と勤労能力のある貧困層のための失業扶助制度の導入，③雇用保険制度の強化を求めた（ムン・ジンヨン 1990；イ・サンアほか 2021：12）。

　このように1990年代末の当時では失業・貧困対策をめぐる様々な議論が展開されるが，主たるものとしては，急進展していく失業者の貧困化現象を目の当たりにして，勤労能力のある貧困者に公的扶助として生計給付を実施すべきか否かをめぐる論争と，勤労能力のある貧困層に対して生計扶助と切り離した失業扶助制度を導入すべきか，それとも生計扶助の条件として自活事業を公的扶助の給付として正式化し自活事業への参加を義務づけるべきかをめぐる論争が巻き起こっていた。

　これら論争に終止符を打ったのが，金大中政府の「生産的福祉」理念である。金大中大統領は1999年4月22日に「私は生産的福祉を志向しています」とし，同月29日フランス「ル・モンド」との誌上インタビューで「私は民主主義と市場経済，そして生産的福祉を実現した大統領として記憶されたい」と発言したことで，生産的福祉が3大国政指標として急浮上した（パク・ユンヨン 2002：279-280）。大

図表4-6　金大中政府の「生産的福祉」の基本原則（自活支援関連内容）

全国民の最低限度の人間らしい生活の保障	・勤労能力のない者に対しては，基礎生活を営むことができるように所得，医療，教育，住居等に対する最低生活水準を国家が保障する仕組みの導入
勤労を通じた自立・自活努力の最大化	・勤労能力がある者に対しては，生産的社会参加を通じて自立・自活努力を最大化するための効果的な福祉供給体制を構築 ・失業者，女性および障害者等－貧困・脆弱階層に対する勤労能力の向上および勤労機会の拡大に重点を置いた福祉施策の推進
福祉供給体系の効率化・情報化	・福祉制度間の相互連携性を強化しサービスの質を高め，需要者中心の福祉供給体制の構築 ・福祉サービス提供に競争概念を導入して効率性を向上

出所：ムン・ヒョンギュン／ユ・ギョンジュン（1999：8-10）より筆者作成。

統領の宣言としての生産的福祉について体系化を図ったものが「生産的福祉と積極的福祉政策」（ジョン・ギョンベ 1995）である。そのなかには，勤労動機の向上，創業支援，教育訓練，公共勤労といった政策が勤労連携福祉政策として，創業支援，高齢者・障害者・女性向け自活サービスの拡大が自活サービス拡充政策として示されている（ジョン・ギョンベ 1999：5）。このことは，1990年初頭から徐々に兆候が現れていた産業構造の変化に伴う雇用の不安定がアジア通貨危機を機に一気に急進展することになり，その失業および貧困対策として，そして経済的自立支援対策として，創業支援や公共勤労，ボランティアといった新しい就労の場を提供する形としての模索が喫緊の課題となっていたことを反証する。

　ムン・ヒョンギュン／ユ・ギョンジュン（1999：8-10）も生産的福祉の立場に立ち，失業・福祉対策の運営方針の体系化を図ったものであるが，全国民を対象に最低限度の人間らしい生活を保障することと，勤労を通じた自立・自活努力を最大化することに焦点を当てている点は，上記との共通点である。生産的福祉理念の詳細に関しては，図表4-6を参照されたい。

　こうして，社会的危機の打開策として打ち出された生産的福祉理念を具現化する形で，生活保護法から国民基礎生活保障法へと改革立法が実現する。その内容では上記の論争が折衷される形として，すべての国民に生計扶助を実施する一般扶助主義を採用する一方，それと引き換えに勤労能力のある貧困層には公的扶助の一つである扶助化した自活事業への参加を条件とする仕組みを取り入れた。

　公的扶助制度における条件付き受給制度として自活事業を導入した点は，まさに金大中政府の生産的福祉理念の反映したものと言える。しかし，自活事業の制

度化を一気に進めることができたのは，1996年からモデル事業としてスタートしてから2000年に国民基礎生活保障法を施行するまでの約5年の間，アジア通貨危機という激変の時期を通過しながら，官民協力によって推進してきた就労の場を提供する形のモデル自活事業の経験蓄積があったからである。さらに，モデル自活事業の推進を可能にした要因として，後述する貧民運動側による実践運動としての「生産共同体運動」の展開が存在することも看過してはならない点である。

3 貧民運動側による「生産共同体運動」の経験蓄積

　新しい就労の場を提供することを重視する形で自活事業が制度化した背景要因として，アジア通貨危機により失業・貧困問題が深刻化し，既存の対策を踏襲するものではない新しい形の対策が求められていた経済的状況と，その対策を推進するための政治的原動力としての金大中政府の生産的福祉政策を取り上げた。しかし，経済的状況と政治的宣言だけでは，自活事業を制度化して一斉に全国単位で推進していくことは困難を極める。ましてや，失敗が許されない経済危機の状況下で政策を推進する有効な原動力も存在しないとするならば，それはもはや冒険の域に近い。

　ところが，国民基礎生活保障制度の一部分として自活事業を制度化することを可能にした背景には，上記でも言及した1990年から始まった貧民運動団体の対案実践運動としての生産共同体運動の経験，その運動の有用性を引き継いだモデル自活事業の推進，モデル自活事業のさらなる経験蓄積を可能にしたアジア通貨危機の勃発後から国民基礎生活保障制度の導入までの間に行われた様々な実践とその成果が存在する。

　1980年代後半から現れ始めた経済成長の鈍化やポスト工業化の進展により低熟練労働者の失業や貧困が深刻化していく社会状況のなか，90年に貧困地域で胎動した生産共同体運動は，就職による既存の雇用市場への再参入ではなく，新しい就労の場を貧困層自ら創出する形をとった民間レベルの経済的自立運動であった。男性を対象にした建設分野の生産共同体と，女性を対象にした縫製分野の生産共同体を立ち上げ対案実践運動として進めるが，経験不足や制度的支援がないといった限界に直面し，注目すべき成果を上げることができない状態が続いていた。当時の生産共同体運動を展開する活動家の間では，参加者の勤労能力に適合しながらも市場競争力が担保できる業種を見つけること，社会実験のような実践

図表 4 - 7　　国民福祉の基本構想（自活支援関連）

自立支援のための生産的福祉システムの構築	
零細民の自活共同体の結成を制度化	・勤労能力はあるが，教育や技術，資本など自活条件が脆弱な零細民が自営業や生産共同体，勤労共同体の活動を通じて自活できるように制度的支援を実施
零細民の密集地域に自活支援センターを指定・運営	・共同作業室や会議室等の作業空間，労働市場・下請け仕事の情報等を提供し，零細民の自営業創業支援，生産共同体活動を支援 ・1996年上半期中に 2 ～ 3 か所を指定・事業開始後，漸進的に拡大
民間主導の自活支援財団の設置	・生業資金融資事業，共同体自活事業金融支援，子の大学就学費用の低金利融資等を実施

出所：保健福祉部（1996），キム・スンオ（2009：32），ノ・デミョンほか（2010：29）より筆者作成。

運動に対して社会からの承認を得て支援の輪を広げていくことという 2 つの大きな悩みを抱えていた（シン・ミョンホ／キム・ホンイル 2002： 9 ）。

　ところが，国策研究機関である韓国開発研究院（KDI）と韓国保健社会研究院が1993年から95年の間に低所得支援策として生産共同体を検討した研究成果を発表したことにより，民間レベルの運動として進められていた生産共同体が低成長時代，産業構造再編成の時代における新しい経済的自立支援策として注目を浴びるようになった。さらに，金泳三政府（93年 2 月～98年 2 月）の国民福祉企画団が95年に「生活の質の世界化のための国民福祉基本構想」を発表したことが拍車をかけ，生産共同体モデルを取り入れた生産的・予防的福祉政策を推進することになる。自活支援と関連した国民福祉基本構想の詳細内容に関しては，**図表 4 - 7**を参照されたい。

　この過程で自活支援センターモデル事業が1996年に始まり，2000年に国民基礎生活保障制度が制定するまでの間，20か所の自活支援センターが設置された[12]。センター職員として民間で生産共同体運動を主導してきた活動家らが多く加わったこともあり，モデル自活事業の初期段階においては清掃や縫製，塗装，建設，看病，共同作業場等，既存の生産共同体運動の活動をモデル自活事業として展開していた。それが徐々に地域の実情を考慮した事業へと拡大していき，飲食物の生ごみリサイクル，リユース品の修繕および販売，豆腐工場，ベビーシッター派遣等の自活共同体を新たに展開した。しかし，初期段階の地域自活センターの事業を成功裏に導くことは困難であった。民間で自活共同体の運営経験を持つメンバーが職員として参加した96年に指定された地域自活センターに比べ，自活共同

体の運営経験がない職員が主流となった97年以降に設立した地域自活センターの事業展開は困難を極めていた。当時の予算ではかなり高額であるセンター1か所当たり1億ウォン程度の補助金が支援され、常勤職を4〜7人まで自律的に採用することもできたが、それだけでは労働能力の脆弱な低所得層を対象にして市場競争力のある生産共同体を運営し定着させることは容易ではなかった（ノ・デミョンほか 2010：30）。

ところが、自活支援センター協会が要求した特別就労支援事業が1997年に勃発したアジア通貨危機をきっかけに大幅に認められた。健康で技術水準の高い労働者も失業状態に陥る社会状況のなかでは、未熟練で不安定な労働環境で就労を重ねてきた人々に対する経済的自立のためには、社会的支援が必要不可欠であると認識されるようになった。それとともに、社会の公益のためには必要であるが、自由市場システムでは供給されない社会サービスをサードセクターが担う必要性も議論され、自活支援センターが特別就労支援事業として社会的脆弱層を対象に、無料清掃、無料壁紙張替え、弁当の提供および看病・介護サービス等の社会サービスを行うこととなった（ノ・デミョンほか 2010：30）。このような過程を経て98年からは、現在の自活企業の前身とされる自活共同体事業がより活性化していく。キム・スンオ（2009：52）によれば、国民基礎生活保障制度導入以前の自活支援センターの自活共同体は、縫製、清掃、建設、古着リサイクル、生ごみリサイクル、一般リサイクル、看病・介護、洗濯等多岐にわたる業種で展開され、全国で34か所の自活共同体が稼働していたという。

1996年から2000年に国民基礎生活保障制度が制定されるまでの5年間は、グローバル化等社会構造の変化の波に乗り切れない未熟練の貧困・低所得労働者を対象に、就労斡旋を通じた既存の労働市場への復帰ではなく、生産共同体という就労の場であり居場所である新たな道を模索することで経済的自立を図ったのである。こうした努力と経験の蓄積を基盤にして、国民基礎生活保障法における自活事業として制度化することが可能になったと考えられる。

4　社会的経済との融合でステップアップを模索する自活事業

こうして公的扶助である国民基礎生活保障制度の扶助の一つとして制度化した自活事業は、貧困からの脱却という明確な目標を達成するために様々な制度的拡充を行っている。まず、推進機関の核となる地域自活センターが増設された。法

律が施行された2000年では70か所あった地域自活センターが05年には242か所に増加し，23年現在250か所が運営されている。

　支援体制だけでなく，二本柱の体系を採用している自活事業のプログラムも充実化した。既存の労働市場への再就職を支援する制度，そして，就労の場を提供することで新たに雇用を創出する制度がそれらである。まず，就職支援制度としては，就職のための教育と福祉サービスおよび職業斡旋を個別に支援する希望リボン事業の導入（2009年），個人別就業活動計画に基づいた診断・経路の設定，職業能力の開発，集中的就職斡旋を段階的に行う個別支援である就業成功パッケージ制度の実施（09年），就業成功パッケージ制度を見直した国民就業支援制度の導入（21年）が行われた。次に，就労の場を提供することから新たに雇用を創出する仕組みとしては，自活勤労事業の多様化（04年），勤労意欲の低い受給者を対象とした社会適応プログラムの実施（04年），自活企業創業資金支援の導入（05年），自活プログラムの多様化として全国5大標準化事業の拡大（10年），自活共同体の自活企業への名称変更（12年），自活企業および創業支援事業の実施（13年），自活企業活性化方策の導入（18年）等が実施された。

　このように自活事業が拡大した要因としては，政権交代のたびに福祉政策の転換が行われたのも一因である。しかし，保守政権であれ進歩政権であれ，アジア通貨危機以降に固着してしまった雇用なき成長時代において失業者・貧困者層への自立支援策を講じる際には，就職支援制度の必要性については言うまでもなく，労働市場が不安定化してしまい良質の就職先が不十分な状況下では，就労の場を創り出してその場を拠点に経済的自立を図る方法の導入は必要不可欠である。チャン・ウォンボン（2008：55-57）は，雇用なき成長時代における労働市場の二極化は消費構造や社会の二極化を招いており，長引く経済成長の鈍化や産業構造の高度化は，従来の雇用市場のみに頼ることのできない雇用創出構造の変化をもたらしていると指摘している。そして，未熟練労働者および脆弱階層が失業を繰り返したり長期失業状態に陥ったりするケースが増加していることから，雇用構造を改善する努力とともに，新しい雇用を創出するための社会戦略を推進する努力を同時に行わなければならないという。

　実際に，通貨危機以降，低賃金と雇用の不安が拡散し，勤労貧困層の問題が深化しており，貧困問題の地形が変化したことを指摘せざるを得ない（ノ・デミョン 2010：16-25）。1999年に12.8％であった相対的貧困率が2000年には10.8％まで低

下した。しかし，その後上昇に転じて05年に13.8％，11には18.6％まで上昇しピークを記録した。その後は減少傾向が続き，15年には17.5％，2020年には15.3％にまで下落したが，依然としてアジア通貨危機直後の12.8％よりは高い水準が続いている。これは可処分所得で算定した相対的貧困率であり，市場所得を基準に計算した相対的貧困率は16年に20.7％，18年に21.0％，2020年に21.5％へと上昇傾向にある[13]。

　このような社会経済的状況を鑑みると，貧困脱却を政策目標とする勤労連携福祉政策は政権の政治的性向にかかわりなく，どの政権においても重点政策としての対応が求められていることがわかる。

　EUが推進した「雇用のための国家行動計画（National Action Plan for Employment, NAP）」においても上述した雇用創出のための二重戦略を確認することができるが（チャン・ウォンボン 2008：55），二重戦略の韓国版とも言える政策の代表例が自活事業と言える。

　しかし，生産的福祉の象徴である自活事業を通して貧困からの脱却を図るという政策目標は，2007年を基準にした場合，自活事業参加者のうち，基礎生活受給者から脱却した割合は6.3％に過ぎず，生産的福祉は「生産的ではない」という批判に直面する（イ・ホヨン／ソン・ヨンファ 2013：1483）。これらの批判に対して，自活事業への参加は社会的に孤立しやすい貧困層の特徴を勘案すると，社会的なつながりとしての役割を果たしている側面もあると肯定的な一面を捉えつつも（ノ・デミョンほか 2010：53-56），自活事業が公的扶助制度に組み込まれていることから制度的拡張が容易ではない構造的な問題を指摘することによって，自活事業の新たな発展方向を模索していった。具体的には，就職支援制度を強化しつつも，新たな雇用創出戦略として就労の場の提供を通じて経済的自立を図る戦略をめぐっては，社会的経済との融合を図る方向へと一層の強化を推進した[14]。

　社会的経済の推進は，社会的企業育成法（2007年制定）や協同組合基本法（12年制定）のような社会的経済を象徴する法律の施行により拍車がかかる。社会的経済の公論化の過程で大きく寄与したのが自活事業であるが（キム・ジョンウォンほか 2012：6），同事業の制度的限界を乗り越えるためにも，勤労貧困層を始めとするより多くの社会的脆弱階層に対して，以前よりも積極的に新しい就労の場を提供する型の雇用創出を促進する必要があり，社会的経済の推進が図られた側面もある。こうして，公的扶助としての制度的限界を打破するために社会的経済と

の融合が図られたのが自活企業である。その方向性は鮮明であり，上述した最大
５年間の人件費支援，社会保険料の企業負担金の支援，経営コンサルティングの
提供といった公的扶助の域を超えた支援が導入されている。自活企業の他にも，
社会的協同組合を主な担い手として，地域社会における社会サービスの供給拡大
を目論んだ自活事業も全国で幅広く行われるようになった。これは社会的経済を
推進するもう一つの目的とされる社会サービスの供給拡大とも合致する。

　以上のように，現在の自活事業は，公的扶助としての制度的限界を乗り越える
ために，社会的経済との融合を図りながら制度的拡大を模索しているが，その背
景には，アジア通貨危機以降，雇用なき成長と雇用の二極化が固着化してしまっ
た社会経済構造を打破するための新しい政策的・実践的取り組みが社会的に求め
られている現実が存在する。

注
1 ）　日本の生活保護法では「扶助」という用語を用いているが，国民基礎生活保障法では「給与」
　　という用語が法律用語となっている。給与は一般的に給料の意味としても使われており，意味の
　　一致性を担保するために，本章では「給与」の代わりに「扶助」を用いることとする。
2 ）　雇用労働部は日本の旧労働省に，保健福祉部は日本の旧厚生省に当たる政府機関である。日本
　　では厚生労働省として統合されたが，韓国では２つの省庁に分かれている。
3 ）　本章で取り上げている国民基礎生活保障制度および自活事業の詳細については，松江（2023）
　　を参照されたい。
4 ）　主に保健福祉部（2023：11-12）を参照した。
5 ）　保障機関に関しては国民基礎生活保障法第２条に定義されている。保障機関とは，同法に基づ
　　き扶助を実施する国家または地方自治団体をいう。
6 ）　条件付与猶予者とは，世帯または個人の諸事情により自活事業に参加することが困難な者を指
　　す。具体的には，①未就学の子または疾病・負傷者を養育・看護・保護する世帯員１人，②大学生，
　　③障害者，④妊産婦，⑤社会服務要員等法律上の義務を履行中の者，⑥環境変化に適応期間が必
　　要であると認められる者，等が当たる。
7 ）　勤労能力有無の判定対象者は生計扶助と医療扶助の受給者であるが，条件付与の判定は生計扶
　　助受給者にのみ行われる。
8 ）　所得認定額とは，所得評価額（実際の所得から世帯特性別支出費用を差し引いた額）と財産の
　　所得換算額を足したものを言い，国民基礎生活保障制度上の各種扶助の認定の際に用いられる。
9 ）　主に保健福祉部（2023：3-7）を参照した。
10）　アジア通貨危機直後の社会経済状況に関しては，金碩浩（2006：165-177）を参照されたい。
11）　統計上の失業率は過小推定されがちである。失業者とは，過去１週間の間，所得を目的として
　　１時間未満の仕事をしている者のうち，求職活動を行っている者と定義される。範囲が非常に狭く，
　　求職活動を行っていない非労働力人口に該当する，いわば失望失業者が排除される。緊急的な臨
　　時失業対策である公共勤労事業に参加する者は就業者として算定され，職業訓練を受けている者
　　は非経済活動人口に分類され，いずれも失業率から除外される。1999年の場合，公共勤労による
　　失業率の下落は約1.5％，職業訓練による下落率は約0.3％と推定される（キム・ミゴン　2001；キ

ム・ミゴン 2010：10）。

12）「自活支援センター」は，国民基礎生活保障制度の導入に伴い，名称が「自活後見機関」に変更されるが，また名称変更が行われ，現在の「地域自活センター」に至っている。

13）相対的貧困率については，ユ・ギョンジュン（2009）およびeナラ指標を参考にした。

14）韓国における社会的経済の推進に関しては，本書第5章を参照されたい。

第5章

なぜ，社会的経済政策が進められてきたのか

呉　世雄

1　広がる社会的経済・社会的経済組織

　社会的経済とは，経済的価値と社会的価値を同時に追求するハイブリッド組織による経済活動の総称であり，1980年代から欧州諸国を中心に展開され，それらの組織を支援するための法律や制度を持つ国も増えつつある。韓国では，2000年前後から社会的経済への関心が高まり，07年にアジア圏初の社会的企業支援法律である「社会的企業育成法」が制定された。その後も，協同組合基本法，政府各省庁による支援制度，広域・基礎自治体の条例や補助事業等，社会的経済を育成するための様々な政策が展開されている。また，近年では，これらの関連政策によって生まれた社会的企業，マウル企業，自活企業，協同組合などを包括する用語として「社会的経済組織」が使われている[1]。

　図表5-1は，韓国の主な社会的経済組織の状況を示したものである。社会的企業，協同組合，マウル企業，自活企業など社会的経済組織は，それぞれ関連法によって規定され，経営に対する間接・直接支援を受けることができる。管轄部署を見ると，労働部，企画財政部，行政安全部，福祉部，中小ベンチャー企業部など多岐にわたり，様々な領域から社会的経済関連施策が展開されていることがわかる。また，関連する法律・制度の展開を見ると，雇用や福祉部門から始まり，近年は中小企業の起業・経営支援にまで，その範囲が広がっている。2021年現在，韓国の社会的経済組織は約2万8000社にのぼり，それらの組織に11万人以上の有給勤労者が働いている。

　欧州諸国に比べれば，韓国の社会的経済の規模（企業数や雇用者数）は，まだ発展途上にあるが，20年足らずの短期間での成果であることを考えれば，飛躍的な

図表 5-1　社会的経済関連組織の状況

	制定年・管轄・関連法律	企業数（社）					
		2016年	2017年	2018年	2019年	2020年	2021年
社会的企業	2007年・労働部・社会的企業育成法	1,713	1,877	2,122	2,435	2,777	3,215
協同組合	2012年・企財財政部・協同組合基本法	10,640	12,039	14,158	16,589	19,429	22,132
マウル企業	2011年・行政安全部・都市再生活性化および支援に関する法律	1,377	1,442	1,514	1,556	1,652	1,697
自活企業	2012年・保健福祉部・国民基礎生活保障法	1,186	1,092	1,211	1,176	1,062	997
ソーシャルベンチャー企業	2021年・中小ベンチャー企業部・ベンチャー企業育成に関する特別措置法	–	–	–	–	–	2,031
合計		14,916	16,450	19,005	21,756	24,920	30,072

出所：イ・ジェヒ（2021）より作成。

発展とも言える。しかし，欧州諸国にルーツを持つ社会的経済政策が，なぜ韓国でこのように急速に進められたのだろうか。結論を先取りして言えば，韓国の社会的経済は国が中心となり制度化と基盤づくりを積極的に推進してきたからである。2000年代初頭から始まった社会的経済関連政策は，政権が変わっても大きな路線変更をせずにこれまで進められてきた。

　では，そもそもなぜ，韓国は社会的経済の推進にそれほど熱心だったのだろうか。本章では，韓国の社会的経済関連政策の変遷と現状を紹介したうえで，社会的経済政策が積極的に進められてきた背景要因について論じる。

2　社会的経済関連政策の展開過程[2]

1　雇用創出対策の模索

　1997年に起きたアジア通貨危機は，韓国経済の根幹を揺るがす大きな出来事であった。製造業を始め産業全体が経営危機に陥り，通貨危機前年の96年には2.0%であった失業率が，通貨危機直後の98年には7.0%まで悪化し，潜在化していた貧困や社会的格差が一気に社会問題として浮上し，その対策が急がれていた。当時，金大中政権（98年2月〜2003年2月）は，大量失業や貧困問題に対処すべく，「総

合失業対策」を打ち出し，雇用保険制度の拡充，公共勤労事業の実施，生活保護制度の拡大など，積極的な失業対策を展開する。その一環として，98年4月には雇用政策基本法に基づく「公共勤労事業」が導入された。この事業は，失業者などに公共部門の短期の職を提供し，一定の給与を支払う失業対策事業であり，失業の長期化を防ぐとともに，失業者の生計保障と勤労意欲を促進することを目的とするものである。また福祉部門では，99年に従来の生活保護法を大幅に改正し，「国民基礎生活保障法」が制定された。この法律では，労働能力を有する生活保護受給者が「自活支援事業」に参加することを生計給付の条件とした。自活支援事業は，生活保護受給者に対する金銭的支援だけでなく，就労の機会を提供することで経済的自立を促す，いわゆる「生産的福祉」の理念が反映されている。政府は，全国に「地域自活センター」を設置し，生活保護受給者の勤労意欲を高めるための「自活支援事業」と，そのような就労活動の経験を活かして起業する「自活共同体」の支援を行った。自活支援事業の業種は，看病，家の修理，清掃，ゴミのリサイクルなどがほとんどを占めていた。なお，自活共同体の多くは協同組合方式で運営され，なかには「社会的企業」を名乗る企業も現れ始めたとされる（ノ・デミョン 2005：59）。

　このような公共勤労事業や自活事業などの就労支援の仕組みは，1980代後半から始まったソウル市貧民街における「貧民運動」や，それに続く90年代の「生産共同体運動」がその土台となっている。韓国の社会的経済政策は，政府主導の色合いが強いが，このような草の根の実践が政策形成の原動力となっている[3]。

　その後，2003年に発足した盧武鉉政権（03年2月～08年2月）は，これまでの政策の流れを引き継ぎ，「雇用保障総合対策」（関係部署合同 2004；金成垣 2022）を打ち出している。ここでは，雇用創出において，今後の需要拡大や発展可能性が高い福祉や教育などの社会サービス分野との連携によって「成長－雇用－配分」の好循環を構築していく方針が示された。また，その具体的な施策として，既存の公共勤労事業を改め，「社会的就労創出事業」を導入した。社会的就労創出事業は，地域社会の民間非営利団体などを通じて実施され，社会的にニーズはあるが収益性が低く，政府や民間企業が十分に供給できない，保健・医療，社会福祉，教育などの社会サービス分野で働き口を作り，脆弱層（社会的弱者）などに仕事を提供するものである（労働部 2005）。この事業は，脆弱層への仕事の提供だけでなく，福祉などのサービスが必要でありながら費用負担が難しい世帯に対してサービス

第5章　なぜ，社会的経済政策が進められてきたのか　83

を提供することも目指され（ノ・デミョン 2005：55），雇用創出と社会サービスの提供を同時に追求するものであった。この事業は，04年から全国事業として保健福祉部や環境部，教育部，女性部等の各省庁に広がり，雇用保障の主要な政策として位置づけられるようになった。また，その後，事業の類型を収益型，企業連携型，NPO単独型などと多様化し，ビジネスモデルとしての展開を模索していく。03年の事業開始当初，約2,500人だった社会的就労創出事業の参加者数は，07年には約1万1000人にまで増加している（五石 2012）。

　このように，アジア通貨危機への緊急対策として始まり，その後に雇用創出・拡大対策として推進された一連の事業（公共勤労事業，自活支援制度，社会的就労事業）は，初期段階の社会的企業の形成に寄与している。また，この時期から，社会サービス分野での雇用創出という新たな雇用戦略が進められるようになる。

2　社会的企業の制度化

　上述の通り，政府主導の雇用創出・就労支援事業は，失業者や就労困難層の雇用拡大という一定の量的成果は上げたものの，その中身については批判の声も多かった。自活支援事業は公的扶助制度に位置づけられているため福祉的な性格が強く，また社会的就労創出事業はあくまでも補助事業であり，事業体としての持続可能性が弱かった。そのため，低賃金，短期間雇用という雇用の質に関する問題や，税金による失業者救済という政策の妥当性についても指摘されていた。政府は，これらの課題を改善するために，欧州諸国で注目されている社会的企業に着目し，2005年3月には，労働部，関係部署，民間専門家で構成される「社会的就労企画チーム」をつくり，社会的企業育成法の制定方針について論議を始めた（チャン・ウォンボン 2009）。翌06年には法律案が国会に提出され，大きな反対もなく国会を通過した。すでに実践的な土台があったとはいえ，異例のスピードで法制化を実現することができた。

　2007年に施行された社会的企業育成法では，社会的企業を「脆弱階層に社会サー[4]ビスまたは職場を提供し地域社会に貢献することによって，地域住民の生活の質を高めるなどの社会的目的を追求しながら，財貨およびサービスの生産・販売や営業活動を行う企業」と定義し，認証を受けた社会的企業には財政支援を含む公的支援を行うこととなった。社会的企業育成法の目的には「雇用創出」を第一に[5]掲げているが，社会サービスの需要拡大も視野に入れ，これに関連する事業を行

うことも社会的企業の役割として位置づけた。社会的企業には，①仕事提供型（従業員の50％以上が脆弱階層），②社会サービス提供型（サービス利用者の内，50％以上が脆弱階層），③混合型（従業員とサービス利用者，それぞれ30％以上が脆弱階層），④地域社会貢献型（地域社会，コミュニティの暮らしの質を向上させる事業を行う企業，2010年に新設），⑤その他型（育成委員会の審議を経て雇用労働部長官が認めたもの）の5種類に区分される。なお，本制度導入以降，認証された社会的企業のうち，仕事提供型が全体の約6割以上を占めており，韓国の社会的企業は，労働統合型社会的企業の特徴が強くみられる。

2010年6月には，社会的企業育成法の改正が行われた。主な制度の見直しとしては，①予備社会的企業の新設，②市・道別社会的企業支援計画策定，③地域社会貢献型の新設，④韓国社会的企業振興院の創設が挙げられる。まず，予備社会的企業とは，現時点では社会的企業の認証要件を完全に満たしていないが，将来的にこれを達成することを目指して活動している企業を指す。自治体などがこれらの企業を選定し，認証要件のうち4つを満たせば，予備社会的企業として認証を受けることができる。これによって，実際に自治体レベルで段階的な支援を受けながら認証社会的企業として成長していく企業が多く生まれている。次に，市・道別社会的企業支援計画の策定に関する規定が加わり，社会的企業の支援に関する条例を策定する自治体が急速に増えるようになった。ソウル市を中心とする先進自治体の影響もあり，20年の時点では，ほぼ全自治体（広域・基礎）が条例を策定している。自治体の支援条例の制定によって，地域特性に応じた社会的経済組織の立ち上げや経営支援が，より積極的に展開することとなり，社会的経済組織の地方化・地域化につながった。一方，社会的企業の定義と認証要件において社会的目的が拡大され，新たに「地域社会貢献型」が加わったことも大きな変化である。地域社会貢献型は，地域社会の問題解決や地域共同体づくりを促進することが期待され，新設以降，急速に増えている。最後に，11年2月には，社会的企業を総合的に支援するための機関として，「韓国社会的企業振興院」が創設された。当初は，社会的企業と行政との調整や中間支援組織の支援を主な目的としていたが，その後，協同組合を含めた社会的経済組織を包括的に支援する機関としての役割を担うようになった。

この時期は，社会的経済を代表する社会的企業の認証制度が導入された。また，より体系的な支援体制を整えるために制度の見直しが行われ，社会的企業の制度

化が進められた。社会的企業育成法の制定は，これまで多様な形で展開されていた実践的な社会的企業に法的位置づけを付与し，それらの組織に対する社会からの信頼や認知度向上にもつながった。

3　社会的企業組織の多様化

　労働部が主管する社会的企業の育成が順調な滑り出しを見せると，他の政府省庁からも競うように，次々と社会的経済関連の事業が生まれる。2011年には行政安全部による「マウル企業」，12年には保健福祉部による「自活企業」と企画財政部による「協同組合」が新たに創設され，「社会的企業から社会的経済へ」と，社会的経済組織の概念や支援策が拡大する時期を迎える。

　まず，協同組合の根拠法である協同組合基本法は，2012年1月に制定され，同年12月1日から施行された。同法は協同組合の設立・運営に関する事項を規定するもので，自主・自治・自律的な協同組合の活動を促進し，社会統合と国民経済の発展に寄与することを目的とする。この法律が成立した背景には，08年のリーマンショックを契機に，実践家や研究者の間で欧州社会における協同組合の役割や支援策への関心が高まっていたこと，また12年が「国際協同組合年」だったことも影響している[8]。一方，政策運営の立場からは，すでに導入されている社会的企業の育成を進めるにあたり，欧州と比べると非営利組織の歴史や土壌が乏しいなか，社会的企業のパートナーまたは土台となる組織づくりが必要であった。韓国では，すでに，農協，水協，消費者協同組合等の特定分野で8つの協同組合が個別法律によって設立・運営されていたが，市民参加に基づいた連帯経済とはその性格が異なり，また設立規制の壁により活用が難しかった。同法は，協同組合の設立条件を大幅に緩和し，5人以上が集まれば，手軽に組合をつくることができるようにし，社会的経済セクターのさらなる拡大につながったと評価される。ちなみに，法律名や目的は異なるが，市民による協働や自主的な地域活動などに取り組みやすい環境が醸成され，社会連帯の土壌が広がったという意味では，日本のNPO法と共通する点がある。

　次に，保健福祉部が管轄する「自活企業」は，2012年まで「自活共同体」事業として運営していたものを，新たに企業体として位置づけたものである。自活企業は，2人以上の生活保護受給者または次上位者（低所得層）が相互協力し，組合または事業者として，脱貧困のための自活事業を運営する企業と定義される。

生活保護受給者らによる起業を通して経済的自立と脱受給を目指す企業である。自活企業には，創業資金や事業開発費，人件費（最大5年），設備費やコンサルティングなどの直接支援と国有地の優先賃貸・優先購買制度，資金融資などの間接支援を受けることができる。

安全行政部は，2012年から「都市再生活性化および支援に関する法律」に基づく「マウル企業」を指定し，企業の立ち上げや基盤づくり，販路支援等の独自の支援を行っている。マウル企業は，地域住民が地域内の人的・物的資源を活用した収益事業を通して，所得および仕事先を創出し，地域共同体の利益を効果的に実現するため設立・運営するコミュニティ企業である。地域住民5人以上が出資した組織で，共同体性，公共性，地域性，事業性を持つ法人であることが条件であり，マウル企業として指定を受けると，最大3年間，経営支援を受けることができる。

この時期は，社会的企業育成法と協同組合基本法に基づく社会的企業や協同組合の他にも，政府各省庁によってマウル企業，自活企業等の多くの企業形態が新たに生まれた。また，社会的経済組織の基盤整備が進められ，組織間のシナジー効果を生み出す取り組みも展開されるようになった。特に協同組合は，手軽に組織をつくることができることから，マウル企業や自活企業を起業する際の法人格として活用されている。協同組合から各省庁による支援を受け，その後，予備社会的企業や社会的企業へと発展していく一連の起業・企業成長の生態系の土壌形成においても，協同組合は大きな役割を果たしている。

4 社会的経済エコシステムの構築

2014年には，社会的経済を育成するための法律として，「社会的経済基本法案」，「公共機関の社会的価値実現に関する基本法案」，「社会的経済企業製品の購買促進および販路支援に関する特別法案」（以下，社会的経済三法）が国会に発議された。この「社会的経済三法」は，各社会的経済企業が複数の法律・制度によって運営されていることから生じる，支援基準や内容の相違や重複といった課題を解消し，社会的経済組織に対する包括的な支援を通じて社会的経済を活性化させることを目指すものである。特に，社会的経済基本法案は，社会的企業，協同組合，マウル企業，自活企業などの社会的経済組織の育成に関連する総合的な政策立案や，総括・調整に関する基本的な事項を規定し，多様な社会的経済組織に対する包括

的な支援策を講じることによって，社会的経済の持続可能性を支える仕組みを構築することを目的としている。14年以降，社会的経済基本法案は複数回発議されたが，後述の通り，成立には至らなかった。

　一方，社会的経済や社会的経済企業が中央政府によって政策化されるのは，2017年5月に始まった文在寅政権（17年5月～22年5月）によってである。文在寅政権は，社会的経済の活性化を重要な国政政策と位置づけ，様々な支援政策を展開した。政権が発足した後，青瓦台（大統領官邸）には「社会的経済秘書官室」が新設され，17年10月には社会的経済の活性化を促進するための支援策の骨子として「社会的経済活性化方案」が発表された。社会的経済活性化方案では，国内の社会的経済の現状や課題を踏まえ，さらなる活性化を図るための方策として，①統合支援体制の構築，②金融接近性の向上，③販路拡大支援，④人材養成体制の強化を掲げ，具体的な推進戦略や関係省庁・部署における推進課題など，包括的な支援策が提示された。またその後，関連する政策を次々と発表し，「文在寅政権の社会的経済政策まとめ集」（関係部署合同 2021）によれば，21年1月の時点で23の関連政策が打ち出されている。これらの一連の政策は，概ね計画通り進められ，社会的経済の成長と発展につながったと評価される（イ・サンユンほか 2022：39）。なお，社会的経済組織数は，16年の14,916社から20年の24,920社まで増加し，毎年13％以上の成長率を示している。

　しかしながら，社会的経済の包括的支援を促進するために不可欠とされる「社会的経済三法」の制定が期待され，2021年に国会に提出されたものの，保守派野党（国民の力）の反対に打ち勝つことができず，成立には至らなかった。社会的経済基本法は 14年4月に初めて発議されて以降，21年までに計11回も発議されたが，その都度，保守派政党の強い反対によって阻まれている[9]。保守陣営は，①自由市場原理を規定する憲法第119条1項の価値に反することや，②社会的経済部門の自生能力や多様性を阻害する可能性があることを理由に，法律制定に反対している。前者は社会的経済を「反資本主義」または「反市場主義」としてみなし進歩政党を批判する，イデオロギー対立に基づく政治戦略の側面が強い。一方，後者の指摘は政府主導による社会的経済の持続可能性を問い直し，社会的経済組織の自立・自律を促す育成戦略に対する考え方が反映されていると言える。

　その他，2019年には現行の社会的企業の認証制を登録制へと変更する方針が政府の国務会議で決定され，24年以降の実施に向けた検討が続いている。また2021

年にはベンチャー企業育成に関する特別措置法の改正が行われ，ソーシャルベンチャーの定義および支援に関する法的根拠が整備された。ソーシャルベンチャーは，ビジネスとして社会貢献や社会問題の解決に取り組むベンチャー企業と定義され，指定を受けると公的支援を受けることができる。ビジネスを通して社会的価値を実現するという点では，既存の社会的経済企業と大きな違いはないが，法人格を問わず，中小企業を含め多様な企業が社会的経済組織に含まれるようになり，社会的経済の範疇が一層広がることとなった。

この時期は，社会的企業だけでなく，協同組合，マウル企業，自活企業，ソーシャルベンチャーなどを包括する概念として社会的経済や社会的経済組織という用語が登場・定着するようになった。各々の制度・法律に基づいて運営されている社会的経済企業が，お互いネットワークを組んでシナジー効果を生み出すための仕組みとして，いわゆる生態系づくりが図られた。

3　政府主導で進められた社会的経済政策

韓国の社会的経済は，短期間で大きな成長を遂げたが，その理由は，言うまでもなく，政府主導による社会的経済政策の推進があったからである。では，なぜ韓国政府は，社会的経済の育成にそれほど力を注いだのだろうか。この節では，前節の内容を振り返りながら，韓国の社会的経済が政府主導で進められた背景要因について検討する。

1　雇用創出機能への期待

韓国の失業率は，2000年代以降4％以下を推移しており，21年現在も3.7％で，OECD加盟国の平均を大きく下回っている。この数値だけを見れば，完全雇用状態とも言える水準である。しかし，韓国政府が発表する失業率には，潜在的な失業者や不完全就業者（就労時間が週18時間未満の者）などは含まれていない。彼らを加えた実質的な失業率（拡張失業率）を見ると，20年6月現在，労働人口全体で13.9％，15〜29歳に限定すると26.8％に達する。このような高い実質失業率は，今に始まったことではなく，1990年代後半からすでに社会問題となりつつあった。90年代に入ると，韓国も経済のグローバル化と脱工業化（特にIT産業化）の波にのまれ，それまで主要産業であった製造業分野での雇用創出と拡大が困難となり，

いわゆる「雇用なき成長の時代」に突入する。[10] それに追い打ちをかけたのが，97年に起きたアジア通貨危機であった。その後，徐々に経済危機を克服し，経済成長率や失業率などの各種経済指標は急速に回復に転じたものの，経済活動人口に占める就業者の割合（就業率）は，むしろ悪化しつつある状況が続いた（金成垣2022：109）。

2003年から韓国政府は，雇用なき成長の歪みと厳しい雇用情勢を打開するため，雇用創出を最重要国政課題と位置づけ，積極的に雇用政策を展開していく。[11] 前節でみたように，自活事業や社会的就業創出事業などを通して，働くことによる労働市場への再参加を支援するワークフェア施策が展開され，一定の成果を上げることができた。その後，それらの雇用関連事業の安定的な運営，またそれに対する公的支援の妥当性を確保するために社会的企業育成法（07年）を制定し，労働統合型社会的企業として体系的に育成していくことになる。法律に基づく社会的企業の支援は，確実に雇用創出効果が得られる「良き雇用政策」とみなされ，協同組合基本法（11年）や各省庁による関連施策（12年以降）によって，さらに拡大していく。このような流れは，2017年以降の文在寅政権においてピークを迎える。これまで各々の制度・省庁によって展開されていた社会的経済関連組織を「社会的経済企業」と名づけ，「社会的経済活性化方案」という社会的経済への包括的な支援を通じて，さらなる雇用拡大を目指すことになったのである。

このような韓国政府の社会的経済に対する雇用創出機能への期待は，保守派・進歩派政権を問わず，政権与党の国政課題に反映されており，雇用政策関連の報道資料などにおいても確認することができる。例えば，保守派政権の李明博政権（2008年2月～13年2月）では，リーマンショックに対する総合対策の発表において，「経済危機によって民間企業の雇用創出能力が低下し，また短期的な失業対策も限界を呈している現時点で，雇用創出政策としての社会的企業の育成および支援は，大きな意味を持つ」（雇用労働部2010：49；金成垣2022：115）と述べられている。また，社会的経済の育成に消極的だったと評価される朴槿恵政権（13年2月～17年3月）においても，雇用・福祉に関する国政課題として「協同組合および社会的企業の活性化」を掲げ，「第2次社会的企業育成基本計画」では，3,000の社会的企業の育成を数値目標として明示した（キム・ハクシル2017：39）。

一方，社会的経済の生態系づくりに焦点を当てた進歩派の文在寅政権においては，雇用政策や社会的経済政策に関する報告書等で，「雇用は社会的経済によっ

て広がる」（雇用政策委員会・関係部署合同 2017a），「社会的経済が雇用創出の宝箱である」（雇用政策委員会・関係部署合同 2017b；金成垣 2022）などと，社会的経済の雇用創出機能が強調されている。またその一環として，社会的企業で10万人分，自活企業で2万人分，環境分野の社会的経済組織で1.3万人分，科学技術分野の協同組合で1万人分など，社会的経済関連政策に雇用創出の具体的な数値目標を掲げている（関係部署合同 2021）。

　社会的経済組織に対する公的資金による支援は，企業としての自立・自律を損ないやすく，不安定で短期的な仕事を増やすとの批判を受けながらも，政府としては，短期間で雇用者数の増加という可視的な成果が期待できる有効な雇用政策とみなされた。社会的経済の推進は，新たな雇用を確実に，また迅速に進めることができる雇用創出の「即効薬」として期待されてきたのである。言い換えれば，社会的経済政策は，雇用なき成長の時代における雇用創出の主たる戦略だったと言える。

2　社会サービス提供の基盤拡充

　韓国の社会的経済育成の大きな特徴は，上述の雇用創出の拡大を社会サービス分野で求めたことである。社会的企業の前身である社会的就労創出事業や，その後の社会的企業育成法などの社会的経済関連政策の主な目的は雇用創出であったが，同時に，社会的経済組織は，社会サービス提供の重要な担い手としても期待されてきた。

　2000年代は，韓国おいて社会経済状況の変化だけでなく，社会サービスの需要が急激に増えていく時期でもある。少子高齢化や家族構造の変化は，家族による福祉的機能を弱め，生活課題の複雑化・複合化をもたらし，教育，保健，福祉，介護などの社会サービスの需要の急速な増加につながった。また，2000年代は，韓国の社会保障制度の発展期とも呼ばれるほど多くの福祉政策が本格化する時期だが，保育や介護などの社会サービスを提供する制度政策はまだ不十分であり，その基盤を拡充していくことが求められていた。国際比較の視点からも，07年時点では，産業全体の雇用者数に占める保健・福祉分野の割合（就業率）は3.18%，OECD主要国の3分の1から5分の1の水準であり，需要に対する提供基盤の弱さが指摘されていた[12]（カン・ヘギュほか 2010：31）。

　他方，社会サービスの提供基盤を強化するためには，財政支出が避けられない

が，税収入を劇的に増やす方法がなければ，国によって社会サービスをすべて整備することはできない。そこで，韓国政府は，社会サービスの提供基盤を拡充する戦略として，社会保障政策の体系的な構築ではなく，先進諸国においても大いに活用されている第三セクターを代案として検討する。しかし当初，韓国では，非営利組織の土台が弱かったため，政府自らが第三セクターを拡大していくことが必要であった。社会的企業育成法や協同組合基本法などの新たな組織・法人制度の創設，各省庁によって展開された社会的経済関連事業は，草の根の活動から生まれた実践組織を活性化させたと同時に，多くの新たな非営利組織の起業を支援する政策だったと言える。

なお，2003年頃から始まった社会的経済組織による社会サービスの基盤拡充は，当初は介護，福祉，保育，教育などの狭義の社会サービスに焦点を当てていたが，社会的経済組織が多様化していくなかで，住居支援，まちづくり，地域包括ケア，文化・芸術などの広義の社会サービスとして展開されている。その間，介護保険制度（長期療養保険，08年）や国公立保育所の拡大（13年以降）など，新たに制度化が進められた分野もある。それでもなお，制度政策だけでは対応できない様々な社会課題が山積しているなか，依然として社会的経済組織による社会サービス基盤の拡充への期待は大きい。

韓国の社会的経済は，労働統合型社会的企業から発展してきたが，次第に協同組合やマウル企業など多岐にわたる非営利組織や市民社会の活動基盤を形成し，近年では，制度福祉の隙間を埋める行政のパートナーとして，また市民参加のプラットフォームとしての役割が期待されている。

3　ソウル市社会的経済政策の影響（市民活動・起業家の政治参加）

韓国の社会的経済は，前述の通り，雇用政策の延長線として進められた社会的経済関連政策によって発展してきたが，そのような政策形成における市民社会や活動家の果たした影響も大きい。特に市民活動家であり社会起業家でもあった，朴元淳元ソウル市長（2011年10月〜20年7月）が展開したソウル市における一連の社会的経済政策は，ソウルだけでなく他の自治体や国の政策方針にも多くの影響を与え，韓国の社会的経済政策の本格的展開を牽引したと評価される（藤井編2022：245-263）。以下では，ソウル市における社会的経済政策の展開とその韓国全体への影響について概観する。

2011年10月26日に，朴元淳がソウル市長に就任すると，早速，2012年１月に社会的経済課を設置し，同年４月には「社会的経済総合支援計画」を発表した。その中身は，社会的企業，協同組合，マウル企業などの社会的経済組織が地域社会を基盤として共生しながら相乗効果を生み出せるよう，社会的経済の生態系（エコシステム）の構築と支援を包括的に推進するというものであった。また，関連政策の円滑な推進を図るべく，社会的経済組織の経営基盤の強化や販路支援，協働連携の強化等に関する条例を次々と制定していく。[13] なかでも，2014年に制定した「社会的価値の増大のための公共調達に関する条例」は，市庁を始めとする行政による公共購買額を大幅に増やし，社会的企業の平均売上高が２年で132％も伸びる大きな成果をあげた。このようなソウル市の条例策定による社会的経済組織への支援は，他の広域・基礎自治体にも大きな反響を呼び，社会的経済組織の支援に関する条例づくりが一大ブームとなる契機となった。

　また，ソウル市は，社会的経済組織を支援する中間支援組織の育成についても，早い段階から取り組んだ。ソウル社会的経済支援センター（2013年４月），ソウル協同組合支援センター（14年３月），「マウル共同体総合支援センター」（12年８月）を創設し，社会的経済組織の個別支援にとどまらず，地域社会の様々な関連企業が一つの生態系を形成し共生できる仕組みを作るための支援基盤の整備を目指した。また，それらの支援組織に多くの市民活動家や起業家がかかわるようになり（羅一慶 2016），地域社会で培ってきたノウハウや実践理念が普及していく土台となった。

　このようなソウル市の社会的経済の生態系づくりは，自治体レベルでは，条例や支援組織の仕組みなどのベンチマークを生み出したほか，国の社会的経済政策の模範モデルとして取り上げられた。文在寅政権は，2017年に社会的経済の生態系づくりのための包括的な支援対策を発表するが，ソウル市の先駆的な取り組みは，このような政策展開の見本となったと言われている。

　一方，ソウル市における社会的経済施策は，市政レベルをこえ，社会的経済についての政治論議の形成にも影響を与えた。2014年頃から社会的経済の包括的支援を目的とする「社会的経済基本法案」の議論が始まったが，その世論形成に大きな影響を与えたのが，前述のソウル市の「社会的経済総合支援計画」である（ヨム・チャンヒ 2021：138-139）。独自の社会的経済施策を展開し，市民社会から支持を得ながら支持層を広げているソウル市の成功体験は，当時の保守系与党（セヌ

リ党：現在の国民の力）に危機意識をもたらし，自らも社会的経済の活性化に賛同する方策を打ち出すこととなった[14]。それまで進歩側の専有物とされていた社会的経済が，保守側にとっても重要な戦略として検討されるようになったのである。

社会的経済基本法は，結局のところ制定には至らなかったが，社会的経済が政治論争を形成し，多くの政治家によって戦略的に活用される契機を作った。社会的経済組織は，雇用創出だけでなく，住民の地域参加や活躍の場，地域共同体の形成による地域福祉の増進など，様々な文脈で魅力的な政策と認識されるようになったのである[15]。

このように，ソウル市の社会的経済関連施策は，地域社会を基盤とする社会的経済の生態系づくりを目指し，様々な実験的施策が展開され，他の自治体や中央政府の制度政策のあり方にも多くの影響を与えている。1980年代後半から始まった市民レベルの貧民運動や生産共同体運動のような草の根の実践は，公共勤労事業や社会的就労事業を生み出す実践的な土台を形成している。また，社会的企業の制度化以降は，朴元淳に代表される市民運動家たちの社会的経済組織や政治活動へのかかわりを通して，社会的経済の政策形成と拡大を導いている。

4　社会的経済政策への逆風と今後の行方

社会的経済に対しては，これまで政党間の温度差や位置づけの違いはあったものの，その育成については概ね一致する立場をとっていた。しかし，2021年以降，社会的経済の推進に関する見方や方針が大きく変わろうとしており，今後の社会的経済政策の行方に多くの注目が集まっている。

まず，韓国の社会的経済政策を牽引し，国の政策にも大きな影響を与えたと評価されるソウル市の社会的経済関連政策は，2021年4月に朴元淳の後任として就任した呉世勲市長によって，バックラッシュが起こっている。呉世勲市長は，就任直後，協同組合の設立や成長を支援する「ソウル市協同組合支援センター」を廃止し，「ソウル市社会的経済支援センター」に統合すると発表している。また24年からは，センターの予算と人員も大幅に削減する計画を立てている。その他，社会的経済政策と一体的に進められてきた「マウル共同体」に関連する条例や総合支援センターも廃止される予定である。また，20年から23年にかけて，ソウル市の社会的経済関連予算は545億ウォンから195億ウォンまで削減された（ソウル

市社会的経済ネットワーク 2023）。呉世勲市長は，これまでの社会的経済組織への支援は「行き過ぎ」であり，公的支援によって地域共同体や社会的経済組織が依存的な体質になってしまう可能性があると指摘している。

　一方，中央政府レベルでも大きな方針転換がみられる。2022年に発足した尹錫悦政府は，社会的経済に対する公的支援について否定的な立場をとっている。その一例として，23年9月に政府が国会に提出した24年度予算案によると，前年比で協同組合関連予算が91％減少（75億ウォン→7.8億ウォン），社会的企業予算が60％減少（2000億ウォン→780億ウォン），マウル企業が60％減少（70億ウォン→27億ウォン）など，社会的経済関連予算が大幅に削減されている。政府は，社会的経済領域における過度な公的資金への依存を指摘し，これまでの直接支援から間接支援に支援方針を転換することを示唆している。以前から直接支援を減らし間接支援に重点をおくべきとの指摘があり，近年はそれを反映した支援策が講じられてきた。しかし，今回の大幅な予算削減は，社会的経済組織に対してさらなる体質改善を求めるものと言える。社会的目的の実現だけでなく，企業としての持続可能性がさらに強調され，安定的な経営基盤を持たない社会的企業にとっては，一段と厳しい経営環境に直面することが予想される。[16]

　このような政策方針の大きな転換によって，これまで積み重ねてきた社会的経済が後退することを懸念する声も多い。しかし，一方ではこれまでの課題とされてきた「制度頼みの体質」や「自立・自律性の不足」を改善し，さらなる飛躍を図る契機として前向きに捉えようとする意見もみられる。大きな変革期を迎えている韓国の社会的経済は，これからが本番なのかもしれない。

　韓国における社会的経済の推進は，雇用政策の延長線として国政の重要政策として展開され，世界的にも類を見ないほど急成長を遂げている。しかし，近年では公的支援に頼らず，独自のビジネスモデルを持ちながら自立経営を行うことが求められている。社会的経済組織は，社会性や事業性だけでなく，変化する環境に対応できる「革新性」も重要である。社会課題や政策ニーズが大きく変わりつつある韓国社会において，今後，社会的経済組織はどのように変革していくのか，今後の行方から目を離せない。韓国のこれまでの社会的経済関連政策を見ることで，導入・発展段階の支援策について示唆を得ることができたとすれば，これからの展開からは，社会的経済組織が市場経済の普遍的な経営環境のなかで，どのように独り立ちし，根を張っていくのかを確かめることができるであろう。これ

からの歩みを見守りつつ，社会的経済の進化に期待したい。

注
1）　韓国における社会的経済とは，「共同体構成員間の協力・自助に基づいて財貨やサービスの生産および販売を通じて社会的価値を創出する民間のすべての経済的活動」と定義されている（雇用委員会・関係部署合同　2017：3）。また，政府の関連資料などでは，社会的企業，マウル企業，自活企業，協同組合，ソーシャルベンチャー企業などが主な社会的経済組織として挙げられている。
2）　この節の内容は，呉世雄（2019）をもとに加筆修正したものである。
3）　韓国では，1980年代から市民活動家によって貧民運動・生産共同体運動などが展開され，金泳三政権（93年2月～98年2月）では，96年から低所得層の就労支援を目的とする自活事業のモデル事業を開始した。その後，金大中政権（98年2月～2003年2月）に入ると，公共勤労事業や自活事業として制度化されるようになる。このように，市民社会の草の根の活動は，韓国の社会的経済の萌芽的な諸施策を生み出す土台を形成している。本章では紙幅の制限により社会的経済に関連する制度政策に焦点を当てる。なお，社会的経済組織の前史としての市民社会の諸活動の展開については，藤井編（2022）の第8章に詳しい。
4）　脆弱階層とは，必要なサービスを市場価格で購入することに困難があり，労働市場の通常の条件で就労が特に困難な階層を意味し，低所得者，高齢者，障害者，長期失業者，その他雇用労働部長官が認めるものが挙げられている。
5）　社会的企業として認証を受けるためには，以下の認証条件を満たしたうえで雇用労働部長官の認証審査を経なければならない。認証条件：①法人，組合，非営利団体を問わずフォーマルな組織であること，②有給労働者を雇用すること，③財とサービスの生産・販売に従事すること，④利害関係者が意思決定に参画できること，⑤一定の収益があること，⑥定款を定めること，⑦利潤の3分の2以上を社会的目的に使途すること。なお，認証を受けた社会的企業は，3年から5年間にわたり，公的支援を受けることができる。
6）　認証社会的企業の設立経路に関する統計資料を見ると，全体の約70％以上が予備社会的企業を経て認証を受けている（社会的企業振興院ウェブサイト）。
7）　主な業務は，①社会的企業と協同組合の発掘と育成，②社会的企業と協同組合の自立能力の強化，③社会的企業と協同組合のための持続可能な構造の構築，④調査に基づく政府の政策決定の支援などである。
8）　2009年12月に開かれた国連（UN）総会では，12年を「国際協同組合年」と宣言した。また，UNとICA（国際組合連盟）は協同組合に対する理解を広め，協同組合の設立と成長を促進するため，世界各国において協同組合に関連する法律や制度を協同組合基本法に転換することを勧告している。
9）　2014年に進歩派政党（共に民主党など）によって提起された社会的経済基本法の制定の議論は，当初，地方選挙を控えていた保守派与党（セヌリ党，現・国民の力）にとっても重要な戦略として認識され，劉承旼議員（当時，院内代表）を中心に法案を発議するなど，法律制定に積極的な姿勢を見せる時期もあったが，そのキーパーソンである劉承旼議員が院内代表を辞任してからは党内の反対論が強まった。
10）　韓国の製造業の就業者数は，1990年代前半までは全体の約25％を占めていたが，2000年代に入り徐々に低下し，21年現在，約16％である（韓国保健社会研究院 2022：124）。
11）　「雇用創出と拡大」を最重要国政課題とする状況は，盧武鉉政権以来（2003年2月～08年2月），すべての政権でみられ（金成垣 2022：109），現在の尹錫悦政権（22年5月～）においても，なお続いている。

12) 国民一人当たり GDP（2万6000ドル）が韓国と同水準であった時期における主要国の保健・福祉分野の就業率は，日本（2002年）7.1％，アメリカ（1994年）9.2％，ドイツ（01年）9.2％，イギリス（2000年）10.5％，スウェーデン（2000年）16.4％であった。

13) 社会投資基金の設置および運用に関する条例（2012年7月），フェアトレードの推進条例（12年11月），協同組合活性化支援条例（13年3月），社会的価値の増大のための公共調達に関する条例（14年3月），社会的経済基本条例（14年5月）など，様々な条例が施行される。

14) 2014年に国会に提出された「社会的経済基本法案」をめぐる政治論議は，メガシティ・ソウルにおける社会的経済支援政策やそれを設計した朴元淳元市長を政治的に牽制するための政府与党の戦略であったとされる（ヨム・チャンヒ 2021：138～139）。

15) 2018年の地方選挙では，全国のほとんどの広域自治体長の立候補者が，何らかの社会的経済関連の施策をマニフェストとして掲げるほど，社会的経済関連施策は，政治家にとって重要な意味を持つようになる。

16) 2018年に行われた企画財政部の調査によると，調査対象企業の約39％は政府の支援がなければ経営の自立が難しいと答えている（イ・サンユンほか 2022）。

第6章

なぜ，高齢者貧困が深刻化するのか

李　省翰

1　高齢社会による社会課題，そして高齢者貧困

　現在，韓国は OECD 加盟国のなかで一番早いスピードで高齢者人口が増加しており，高齢者の貧困問題が大きな社会的課題になっている。韓国の場合，1970年代から90年代までが高度経済成長期であった。しかし，短期間に経済成長を経験したため，経済成長によって社会問題がつくり出されることを想定していなかったと言える。この時期は「圧縮成長期」と呼ばれている。「圧縮」という言葉でわかるように経済成長以降の20年，30年後のことは考えていなかったと考えられる。この高度経済成長を経験した人は，50年代から60年代に生まれた人，つまり，韓国戦争後に生まれた第一次ベビーブーム世代[1]になる。現在の韓国の高齢化問題は，このような第一ベビーブーム世代の高齢化が大きな原因になっている。総人口の約30％を占めているこの世代が高齢化することによって様々な社会問題が次々と生じている。

　韓国統計庁（2022）によると，2021年の韓国高齢化率は16.5％であり，25年20.3％，60年43.9％になると予想している。すでに2000年に高齢化社会に入り，17年には高齢人口が14％を超え，高齢社会に突入した。ヨーロッパが80年から100年以上かけて高齢社会になったことを考えると，韓国ではたった17年という世界に類をみない早いスピードで高齢社会が到来している。そして，25年には超高齢社会に入ると推測されており，このままだと，超高齢社会まで8年しかかからないことになる。最近10年間に高齢人口は4.4％増加し，毎年約30万人も増加してきた。韓国経済研究院（2019）によれば，1970年から18年までの高齢人口の増加率を分析した結果，年間3.3％の増加率という。これは OECD 加盟国のなか

で最も高い増加率であり，ともに人口高齢化が進んでいる日本，イタリア，スペインに比べても早いスピードで高齢人口が増加していることを示す。

　韓国では，高齢社会になった2000年度から現在まで，医療費や年金にかかわる社会保障費が急激に増加してきた。このような社会保障費の増加は，政府の財政圧迫の要因になり，現役世代の負担につながる。実際，韓国の高齢者扶養率は20年21.7％，60年には102.4％になると予測されている。少子高齢化が進んでいるなかで，60年になると１人の現役世代が1.2人の高齢者を支えることになる。このような韓国の人口高齢化問題に対して，政府は08年から老人長期療養保険（介護保険）を開始し，14年から基礎老齢年金制度を施行する等，人口高齢化に対応する社会保障改革を推進してきた。さらに高齢者に対する就労支援を活性化することによって高齢者の雇用率もかなり増加する傾向にある。

　しかし，高齢者の貧困状況はますます悪化しており，高齢者に対する社会保障費増加や貧困化問題は，大きな社会課題になっている。社会保障と貧困は密接な関係性を持っており，社会保障制度の機能不全は，高齢者が働き続けても貧困から抜け出せない大きな原因になっている。特に高齢者単身世代の貧困問題は大きな社会課題となっている。高齢者単身世帯の貧困率は，2001年の94.5％に比べて21年83.6％となり，全体の数は10.8％減少したが，多くの高齢者単身世代が所得下位40％層に該当している（ジョン・ヒョンサン 2023）。どの国でも全体貧困率より，高齢者の貧困率が高い傾向にあるが，韓国の場合はそれがかなり高い水準になっている。本章では，このような韓国の高齢者貧困の実態を論究し，特に高齢者に対する社会保障制度の充実，高齢者雇用率の増加のなかで「なぜ，高齢者貧困が深刻化するのか」という問いを投げかけながら，その原因を大きく①早期退職，②社会保障制度の機能不全，③不安定な老後の資産形成に分けて分析した。

2　高齢者貧困の社会的背景と実態

1　社会的孤立による人間関係の貧困

　社会的孤立問題は家族形態の変化，特に単身世帯の増加が大きな原因になっている。単身世帯が急増する問題は高齢者に限らず，現役世代の課題でもある。約30年間の日韓の単身世帯のデータを比較分析してみると，2010年から日本の24.4％を上回る25.5％を記録し，15年には29.5％まで増えている。社会的孤立の

問題には，様々な社会的要因があるが，単身世帯が増えることによって深刻化する傾向がある。

一方，社会的孤立と貧困も密接な関係性をもっており，貧困の直接的原因ではないが，貧困状況から抜け出せない大きな要因として知られている。その他貧困の要因は様々であり，一般的には経済的貧困を想定しているが，これからは社会的孤立，いわゆる「人間関係の貧困」も貧困の大きな要因になりかねない。社会的孤立と貧困の関係性は，より具体的に論じると社会資源へのアクセスが構造的に制限されてしまい，人間関係のもしくは経済的な貧困の状態におかれる可能性が高くなり，貧困状態から抜け出せない大きな原因にもなる。特に高齢者単身世帯の場合，社会や地域の支援ネットワークなどからの排除によってアクセスできる資源や情報が制限される場合が多く，高齢者貧困の延長線で社会的孤立を考えることも重要である。韓国では，このような高齢者単身世帯が急増しているなかで社会保障制度が対応できない高齢者も増えており，高齢者貧困問題を解決するためには，社会的孤立と貧困という悪循環を解消していく必要がある。

韓国統計庁（2022）によると，2021年の全世帯数のうち，高齢者世帯は約500万世帯（約24％）であり，そのうち高齢単身世帯は約170万世帯（約35％）を占めている。15年から増加しつつあり，37年にはその2倍になると予想している。これからも早いスピードで増加する見込みで，政府の社会保障費の支出も増えると推測している。また，このなかで老後の備えができていない単身高齢者の半分は，勤労所得より政府や自治体の公的扶助に依存する状況である。現在70歳以上の高齢者の所得は年間130万円程度であり，国民年金などの公的扶助による収入も含まれるが，勤労所得がほとんどない高齢者も多く，このような高齢者の年間所得は70万円から80万円程度と推測されている。このように高齢者単身世帯に対する社会的孤立の深刻化が懸念されており，人間関係の貧困は経済的貧困にもつながる可能性が高いとみられる。

2　このままでは死ぬまで働いても貧困

筆者は，韓国の高齢者貧困研究にかかわるなかで，常に「高齢者が貧困状態になるのか，それとも貧困層が高齢化しているのか」という問いを自分自身に投げかけている。その解答については，今なお悩んでいるところもあるが，どちらかと言えば前者である考えている。これは貧困が個人の責任ではなく，社会，もし

くは国家レベルで対応する必要があることを意味する。

　韓国の65歳以上の高齢者貧困を把握するためには，これから高齢人口に突入する韓国のベビーブーム世代の所得や老後への備えなどを分析することが重要である。そのためにベビーブーム世代の所得や老後への備えについて以下の事例を通して理解を深めてみよう。

　高齢者貧困の例として58歳で早期退職したＡさんの事例を紹介する。Ａさんは高額の退職金を受領し，それを資金に10年間飲食店を経営したが，その10年間に収入の変化はほとんどなかった。自営業の経験がなかったため，店を開業してから２年間の売り上げはマイナスであった。飲食店のメニューを変えるなど，積極的に飲食店の経営に投資した結果，収入は少し増えたが，人件費や物価の変動によって10年間の収入に変化はない状況であった。

　今年68歳，脳梗塞の後遺症もあり少し体が不自由になったため，店を閉店した。20年間サラリーマンとして払った年金保険料のおかげで，年金は月５～６万円，65歳以上の高齢者が受給できる基礎老齢年金も入れると約８万円程度である。Ａさんの場合は持ち家なので，住居費の心配はないが，食費や医療費などを除くと，毎月１～２万円で生活するしかない状況である。所有しているマンションが資産として査定されているので，多くの社会保障サービスから適用除外された。半年前から仕事を探しているが，年齢のことや脳梗塞の後遺症により，動きが少し不自由になっているため，仕事を探すことも大変な状況であった。Ａさんは退職したとき，「会社で仕事をあと７～８年続けてももらえる年金額は大きく変わらないから」と早期退職を選択した。しかし，そのときは「老後の備えなど全く考えていなかった」という。

　ここで示したＡさんの場合，住居費の心配がないため高齢者貧困とは言えないかもしれないが，これからのことを考えると住居環境も困難な状況に変わる可能性がある。老後の備えはケースバイケースであり，Ａさんの事例だけで韓国全体の高齢者貧困の問題を語ることはできないが，これから早期退職と老後への備えは，高齢者貧困の大きな原因になると考えられる。韓国政府は，最近まで高齢者貧困の対策として就労支援や定年延長など，「雇用」を中心に政策を施行してきた。いわゆる年金以外の収入を保障することによって，高齢者が貧困状態から抜け出していくように支援している。具体的には公共領域が中心となり，高齢者就労支援を行ってきた公共勤労事業，社会的企業の拡大による高齢者雇用市場の拡大が

挙げられる。公共勤労事業の場合，失業者や高齢者などについて最低生活水準を保障するために一時的に公共分野で雇用する事業であった。しかし，この事業に参加した多くの高齢者は勤労条件や環境などが不十分だったため，高齢者の継続的な労働活動にはつながらなかった。つまり高齢者の安定的な収入源として機能していなかったと言える。最近は社会的企業による雇用市場拡大を前面に打ち出し，高齢者の雇用を拡大しているが，高齢者の生活の質や所得の改善を実現するには，未だに多くの課題が見受けられる。つまり，これらは高齢者雇用の量的拡大を図ってきたと言えるが，勤労条件や環境面からみると，高齢者雇用対策として不十分であったと考えられる。このような状況によって韓国では，実際に高齢者の雇用が増えているが，労働環境や条件，いわゆる「雇用の質」が改善しないまま，多くの高齢者が退職と雇用を繰り返し，貧困から抜け出せない状態になっている。

3　高齢者貧困の3大要因

近年，貧困問題は国の経済の豊かさとは関係なく，どの国でも社会的課題になっている。特に経済的に豊かな国ほど，所得の格差や相対的貧困が問題となっている。

韓国経済研究院（2019）の調査によれば，2021年，65歳以上の高齢者の相対的貧困率は43.2％であった。これはOECD加盟国のなかで一番高い水準であり，その原因は多くの高齢者に老後の備えができていないことだった。続いて，この調査では老後の備えができている高齢者は33％であり，10人のうち7人が老後の備えができていない状況が明らかになった。さらにベビーブーム世代が高齢化にしていくと定年退職者が急増すると予想されていたが，実際には早期退職が増える傾向にあった。

ここでは，このような社会的背景を踏まえて韓国の高齢者貧困の原因を大きく①早期退職，②社会保障制度の機能不全，③不安定な老後の資産形成に分けて分析する。

1　早期退職のしきたり

韓国は2000年代から多くのサラリーマンが60歳前から退職し始め，早期退職が

しきたりになってきたと言える。これは自己選択も含まれるが，多くは当時の民間企業にあった「希望退職制」により促進された。いわゆる，高額の退職金支給を前提に早期退職を提案することであった。[2] これにより多くのサラリーマンが55〜60歳に退職し，その退職金を飲食店の経営，株式投資など老後の備えをつくる手段に当てられると認識されてきた。人間の寿命を90歳と想定すれば，これから30年の人生を考えなければいけない。その背景には1998年のアジア通貨金融危機（以下，IMF）があった。当時は，失業者が急激に増え，企業は経営革新という方針を前面に出して雇用者に早期退職を勧めた。

　そのなかには同世代や部下からの競争や圧力などを感じながら，組織内での立場が弱くなることを心配し，そのような状況におかれる前に高額の退職金による「希望退職」を選択する人も多くいた。このような早期退職の考え方は，未だに残っていて，様々な理由で長く働くことより高額の退職金を選択する人がかなりいると考えられる。

　筆者は5年前から高齢者の貧困と早期退職の関係性，そして社会的課題を明らかにするため，韓国の老人福祉館の利用者に『65歳以上の高齢者の退職経路や老後の備え』に関するアンケート調査を実施している。老人福祉館とは，特養など老人ホームのような施設ではなく，地域の元気な高齢者がレジャーや文化活動に利用する施設であり，機能や運営方式は少し違うかもしれないが，日本の公民館のような施設にソーシャルワーカーが勤めながら相談に乗ったり福祉サービスを支援したりするところである。このような老人福祉館の利用者を対象に調査した結果を一部取り上げると，78人のうち56人が早期退職し，退職金で自営業や不動産などに投資した経験があると回答した（図表6-1）。この56人に対して早期退職した理由を聞いてみると，半分以上の41人の方が「長く働き続けても国からの年金や公的扶助が不十分だから」と回答した。これは国の社会保障制度を国民が信頼していないことの反映であるが，言い換えれば，社会保障制度の充実は高齢者雇用市場の安定化を図る重要な要因になる。また早期退職に対して65歳から70歳の高齢者が39人で一番多く，ほとんどが老後資産として不動産を所有していることがわかった。これは1998年IMFの時から早期退職した年齢層であり，早期退職の高齢者は，老後への備えとして公的年金より不動産を重視していることを意味すると言える。その他早期退職したが，老後の資産形成ができていない高齢者（22人）のなかには店舗経営や自営業で老後資産を失った高齢者が多く含まれ

第6章　なぜ，高齢者貧困が深刻化するのか　103

図表6-1　韓国高齢者の早期退職後の資産調査

(単位：人)

回答者年齢	早期退職	老後の備え	資産形成	不動産所有	公的年金	貯金
65歳～70歳	39	34	34	27	5	2
70歳～75歳	15	9	9	7	1	1
80歳以上	2	1	1	0	0	1
合計	56	49	49	34	6	4

※ n =78
注：本調査は，筆者が2019年と2023年に老人福祉館を利用する高齢者を対象に行った調査結果の一部である。
出所：筆者作成。

ていた。

　最近，韓国政府は少子高齢化による雇用市場の危機を認識し，退職年齢の延長も行ってきたが，未だに多くの人々が長く働くことより，早期退職を選んでいる。多くの退職者は飲食店などの自営業者になることで，新しい人生を設計しているが，自営業の経験がまったくないため長続きしない人もいる。また再就職しても劣悪な労働環境や条件のなかで働くしかない場合もある。このような産業と雇用構造の二極化，さらに不安定な労働市場のなかで年金の未加入や社会保険の未納付なども多くみられており，この対象のほとんどが働いている高齢者という状況である（ヨ・ユジン　2019）。このような状況のなかで退職者が貧困状態に陥るケースも増えている。

　高齢者の雇用市場については，そもそもベビーブーム世代が65歳以上の高齢者になる2010年から定年退職が増えると推測されていたが，実際には定年退職より早期退職のほうが増えた傾向にあり，定年退職者数は05年23.7万人から13年28.5万人になり，8年間で4.8万人が増加した程度であった。最近の21年度には39.4万人に増加したが，これも予想より下回っていた。その反面，様々な理由で早期退職した人は，05年24.4万人から2013年32.3万人となり，21年には63.9万人まで増加した。当該期間の早期退職者は，9.5％から12.2％まで増加したことがわかる。平均退職年齢が05年50歳から21年49.3歳になり，高齢化が進んでいたにもかかわらず，平均退職年齢がますます若くなっていることも早期退職が増加していることが原因である（ナム・ジェリャンほか　2022）。このような状況を考えてみると，政府による定年延長政策は早期退職が増加した原因になったと言える。特に勤務

年数と賃金が比例する方式を継続するなかで，定年延長政策を行ったことによって企業や雇用主の立場では早期退職を提案せざるをえなかったと考えられる。例えば13年定年延長に関する法律が制定され，法的定年年齢は60歳になったが，16年からの施行となり，その間に企業や雇用主からの希望退職の勧告があったと考えられる。企業や雇用主の立場では，突然定年年齢を65歳まで上げることによって雇用費用負担が大きくなっていた。このような法的措置は，むしろ早期退職が急増する一つの原因になったという見方もある。

　他方，2016年には，このような早期退職傾向への対応と全体雇用率の上昇を図るために「賃金ピーク制」が施行された。賃金ピーク制は一定の年齢になると賃金を段階的に削減し，定年退職までの雇用を保障する制度である。つまり，定年までの雇用保障と賃金の削減という措置を交換する制度であり，このような早期退職を解決するために推進した賃金ピーク制は，むしろ早期退職が増える大きな原因になったと言える。ナム・ジェリャンほか（2022）によれば，このような背景について16年から17年までに賃金ピーク制を導入した企業が大きく増加したが，13年に制定された「定年60歳の義務化」も16年からスタートすることになり，雇用主（企業）の立場では定年延長による雇用費用負担，雇用者の立場では賃金ピーク制による賃金の削減より高額の退職金による希望退職のほうが良いという考え方が広がったと論じている。

2　社会保障制度の機能不全

　筆者が韓国の社会保障制度について機能不全だと表現するのは，多様な社会保障制度やサービスを実施していたにもかかわらず，合理的かつ普遍的に機能していないからである。つまり，現在の社会保障制度では，所得の再分配のような均等的な社会保障制度が実現していないと言える。現行の社会保障制度やサービスは４人家族が基準になっており，単独世帯が増えている現在の社会構造と一致しないという指摘もある。特に一人暮らしの高齢者に対する社会保障サービスは不十分な状況である。例として，国民年金制度を挙げることができる。韓国の国民年金は1988年に開始し，すべての国民を対象にしたのは98年であることから未だに不十分な体制であると言える。現在の高齢者の場合，国民年金の加入期間が短いため受給額も少なくなっている。国民年金の場合は，制度の開始時期の問題なので，確実に機能不全と言えないかもしれない。しかし，最近は年金財政を考え，

第6章　なぜ，高齢者貧困が深刻化するのか　105

図表6-2　高齢化社会への社会保障支出（対 GDP 比）

国名	高齢人口14％到達時期	高齢者向け社会保障支出の対 GDP 比
フランス	1990年	9.22％
スペイン	1991年	7.40％
アメリカ	2013年	6.28％
日　本	1994年	4.87％
カナダ	2009年	4.04％
韓　国	2013年（高齢化率12.2％）	2.23％
平均（OECD）	－	6.51％

出所：ヨ・ユジン（2021）から筆者作成。

受給開始年齢を引き上げる動きがあるため，高齢者の老後の備えとしてメリットがなくなりつつある。

　そもそも高齢者の社会保障制度は，所得保障が中心となり，高齢者の所得保障のために，どれくらい財政を支出したのかを分析してみると，韓国の社会保障制度が機能不全となった背景がわかる。**図表6-2**は，OECD 加盟国を基準に高齢社会（14％）に到達した時点での社会保障支出の対 GDP 比を示したものである。韓国は2013年（高齢化率12.2％）時点で2.23％になっており，欧米に比べてもかなり低い水準になっている。高齢者貧困における社会保障の機能不全は様々な原因が考えられるが，そもそも韓国では高齢者の所得保障に対する支出が不十分であったことがわかる。当時，政府は高齢者の所得保障より，就労支援に集中して予算を投入し，高齢者の労働市場を拡大する政策的戦略を立てていた。

　しかし，結果として韓国の高齢者の相対的貧困率は高い水準になり，現在の65歳～74歳までの高齢者雇用率は，OECD 加盟国のなかでもかなり高い水準になっている（統計宁 2023）。これは韓国の高齢者貧困の要因が「雇用」ではないことを意味する。つまり韓国の高齢者に対する就労支援は，政策的効果が不十分であったと言える。このような高齢者に対する雇用政策によって高齢者が雇用しやすい環境にはなったが，非正規雇用など不利な勤労環境や条件で働く高齢者が増えたことによって高齢者は「このままでは死ぬまで働いても貧困」という状況がつくられたと考えられる。高齢者の就労支援は，高齢者本人だけではなく，雇用主（企業）の協力も重要である。政府は，このような雇用主の協力を図るために2022年

度から「高齢者雇用支援金制度」を施行した。この制度は退職が迫った60歳以上の高齢者の雇用期間を延長し,安定的な雇用期間を保障する雇用主に最大2年間,補助金を支援する制度である。中小企業を優先に推進しているが,2年間,30万ウォンの補助金で高齢者の雇用期間が延びても所得は大きく変わらないという指摘もある。

　実際に,高齢者の所得のなかで公的移転が占める割合は,25.9%（2018年基準）であり,OECD平均（57.1%）の半分にもならない（イ・スンヒ 2023）。国の社会保障に対する信頼性が弱くなるほど,多くの高齢者は個人の資産形成に依存する傾向にある。このような個人レベルでの資産形成は,韓国の相対的貧困率が高くなる大きな原因になったと言える。もともと福祉基盤が不十分であったし,社会保障に対する信頼性さえ弱くなることによって老後への備えとして個人の資産蓄積が続けられたと考えられる。

3　不安定な老後への資産形成

　今日の韓国では,資産を運用することは老後への備えのために重要な手段になっている。国の社会保障や公的扶助が不十分である場合,老後資産は個人の資産を基盤とする「資産基盤福祉」が広がってきた。韓国の場合も1990年代の高度経済成長期までは国の政策として貯蓄を促し,国や家計の資産を確保してきた。このような動きは,当時社会保障制度や福祉サービスが不十分であった韓国において福祉資本主義,いわゆる「資産基盤福祉」の形成に大きな影響を与えたと言える（キム・ドキュン 2018）。

　しかし1998年のIMF以後,不安定な金融資産としての貯蓄より,不動産所有のような固定資産への関心が高まった。このような社会的背景は,老後への備えにも大きな影響を与えたと言える。老後のための資産形成,または運用には,貯金や社会保険などが一般的であるが,韓国の場合は不動産投資が老後に必要な資産を形成する手段として認識されている。

　それは固定資産である不動産が安定資産として認められているからである。**図表6-3**は,韓国高齢者の資産構成について示したものである。高齢者世帯の平均資産は3億ウォン〜5億ウォンであり,流動性が高い金融資産は平均16%である。ここで実物資産の多くが不動産であることがわかる。高齢者の資産構成のなかで不動産の所有が80%以上になっている。このような推計から考えると多くの

第6章　なぜ，高齢者貧困が深刻化するのか　107

図表6-3　韓国高齢者の資産構成（2017〜21年）

（単位：万ウォン，％）

項目／年度	総資産	実物資産			金融資産
			不動産	その他	
2017年	34,946	83.6%	80.0%	3.6%	16.4%
2018年	37,787	83.6%	80.3%	3.3%	16.4%
2019年	39,426	83.0%	80.2%	2.8.%	17.0%
2020年	45,615	83.7%	80.9%	2.8.%	16.3%
2021年	50,289	85.1%	82.4%	2.7%	14.9%

出所：統計庁（2022：73）より作成。

高齢者は老後への備えのために不動産への投資を行っていることがわかる。しかしこれらを老後の備えにする場合，個人の不動産への投資能力，資金規模によって大きな格差問題が生じ，結果として高齢者の相対的貧困率を上昇させる原因になっている。所得の格差，いわゆる二極化による相対的貧困率の上昇は，高齢者の社会的排除や社会的孤立の原因にもなる。現在，韓国の高齢者貧困率がかなり高い水準になっているのも，相対的貧困率の上昇に大きな影響を与えていると考えられる。

　他方，これまで不動産の所有や金融資産による老後対策がない場合，高齢者の生活はどうなるのか。実際，高齢者の収入をみると勤労所得の割合は約50％であり，移転所得と社会保険は各16％，不動産所得12.7％，その他3％，金融所得1.1％を示している。この推計を全体世代と比べると，高齢者世代は相対的に勤労所得の割合が低く，社会保険の受給と移転所得，不動産の所得の割合が高くなっている。未だに公的扶助が不十分である韓国の場合，高齢者は資産の蓄積を通して老後への備えを行っていた可能性が高く，所得だけで全体的な高齢者貧困の状況を把握することは難しいところがある（イ・スンヒ 2023）。

4　高齢者貧困対策への期待を寄せて

　今日，超高齢者社会の3大問題として貧困・疾病・孤独が挙げられている。この3つの社会問題は密接な関係性をもっており，高齢者貧困問題を解消していくためには多面的支援が必要である。特に，ここで示した老後の備えに対する課題

は特定の人の課題ではなく，誰もが直面するものである。老後の備えについて国民性や文化として考えることもできるが，今後，一つの社会課題として取り上げる必要がある。つまり，高齢者貧困の予防的支援として老後の備えを官民協力でサポートする必要があると思われる。最近，日本でも老後の備えを考えると資産として2,000万円が足りないという「老後資金2,000万円問題」が社会的問題になっている。老後の備えは，個人が長期的に備えていくことも重要であるが，それは社会保障制度が高齢者の生活をしっかり支えていることを前提とする。

　一方，これから韓国の場合は社会課題も多いが，可能性も多くみられる。特に国民年金の受給者は年々増加しており，現在65歳以上の高齢者の割合は55.1％である。1988年からの加入者が国民年金を受給していることから高齢者の貧困問題が緩和される余地もある。また高齢者雇用率が高いことから，雇用の質を改善することによって多くの高齢者が貧困状態から抜け出す可能性も高くなっている。

　今後，単身世帯が急増しているなかで，伝統的に家族扶養を前提に策定された社会保障制度を大胆に改革することも重要であり，高齢者の社会問題を解決する経済的かつ生活的支援を「費用」と考えるのではなく，「投資」であると考えることが重要である。そのためには，高齢者が現役世代と同様の環境や条件で働けるように多面的支援体制を考える必要もある。何より新しい制度を提案し続けることより，まさに今高齢者の生活を圧迫している問題や要因を一つずつ緩和していく政策的戦略が求められる。

　本章では，韓国の高齢者貧困の実態と課題について分析し，社会的背景や原因を明らかにした。しかし，現在の韓国では高齢者に対する良い政策やサービスもある。特に民間や市民団体を中心に高齢者に対する多様な支援の動きがみられる。例えば，各地域にある総合社会福祉館や老人総合福祉館のソーシャルワーカーによる高齢者貧困の相談や就労支援などがあり，生活全般の解決すべき課題を取り上げ，自立生活を援助している。このような支援体制により，官民協力によって継続的に就労支援や生活支援なども行われている。特に，ソーシャルワーカーによる就労支援が，これまでの支援と違うのは，対象者を直接的に発見し，支援することである。また地域のなかでは高齢者の雇用に対する認識が広がっており，社会的企業やマウル企業などを中心に様々なビジネスモデルも作り出している。このような状況をみると，日韓両国において高齢者貧困問題は政府だけではなく，民間と市民社会が支えあうことが重要であると考えられる。

注

1） 韓国では，場合によって1955～63年生まれまでの世代を「前期ベビーブーム世代」，1968～74年生まれの世代を「後期ベビーブーム世代」と分けることもある。

2） 当時は，アジア通貨危機により，多くの企業が退職年齢を55歳にしていたため，希望退職制がない企業では，高額退職金の支給がない場合もあった。

3） 2013年5月に「定年年齢の延長に関する法律」が制定され，定年年齢を60歳以上にすることが「勧告」から「義務」となった。また従業員300人以上の企業は16年，従業員300人以下の企業に対しては17年から施行するようになった。

第7章

なぜ，高齢者の孤独死を防止できたのか

鄭　熙聖

1　ひとりで孤独な死を迎える時代の到来

1　韓国で増加する孤独死

韓国の平均寿命は83.6歳で，OECD 加盟国のなかでも 3 番目に高い（OECD 主要統計）。実際に，半世紀の間に国民の生活水準や教育の質，良質な医療保健福祉サービスなどが大きく向上した。その一方で，世界的に前例のない速いスピードで少子高齢化が進み，それと同時に都市化や扶養意識の変化等に伴う高齢者の単身化が急速に進行している。このような背景のなかで，ひとりで孤独な死を迎え，数日後に発見される孤独死の数が増え続けている。特に，近年の COVID-19 の流行とそれに伴う様々な制限措置により，地域交流を促す場は縮小し，またこれまで利用してきた保健福祉サービスに制約が加わるなど，高齢者のさらなる孤独化・孤立化が懸念されている。

韓国において孤独死が社会問題として認識され始めたのは，1995年 1 月17日に発生した日本の阪神・淡路大震災以降だと推察される。[1] 当時，日本において身内や住宅等を失い，仮設住宅や復興住宅に移り住んだ被災者の孤独死が韓国のマスメディアで取り上げられた。

その後，2010年には李洛淵国家議員の主催で"老人孤独死は防げないか"をテーマに討論会が開催され，これは韓国初の孤独死に関する学術会議とされている（グォン・ヒョクナン 2013）。これを契機に，キム・ユンシンほか（2011）の「独居老人の孤独死予防のための地域連絡網の効果性研究」を始め，孤独死に関連する学術研究が発表され始める。そのなかには，日本の孤独死の現状と法制度を検討したうえで韓国への示唆を試みた文献も少なくない（イ・ミエ 2012；イ・ジンア

2013，カン・ジチョル／ソン・ジョンユン 2017，チェ・ウソク 2022）。

2012年にに韓国の高齢者単身世帯のうち，孤独死高危険群（危機世帯＋脆弱世帯[2]）は約30万世帯と発表され（保健福祉部 2012），その数は高齢者単身世帯全体の25％を占めていた。この問題に対応すべく，老人見守り基本サービスの利用者を段階的に拡大（2012年14万人→2015年30万人）するなど高齢者の孤独死を防止する方針が「独居老人総合支援対策」の推進課題に組み込まれることになった。

このように，韓国では十数年前から高齢者の孤独死問題が顕在化しており，それに対応するために様々な対策が打ち出されている。これには解決すべき課題があるものの，孤独死の防止に一定の成果もみられている。そこで，本章では，韓国における高齢者の孤独死防止策全般について検討し，その成果と課題を明確にする。そのために，日本の状況も視野に入れながら，2節では孤独死の定義について概説し，3節ではこれまでの孤独死防止に向けた取り組みについて紹介する。最後に，4節では韓国における高齢者の孤独死防止策の成果と課題を明確にし，現時点での考察を加えたい。

2　50年にわたる日本の孤独死問題とその挑戦

日本は韓国より約30年も前から孤独死の防止に取り組んできた。実は，孤独死という事例は明治時代にも存在していたが，孤独死という言葉自体が新聞紙面上に登場したのは1970年代以降であった（小辻・小林 2011）。その後，孤独死は都市化や高齢化，そして大規模の自然災害によって社会問題として認識されるようになった（鄭熙聖 2020）。

まず，1970年代の高度経済成長過程で生み出された家族・地域の変容があり，都市化や高齢化が進むなかで独居高齢者の孤独死が社会問題化した。日本では，高齢者の孤独死の増加からくる危機感から，74年9月に全国社会福祉協議会と全国民生委員児童委員協議会により実態調査が実施された。その結果は「孤独死老人追跡調査報告書」として刊行されている。この報告書に対して，新田（2013）は全国規模で孤独死者を把握した日本最初の調査であったと述べている。

次に，1995年1月17日に発生した阪神・淡路大震災後に孤独死数が増加し，これを契機に孤独死への社会的関心が一層高まることになった。実際に阪神・淡路大震災後の約5年間で，仮設住宅で発生した孤独死は233件に達し，また95〜2003年の間に神戸市の復興住宅で発生した孤独死は190件に上る（小辻・小林

2011)。その後，独居高齢者の孤独死や餓死を解消するための見守り活動が各地で展開されるようになった（河合 2009）。

　孤独死の問題に対し，日本では主に地域包括支援センターと社会福祉協議会を拠点として民生委員と地域住民の協働・連携による見守り活動が進められており，近年ではインフォーマルセクターにおける役割の重要性が増しつつある。孤立死防止のために，どの機関・団体と協力しているかについて，野村総合研究所（2014）が全国の市区町村を対象に実態調査を実施しており，その結果，民生委員，地域包括支援センター，社会福祉協議会の順で多いことが明らかにされた。なお，厚生労働省は全国の自治体で実施されている孤立死防止対策の取り組みのなかで，特に先進的・先駆的な事例をとりまとめ，ウェブサイトで公開している[3]。

　日本における孤独死は，夫婦とも認知症になって社会から孤立してしまい，それにかかわる問題が世帯内に潜在化しているケースもみられるが，ひとりで暮らしている高齢者を中心に発生しているのが現状である（河合 2015）。孤立死の現状を明らかにした調査研究は複数存在し，その結果を簡単に紹介したい。

　まず，ニッセイ基礎研究所（2011）は東京都23区における孤立死発生率を全国の65歳以上の高齢者数に当てはめて推計値を算出した。その結果，全国の孤立死者（死後4日以上）はおよそ15,603人に達することが明らかにされた。

　次に，独立行政法人都市再生機構が管理する賃貸住宅での孤立死は，2008年から14年までの7年間で1,307件発生し，そのうち，65歳以上の孤立死は890件と全体の68.1％を占めた（内閣府 2016）。都市再生機構は，死亡時に単身居住した賃借人が誰にも看取られることなく賃貸住宅内で死亡し，それが相当期間（1週間を超えて）発見されなかったケースを，孤立死として集計した。

　最後に，東京都23区で，住居で亡くなった単身世帯の者は6,096人であり，そのうち，65歳以上は4,207人に上り，全体の約70％を占めた（東京都保健医療局東京都監察医務院 2021）。しかし，このデータは死後経過時間を0から集計しているため，その解釈には注意が必要である。そこで死後経過時間別のデータを確認すると，仮に死後4日以上経過した場合[4]，単身世帯全体の孤独死者は3,294人となる。一方，死後4日以上経過した人のうち，65歳以上が何人かまでは確認できなかった。

2　孤独死の定義

1　孤独死と孤立死の定義をめぐる議論

　孤独と孤立は似ているような言葉でありながら，その意味や定義は異なる。周知のように，イギリスのピーター・タウンゼント（Townsend 1957）は世界で初めて孤独（lone.iness）と社会的孤立（social isolation）の概念を区分して定義した。孤独は仲間づきあいの欠如あるいは喪失による好ましからざる感じ（unwelcome feeling）をもつことであり，社会的孤立は家族やコミュニティとのかかわりがないことである。さらに言えば，孤独の場合は自身がその感情を抱いているかどうかの主観的評価に焦点を当てる一方，社会的孤立は接触の頻度などおかれている状況を客観的に評価できる点で区別できる。これと同様に，主観的か客観的かによって孤独死と孤立死の区別も可能であろう。しかし，現状では明確な区別なく使用されている。また独居死や無縁死という用語もあるが，これらの用語も明確に使い分けられていない（金涌 2018）。

　日本ではそもそもマスコミや関係機関などの一部において孤独死という用語が使用されてきた（結城 2012）。そして前述の通り，日本で孤独死という言葉が新聞に登場したのは1970年代以降である。一方，2007年に厚生労働省が実施した「孤立死防止推進事業（孤立死ゼロ・プロジェクト）」では，孤独死ではなく孤立死という用語が用いられた。これを機に，地域福祉の施策や実践において孤立死が使用されるようになった（新田 2013）。実際に「CiNii Research」で「孤立死」をキーワードに検索してみると，07年以降に「孤立死」の言葉が登場することを確認できる。

　2011年ににニッセイ基礎研究所の「セルフ・ネグレクトと孤立死に関する実態調査と地域支援のあり方に関する調査研究報告書」が発表され，ここでも孤立死という用語が使われている。そして高齢社会白書では，毎年「孤独死を身近な問題だと感じる者の割合」を図表で公表しているが，19年版以降，孤独死から孤立死へと用語変更がなされている。

　日本における孤独死（孤立死）の定義については，2006年の東京新聞の定義が知られており，「一人暮らしをしていて，誰にも看取られずに自宅で死亡した場合」とされている。また，内閣府の高齢社会白書では，孤立死について「誰にも看取られることなく，亡くなった後に発見される死」と定義されている。

2　韓国における孤独死の定義

　韓国では法制度や施策において，いずれも孤独死の用語が用いられている。孤独死の定義については，2010年に“老人孤独死は防げないか”をテーマに開催された討論会で言及され，そこでジョン・スンドル／イム・ヒョウヨンは孤独死について「孤独な状態で死を迎える意味で，家族や近隣住民とのかかわりがないため，孤独な死を迎える過程を誰も気づいていない死」と定義した。もう一人の講演者であったグォン・ジュンドンは，孤独死について「一人で死を迎え，遺体が死亡時点から一定時間経過した後に発見される死亡事例。自殺または他殺は孤独死に含まれない」と明確にした。

　また，2020年に施行された「孤独死予防および管理に関する法律（通称：孤独死予防法）」第2条では，孤独死について「家族や親戚などの周りの人とのかかわりがない社会的孤立の状態にある人が自殺・病死等で死を迎え，遺体が一定の時間が経過した後に発見される死」と定義されている。

　世界的に見れば，特に英語では，孤独死をそのまま Kodokushi と表記したものもあれば，dying alone，isolated death，solitary death，lonely death など様々である（チェ・スンホ／ゾ・ビョンチョル／ジョン・スンファン 2017）。

　以上から，日韓ともに孤独死の定義においては研究者や研究機関によって異なることがわかる。そして両国ともに合意に至った定義はなく，孤独死と孤立死の概念の不明確さを始め，孤独死に自殺を含めるべきかどうか，また孤独死で亡くなった後の経過時間をどうするかなどについては，引き続き議論を重ねる必要があると考える。

3　孤独死防止のための新たな展開

1　広がる政府主導の孤独死防止策

　イギリスでは2018年1月に世界で初めての孤独担当大臣を設け，同年10月には「孤独戦略」（loneliness strategy）を発表した。日本では，社会全体のつながりが希薄化するなかで，新型コロナウイルス感染症の長期化による孤独・孤立の問題が一層深刻化することを懸念し，21年2月に内閣官房に孤独・孤立対策担当室を設置し，同年12月には「孤独・孤立対策の重点計画」の具体案が発表された（図表7-1）。また，第211回通常国会において総合的な孤独・孤立対策に関する施

図表7-1 日本の「孤独・孤立対策の重点計画」の基本方針と施策

【基本方針1】 孤独・孤立に至っても支援を求める声を上げやすい社会とする

1. 孤独・孤立の実態把握
2. 支援情報が網羅されたポータルサイトの構築，タイムリーな情報発信
3. 声を上げやすい環境整備

【基本方針2】 状況に合わせた切れ目ない相談支援につなげる

1. 相談支援体制の整備（電話・SNS相談の24時間対応の推進等）
2. 人材育成等の支援

【基本方針3】 見守り・交流の場や居場所づくりを確保し，人と人との「つながり」を実感できる地域づくりを行う

1. 居場所の確保
2. アウトリーチ型支援体制の構築
3. 保険者とかかりつけ医等の協働による加入者の予防健康づくりの推進等
4. 地域における包括的支援体制の推進

【基本方針4】 孤独・孤立対策に取り組むNPO等の活動をきめ細かく支援し，官・民・NPO等の連携を強化する

1. 孤独・孤立対策に取り組むNPO等の活動へのきめ細やかな支援
2. NPO等との対話の推進
3. 連携の基盤となるプラットフォームの形成支援
4. 行政における孤独・孤立対策の推進体制の整備

出所：内閣官房（2022）より作成。

策の推進を目的とした「孤独・孤立対策推進法」が23年5月31日に成立した（24年4月1日施行）。

　アメリカでは，2023年5月にビベック・マーシー（Vivek Murthy）公衆衛生局長官より「私たちの孤独と孤立のエピデミック」（Our Epidemic of Loneliness and Isolation）と題された勧告が発表された。同年7月18日には孤独と社会的孤立の防止を目的に，クリス・マーフィ（Chris Murphy）上院議員より「社会的つながりを促進するための国家戦略」（National Strategy for Social Connection Act）を策定する法案が提出された[5]。そして，詳しくは後述するが，韓国でも23年に孤独死予防基本計画が策定されている。

　このように，近年，イギリス，日本，アメリカ，韓国などにおいて，孤独（死）・孤立（死）を防止することを目的に，従来のミクロ・メゾレベルでの支援を超えた，政府主導の様々な対策が展開されている。そして，高齢者に限らず，国民全体を

図表 7-2　韓国の「第 1 次孤独死予防基本計画」の推進戦略と重点課題

【推進戦略 1 】孤独死危険群の発掘及び危険度の判断

1. 人的セーフティネット等を活用した孤独死危険群の発掘
2. 福祉死角地帯発掘システムを活用した孤独死危険群の発掘
3. 孤独死危険度の測定指標の開発

【推進戦略 2 】社会的孤立を解消するためのつながりの強化

1. 地域住民同士のつながりを促進するための地域共同体の場づくり
2. ソーシャルネットワーク形成を通じた支援システムの構築
3. 情報通信技術（ICT）を活用したつながり及び安否確認

【推進戦略 3 】ライフサイクル全体を通したサービス連携・支援

1. 青年危険群のための情緒的支援と就業支援
2. 中年者危険群の生活課題の管理・支援
3. 高齢者危険群に対する地域社会中心の統合支援
4. 死亡者・遺族等への支援

【推進戦略 4 】孤独死予防・管理政策の基盤構築

1. 孤独死予防・管理実施体制の構築
2. 地域主導型サービスの新設支援
3. 孤独死予防のための法・制度の改善と認識向上

出所：関係省庁合同（2023）より作成。

視野に入れた施策を打ち出しているのが，共通点と言える。

　韓国では2020年 3 月31日に「孤独死予防法」が制定され（21年 4 月 1 日に施行），この法律に基づき，保健福祉部長官は孤独死予防基本計画の策定・施行と孤独死実態調査を 5 年ごとに実施することが義務づけられた[6]。これを受けて，保健福祉部は22年12月14日に「2022年孤独死実態調査結果発表——最近 5 年（2017〜21年）孤独死発生状況等最初調査実施」を発表した（保健福祉部 2022）。

　そして「2022年孤独死実態調査」の結果を踏まえて，2023年 5 月18日に保健福祉部（曺圭鴻長官）は関係省庁合同で「第 1 次孤独死予防基本計画（2023〜2027年）」を発表した（図表 7-2 ）。孤独死予防基本計画は「社会的孤立の心配がない密なつながりのある社会」をビジョンとして，27年までに全死亡者100人当たりの孤独死数（2021年1.06名→2027年0.85名）の20％削減を目指している。これに向けて，推進戦略とそれを実現するための重点課題が掲げられている。とりわけ，【推進戦略 4 の重点課題 1 】では孤独死高危険群のケースマネジメントを強化するため，

統合事例管理士を拡充し，中央・地域単位では孤独死予防・管理事業を専門とするセンターを指定する方針が打ち出されている。このように韓国では孤独死予防に向けた新しい体制の構築が試みられている。

2　韓国の老人個別型統合サービスの歴史的変遷と概要

　韓国政府が高齢者の孤独死に取り組み始めたのは2007年の老人見守り基本サービス[7]からである。その導入背景には独居高齢者の孤独死と自殺問題の顕在化があり，これらの問題を解消するため，07年に「老人福祉法」が改正され，独居高齢者支援における法的な条項が設けられた。それに基づき，社会サービスの形で老人見守り基本サービス（以下，基本サービス）がスタートした。

　基本サービスは，独居高齢者の生活実態および福祉ニーズの把握，定期的な安否確認，保健・福祉サービスの連携・調整，生活教育などを通して，総合的なソーシャルセーフティネットを構築することが目的である（保健福祉部 2017）。支援の必要な独居高齢者には，独居老人生活管理士による安否確認と情緒的支援，健康・栄養管理などに関する生活教育，保健・福祉サービスの資源連携などの支援が提供される。

　一方，韓国では2007年に導入された基本サービスや老人見守り総合サービスに加えて，地域社会資源連携事業や短期家事サービスなど様々な事業を新設・拡大していった。そのなかで，サービスデリバリーシステムの分節とサービス提供の重複などが継続的に問題として指摘され（ジョン・ヨンホ 2015，ヤン・ナンジュウ 2019），それぞれのサービスを統合・再編する必要性が議論された。このような背景から，20年に保健福祉部は，基本サービス，老人見守り総合サービス，短期家事サービス，地域社会資源連携事業，独居老人社会関係活性化事業，初期独居老人自立支援事業の6つの事業を老人個別型統合サービスに統合した[8]（**図表7-3**）。

　老人個別型統合サービスは，日常生活を営むことが困難な脆弱高齢者にサービスを提供して，安定的な老後生活を保障し，必要な機能と健康の維持・予防を目的とする。申請資格は，まずは65歳以上であり，次に①国民基礎生活受給者，②次上位階層，③基礎年金受給者として類似重複事業申請の対象外の者[9]，のいずれに該当する人である。対象者選定においては，専担社会福祉士等による訪問調査が実施され[10]，その結果を踏まえてサービス対象者は重点ケア群と一般ケア群に分

図表 7-3　老人見守りサービスにおける各事業の導入時期と状況

施行年度	事業名	対象	運営方式	利用者（2019年）	機関数／従事者数（2019年）
2007	老人見守り基本サービス	独居高齢者	補助金	29.5万人	244機関／11,800人
2007	老人見守り総合サービス	長期療養等級外A・B	バウチャー	4.8万人	2,583機関／26,664人
2013	地域社会資源連携事業	長期療養受給者，長期療養等級外A・B	（一部自治体のみ実施）	0.7万人	22機関／44人
2014	短期家事サービス	独居高齢者	バウチャー		
2014	独居老人社会関係活性化事業	独居高齢者	モデル事業	0.9万人	810機関／1,643人
2019	初期独居老人自立支援事業	独居高齢者	モデル事業		
2020	老人個別型統合サービスに統合（補助金）				

出所：保健福祉部（2023），ファン・ギョンラン／チェ・ソンウン（2021）より作成。

かれる。重点ケア群は，身体機能の低下に伴う日常生活支援の必要性が高い人が対象であり，月16時間以上から40時間未満の直接サービスと家事支援サービスを利用できる。一般ケア群は，孤立および日常生活の困難により支援を必要とする人が対象であり，月16時間未満の直接サービスを利用できる。そして両群とも，必要時に連携サービスと特化サービスを利用することが可能である。サービスは1年間提供される。

　老人個別型統合サービスの実施機関には専担社会福祉士と生活支援士が配置され，専担社会福祉士の場合，対象者選定調査とアセスメント，サービスの提供計画の作成，再アセスメント，ターミネーションおよびフォローアップといったソーシャルワーカーとしての役割を果たす。それに加えて，様々なプログラム企画や生活支援士の管理・支援なども担っている。

　老人個別型統合サービスの実施機関は2023年7月31日基準で，全国で681箇所（広域実施機関16箇所を含む）あり，そのうち，特化サービスも実施している機関は191箇所である（独居老人総合支援センターのウェブサイト）。老人個別型統合サービスの運営主体は，通常，自治体から委託を受けた機関が実施し，22年時点で在家老人福祉施設が237箇所で最も多く，老人福祉館179箇所，社会福祉館98箇所，そ

第 7 章 なぜ，高齢者の孤独死を防止できたのか **119**

図表 7 - 4 　老人個別型統合サービスの業務内容

区分	カテゴリー	詳細
直接サービス	安全支援	訪問安全支援（安全・安否確認，情報提供，生活安全点検，おしゃべり），電話安全支援，ICT 安全支援
	社会参加	社会関係向上プログラム，セルフヘルプグループ
	生活教育	身体健康教育（栄養，保健，健康），精神健康プログラム（抑うつ予防，認知活動）
	日常生活支援	移動活動支援，家事支援（食事，掃除）
連携サービス	生活支援	生活用品支援，食料品支援，寄付金支援
	住居改善	住居衛生改善支援，住居環境改善支援
	健康支援	医療連携支援，健康補助支援
	その他	日常生活に必要なサービスの連携
特化サービス	孤立型グループ	個別相談（25回以上），外部活動，セルフヘルプグループ，地域社会資源連携サービス，中途離脱者の事後管理
	抑うつ型グループ	うつ病の診断および服薬管理，個別相談（8回以上），グループ活動（19回以上），地域社会資源連携サービス，中途離脱者の事後管理

出所：保健福祉部（2023）より作成。

の他97箇所，協同組合23箇所，直営（自治体）10箇所，社会サービス院 4 箇所など様々である（保健福祉部 2023）。また，独居老人総合支援センターが公開した「2023年老人個別型統合サービスの市都別の主要統計要約表（2023年 4 月基準）」によれば，専担社会福祉士は2,438名，生活支援士は32,909名であり，サービス利用者は約53万人である。

　老人個別型統合サービスの種類は大きく分けて，直接サービス，連携サービス，特化サービスの 3 つに分類される（**図表 7 - 4**）。そのなかで，特化サービスは，孤独死と自殺リスクが高い65歳以上の高齢者を「孤立型グループ」と「抑うつ型グループ」に分け，孤独死と自殺予防に向けて様々なサービスを提供している。一方，60〜64歳の人でも孤独死と自殺のリスクが著しく高いと判断される際には，諮問委員会の承認を経て特化サービスを利用することも可能となっている。特化サービスの利用者は，専担社会福祉士による対象者選定調査とアセスメントの結果に基づき，孤立型グループと抑うつ型グループに分かれ，各グループの特性を生かしたサービスが提供される。

4　高齢者の孤独死防止策の成果と課題

1　高齢者の孤独死を防ぐための戦略が功を奏した理由

　2014年4月，KBSパノラマというドキュメンタリー番組で"韓国人の孤独死"が放送されたことがある。ここではKBSの取材チームが13年1年間の孤独死の実態を調査した結果が紹介された。1年間で発生した孤独死は1,717件であり，年齢層別では50代が最も多いことが明らかとなった。当時，孤独死は高齢者を中心に起こるという認識が一般的であったが，実際には50代の孤独死の件数が最も多かったのは予想外の結果であった。

　2022年12月には，保健福祉部（2022）が実施した「2022年孤独死実態調査」[11]の結果が公表され，孤独死による死亡者数は2017年に2,412件だったのが，2021年には3,378人まで急増し，さらに孤独死数が増加傾向にあることが明らかにされた。さらに具体的に言えば，21年基準で，女性に比べて男性が5.3倍以上高く，50代と60代が58.6％と半分以上を占めていた。孤独死で亡くなった場所の割合は，一軒家が著しく高く，次いで，マンション，ワンルームの順で高くなっている。孤独死の最初発見（通報）者は，兄弟姉妹が22.4％と最も多く，賃貸人21.9％，隣人16.6％，知人13.6％であった。一方，高齢者の介護にかかわる療養保護士は1.8％に過ぎなかった。

　また，2022年に孤独死高危険群の現状と特徴を明らかにするために，韓国リサーチが保健福祉部の委託を受け，「孤独死実態調査」のために，無作為抽出された単身世帯9,471人を対象にオンラインおよび対面調査を実施した（関係省合同2023）。孤独死高危険群の判断基準としては，「社会的交流が週1回以下」，「一日の食事回数が1回以下」，「体調が悪い時に手助けしてくれる人がいない」など，10項目が用いられた。結果として，孤独死高危険群はおよそ152.5万人（単身世帯全体の21.3％，人口全体の3％）に達し，単身世帯のなかでは50代が33.9％と最も高く，次いで，60代30.2％，40代25.8％，30代16.6％，70代以上16.2％であった。孤独死高危険群の人が困っていることとして，40～60代では経済的問題（39.1％），70代では健康問題（30.4％）と情緒的不安（27.9％）が最も高かった。

　以上の調査結果から，韓国では特に40～60代の人々の孤独死が深刻な問題となっており，それに対する対策が急務であることが読み取れる。それには，早期

退職や非正規雇用などの社会構造的な問題も影響していると思われる。しかし，ここで孤独死は高齢者を中心に社会問題化した経緯があり，また孤独死研究の大部分が高齢者を対象としているにもかかわらず，なぜ高齢者の占める孤独死の割合が最も高くないのか，という疑問が残る。その背景として，十数年前から独居高齢者の孤独死の防止に取り組んできた基本サービスの成果を上げることができる。

　実際に，基本サービスの実施により，サービス利用者の選定過程において，長期療養サービスを利用しない全国の在宅独居高齢者を対象に毎年実態調査が実施され，その際にセルフ・ネグレクトや孤立などの状況を総合的に把握できるアセスメント指標が用いられていた。そして不在者については追加調査を月1回実施し，拒否者については3回以上実施しなければならない。それでも拒否し続ける高齢者に対しては，行政機関が管理し適切な措置を講じることとなる。サービス利用者に対しては，家庭訪問（週1回）および電話（週2回）による安否確認と地域連携など様々なサービスが提供されている。

　こういった一連のプロセスにより，孤独死のハイリスク高齢者を早期に発見でき，同時に早期支援につなげることができたのではないだろうか。これが，近年の孤独死の実態調査において高齢者の割合が最も高くなっていない理由の一つと考えられる。学術的にも，基本サービスに関する研究は多く報告されており，その成果として　独居高齢者の孤独感および危機状況における不安の解消（保健福祉部 2010），セルフ・ネグレクトの予防機能と社会とのつながりの拡大（イ・ミンホン／カン・ウンナ／イ・ゼジョン 2013）などが明らかにされている。

　そして孤独死がもはや高齢者の問題に限定されないことから，2023年には「第1次孤独死予防基本計画（2023〜2027年）」が公表されるなど，近年になっては全国民の孤独死防止にも注力している。

2　今後の課題と展望

　韓国と日本では超高齢化の進展とともに高齢者の孤独死・孤立死の発生件数が急増し，今は同国ともに孤独死を誰にでも起こりうる普遍的な現象として認識するようになってきている。こういったなかで，韓国では制度の狭間にある高齢者のソーシャルセーフティネットとして，早期発見，包括的支援，そして地域連携の有機的な連携を基盤とする老人個別型統合サービスを開始した。

老人個別型統合サービスは高齢者の日常生活支援から自殺や孤独死にまで様々な社会問題に対応しており，その有効性への関心が高まっている。これに関連して独居老人総合支援センターは「2022老人個別型統合サービス満足調査報告書」を公開した。ここで利用者の全般的満足度は87.8点と高い水準を示しているように思われる。特に高齢者の孤独死防止策としての機能面では，老人個別型統合サービスのなかでも，孤独死や自殺のハイリスク高齢者に対して長期的な集中的支援を行う特化サービスへの期待が大きい。こういった孤独死防止システムは突然作られたものではなく，2007年から開始された基本サービスを基盤としており，現在の老人個別型統合サービスに至るまでに多くの試行錯誤があった。

　しかし，だからといって，老人個別型統合サービスが基本サービスよりも孤独死予防に効果があると判断するのは早計である。老人個別型統合サービスにおける研究は乏しい状況ではあるが，これまで様々な課題が指摘されている。具体的には，ファン・ギョンラン／チェ・ソンウン（2021）は京畿道の老人個別型統合サービスのスタッフを対象にアンケート調査とFGI調査を実施し，特化サービスの専担社会福祉士は1人当たりの利用者30.5人と生活支援士の管理・支援に加えて，送迎サービスや事務業務も並行していることから，利用者に対して良質のサービスを提供することが難しい状況にあることを明らかにした。

　また，キム・ユジン（2022）はRE-AIMモデルの枠組みを用いて，特化サービスの問題を実証的に検討した。その結果をまとめると次のようになる。第一に，離職率の高さや人材確保の困難さである。実際に特化サービスが開始されてから1年半が経過した時点で，特化サービスの担当者が変わっていない機関は44.9％に過ぎなかった。その背景として，特化サービスの実施機関の2割は自治体の要望に応じて仕方なく委託事業を開始したことが挙げられた。第二に，新たな死角地帯の発生であり，その背景としてサービス対象者の厳格な選定基準と特化サービスを実施していない地域が多数存在することが挙げられた。第三に，特化サービスの担当者の精神的ストレスとバーンアウトであり，その要因として高度な専門性の要求とそれに伴う圧迫感，そして業務過多が指摘されていた。特化サービスの死角地帯の問題については，イ・スジン／ホ・ジュン（2022）の研究でも指摘されており，その対策として地域を基盤とする実態調査の実施が提案されている。

　以上のように，老人個別型統合サービスをめぐって様々な課題が存在する。こ

れらの点を踏まえて，高齢者の孤独死防止に着目した老人個別型統合サービスにおける現時点での課題を論じ，今後の展望について若干の考察を加えたい。

　まず，専担社会福祉士の人員配置と業務量のバランスを改善することが重要な課題であり，それは老人個別型統合サービスの持続可能性と孤独死防止機能の向上を推進するうえで不可欠であると考える。実際に，基本サービスにおける社会福祉士の役割は主に行政業務が中心であったのに対し，老人個別型統合サービスになってからは高度な専門性が期待されると同時に業務範囲も大幅に拡大された。このような状況下で，専担社会福祉士の職務能力を向上させるための影響要因を実証的に検討した研究も発表されている（キム・ユジン／パク・スンミ 2021）。

　次に，孤独死のハイリスク高齢者が世帯形態などの要件未充足を理由に支援の対象から除外される死角地帯の問題を解消することと，高齢者がどの地域においても特化サービスを利用できるよう，供給インフラを整備・拡大することが今後の重要な課題であろう。

　現代社会の高齢者の多くは住み慣れた家で最期を迎えることを望んでおり，すでに数多くの統計データでもそのような傾向を証明している。しかし，なぜ人々は孤独な死に対して不安を感じているのだろうか。例えば，亡くなった後に誰にも見つかることなく，長時間放置されてしまうのではないかといった不安もその一つであろう。生前には孤独・孤立の状況が続き，死後は遺体が放置されてしまう孤独死は，明らかに人間の尊厳を損なう悲しい結末である。そしてこの出来事は遺族や周りの人に罪悪感を与え，ひいては心的外傷をもたらすおそれもある。

　だからと言って，ひとりで人生の最期を迎えること自体を否定的に捉えることはない。ひとりで亡くなることは，自然な死の形態の一つであると考えられる。重要なのは，孤独死のハイリスク高齢者が何に困っているかを知り，その状況を見逃すことなく早期に発見し，地域の様々な支援につなげることではないだろうか。むしろ，求められているのは，その人が満足のいくひとり死を迎えられるように，どこに住んでいても必要なサービスを切れ目なく受けることができる包括的な支援体制を整えることであろう。

注
1）　実際に，新聞検索データベース「News Library」（収載：1920〜99年）を用いて「孤独死」のキーワードで検索した結果，10件が検出された。そのうち，孤独死と関連する記事は次の2件であった。①「ハンギョレ新聞」の記事「阪神大地震1年，まだ癒えていない傷」（96年1月17日），②「東

亜日報」の記事「日本の'老人孤独死'」（99年9月12日）が掲載されていた。

2） 保健福祉部は，高齢者単身世帯の「欠食回数」，「社会とのつながり」，「日常生活動作」などを用いて孤独死のリスクを定量分析し，「危機世帯」，「脆弱世帯」，「要関心世帯」（約10万世帯），「自立世帯」（約79万世帯）の4つに分類した。

3） 孤立死防止対策取組事例は，厚生労働省ウェブサイトで閲覧できる。

4） ニッセイ基礎研究所（2011）の調査では，死後4日以上経過した場合を孤立死としており，これと同様に東京都監察医務院のデータからも4日以上と設定し確認を試みた。

5） 「社会的つながりを促進するための国家戦略」の法案については，アメリカの議会情報ポータルサイト（https://www.congress.gov/bill/118th-congress/senate-bill/2350）で閲覧できる。
なお，アメリカの「私たちの孤独と孤立のエピデミック」の勧告については関連ウェブサイト（https://www.hhs.gov/sites/default/files/surgeon-general-social-connection-advisory.pdf）で確認できる。

6） 2024年からは，孤独死実態調査が毎年実施されることになり，その背景にはエビデンスに基づく孤独死予防政策の推進が挙げられている。

7） 2007年に独居老人生活管理士の派遣事業と老人見守りバウチャー事業が開始され，09年に両事業は老人見守りサービスに統合された。その際に，独居老人生活管理士の派遣事業は老人見守り基本サービスに，老人見守りバウチャー事業は老人見守り総合サービスにそれぞれ名称が変更された。

8） 老人個別型統合サービスの導入背景の詳細については，ジョン・ヨンホ／イ・ソクファン（2022）を参照されたい。

9） 類似重複事業として，①老人長期療養保険，②家事・看病訪問支援事業，③国家報勲処の報勲在家福祉サービス，④障害人活動支援事業，⑤国家・地方自治体が施行するサービスのなかで老人個別型統合サービスと類似した在家サービスがあり，これらの事業は老人個別型統合サービスの利用よりも優先される（保健福祉部 2023）。

10） 専担社会福祉士等が訪問調査を実施する際に対象者選定調査指標が用いられ，指標は社会・身体・精神の3領域と計23項目で構成されている。社会領域40点，身体領域30点，精神領域30点の合計100点で点数化される。

11） 韓国保健社会研究院は警察庁より提供された刑事司法情報（2017～21年，約24万件）を用いて，法律上の孤独死の要件に合致するケースを抽出し，分析した。その要件は，①家族や親族など周囲の人とのかかわりがない人が，②自殺・病死などで一人で亡くなり，③一定の時間が経過した後に遺体が発見される死，とされている（保健福祉部 2022）。

第**8**章

なぜ，長期療養保険制度下に介護予防事業が存在しないのか

金　美辰

1　長期療養保険制度と介護予防

　韓国の介護保険制度に該当する長期療養保険制度には，介護予防事業は存在しない。韓国では，日本で「予防を重視した仕組みへの転換」が図られた2006年の介護保険制度改正の2年後である，08年7月に「長期療養保険制度」がスタートした。長期療養保険制度の目的は，「高齢や老人性疾患などの理由で，日常生活を一人で遂行することが困難な老人などに提供する身体活動および家事活動の支援など，介護給付に関する事項を設定し，老後の健康増進および生活安定を図るため，家事の負担を減らすことにより，国民の生活の質を向上させること」とされる（老人長期療養保険法第1条）。

　また，同法第4条1項において「国および地方自治体は老人が日常生活を一人でできる心身状態を維持するのに必要な予防事業（老人性疾患予防事業という）を実施しなければならない」と規定されている。しかしながら，現状としては保険者である国民健康保険公団で実施される老化予防を目的とした「百歳運動プログラム」や自治体の「老人マチュムドルボムサービス」（高齢者のニーズに合わせた世話）の実施に止まっている。

　日本では，2000年の介護保険制度実施後，要介護度1や要支援のような軽度者の著しい増加に伴い，06年の介護保険制度改正で「予防を重視した仕組みへの転換」が図られた。同改正で「介護予防事業」と「新予防給付サービス」がスタートされるとともに，地域包括支援センターで介護予防のケアマネジメントが展開されるようになった。

　「予防を重視した仕組みへの転換」後も，要介護者数の増加や要介護者の重度

化等は，介護保険の財源を圧迫し，介護保険サービス利用料の自己負担率が増加
し続けた。2015年改正では自己負担率が1割から一定の所得以上は2割負担に，
18年改正では所得に応じて1割負担から3割負担までの3段階となった。介護保
険サービス利用料の自己負担増加により，高齢者の自主努力に基づいた介護予防
がより一層求められるようになった。

　自主努力による介護予防は，「介護保険法」第4条に「国民は，自ら要介護状
態となることを予防するため，加齢に伴って生ずる心身の変化を自覚して常に健
康の保持増進に努める」と規定され，「介護予防・日常生活支援総合事業ガイド
ライン」にも，住民主体のサービス利用について明記されている。

　それでは，なぜ韓国の長期療養保険制度下に介護予防事業は存在しないのか。
関連して，同制度下の介護予防事業の必要性が指摘される（ジョ・チュヨンほか
2009）。本章では，長期療養保険制度下に介護予防事業が存在しない要因の一つ
と言える老人福祉館の存在に注目する。

　韓国では長期療養保険制度が始まる前から，老人福祉館が地域高齢者の社会活
動の拠点として，介護予防の役割を担ってきたと言える。地域に密着した形で地
域高齢者の実情を踏まえた介護予防の拠点となっている老人福祉館の存在がある
からこそ，長期療養保険制度下に介護予防が存在しないのではないかと考え，本
章では，老人福祉館の現況から韓国における介護予防の現状をみていく。

2　老人福祉館の役割にみた介護予防

1　施設概況と事業内容にみた介護予防

　老人福祉館は，老人福祉法第36条（老人余暇福祉施設）第1項第1号において「老
人の教養，趣味生活および社会参加活動等に対し，各種情報とサービスを提供し，
健康増進および疾病予防と所得保障，在宅福祉その他老人福祉増進に必要な総合
的な老人福祉サービスを提供する施設」と規定される。

　健康福祉部の老人福祉施設現況（2021年12月現在）によると，老人福祉館は全国
に357か所ある。そのうち，韓国老人総合福祉館協会に会員登録している老人福
祉館は336か所（23年7月現在）であり，会員は300万人（23年7月現在），老人福祉
専門従事者は14,000人（23年7月現在）に達している。

　ここでは，全国の老人福祉館のうち，韓国の高齢化率18.5％（2023年6月現在）

に最も近い大邱広域市18.9％（23年6月現在）に位置する大邱広域市老人総合福祉館の現況から，老人福祉館の活動内容がどのように地域高齢者の介護予防につながっているかをみる。

大邱広域市には，大邱広域市の委託で運営される市直営型老人福祉館1か所（大邱広域市老人総合福祉館）と区郡の委託で運営される老人福祉館等を合わせて21か所に老人福祉館がある。

大邱広域市老人総合福祉館は，大邱広域市により1995年に設立され，アジア福祉財団が運営している。大邱広域市在住60歳以上の者を対象に，365日年中無休で運営されている。一日の利用者数は1,000人程度で，ソーシャルワーカーは18名で配置されている。

大邱広域市老人総合福祉館は，「地域の特性に合わせた専門的プログラムの開発を通して，老人の余暇活動支援や各種老人問題の予防や治療を行うことで，社会適応力を向上させるとともに身体的，精神的健康増進を図り，安定した老後が送れるように，生産的な老人福祉のパラダイムを通して老人福祉の先進化を主導する」ことを目的としている。

大邱広域市老人総合福祉館は，土地面積6,700㎡，建築面積1,137㎡，総面積3,365㎡の大規模施設である。地下には卓球室，電気室，機械室，資料室があり，1階には館長室，事務室，相談室，大邱老人福祉センター，講堂，休憩室，案内室，浴室がある。2階は，趣味室，書道室，ビリヤード室，将棋室，囲碁室，コンピューター室，休憩室，相談室，生涯教育室があり，3階には運動治療室，幸福食堂，シャワー室，診療室，物理治療室，休憩室がある。付帯施設としては，ゲートボール場，野外休憩施設と駐車場がある。

大邱広域市老人総合福祉館では，主要事業として次の①～⑩が実施されている。①老人福祉館利用やプログラム利用に関する情報提供と理解増進を図った一般相談や法律相談，個別・集団向けの専門相談，死の準備，新規会員教育，老人に対する認識改善教育，老年の性相談等の「情緒生活支援事業」，②書道，ダンス，スポーツ，音楽，語学等の老人に特化した多様なプログラムを利用することで，心身機能の強化や生活満足度向上を図った「生涯教育支援事業」，③診察やリハビリテーション等の「健康生活増進事業」，④ボランティア養成とボランティア活動の活性化，講演チームの運営等，老人福祉館利用者の「社会参加支援事業」，⑤地域の社会問題や老人福祉関連問題に取り組むとともに，家族機能支援や世代

間の交流を図った「地域社会特化事業」，⑥老人福祉館利用者のニーズや満足度に関する「調査および研究事業」，⑦老人向けの行事の開催や参加でQOLの向上を図った「敬老増進事業」，⑧地域社会の人的・物的資源の開発と管理を行い，地域社会とのネットワークや協力により，老人福祉事業の専門性，体系性，多様性の確保を目指した「地域資源連携協力事業」，⑨地域高齢者の能力と適正に合わせた仕事の創出と提供を通した所得維持と生活の質向上，社会的扶養負担の軽減を目的とした「雇用支援事業」，⑩地域高齢者の余暇空間としての敬老堂の機能強化や提供プログラムを通して生活の質の向上を図った「敬老堂活性化事業」が実施されている。

　日本では，厚生労働省の「これからの介護予防」において，「介護予防は，高齢者が要介護状態等となることの予防又は要介護状態等の軽減若しくは悪化の防止を目的として行うものである。生活機能の低下した高齢者に対しては，リハビリテーションの理念を踏まえて，『心身機能』『活動』『参加』のそれぞれの要素にバランスよく働きかけることが重要であり，単に高齢者の運動機能や栄養状態といった心身機能の改善だけを目指すものではなく，日常生活の活動を高め，家庭や社会への参加を促し，それによって一人ひとりの生きがいや自己実現のための取組を支援して，QOLの向上を目指すものである」としている（厚生労働省ウェブサイト）。

　厚生労働省の「これからの介護予防」と大邱広域市老人総合福祉館の主要事業内容を照らし合わせてみると，厚生労働省の推奨する介護予防や概念そのものが，大邱広域市老人総合福祉館の主要事業内容であることがわかる。このことに鑑みても，韓国における介護予防は老人福祉館が担っているといっても過言ではない。

2　居場所としての役割と介護予防

　介護予防には，日常生活に充実感を持ちながら介護予防サービスを継続利用することが求められることから，介護予防につながる社会活動の場や拠点など，家庭外において日中に趣味活動などのできる居場所が必要である（金美辰ほか2012）。しかしながら，地域包括支援センターを中心に実施される。身体運動プログラムの脱落率が高い（岡本ほか2018）と指摘され，介護予防に必要なサービスの継続利用ができていない現状にある。高齢者の居場所に関しては，閉じこもり高齢者が自立高齢者より，家庭内においても孤立感を抱えやすい状況にあり，

閉じこもりは社会的孤立との関係も深く，閉じこもり高齢者の家庭内外における居場所のなさ，人間関係の希薄さが課題である（藺牟田 2016）。特に男性の場合，定年前までは平日の日中は通勤しているため勤務先に居場所があり，夜間は自宅で寛ぐといった生活から，退職後は日中・夜間ともに自宅が居場所となることが多く，専業主婦は日中・夜間と居場所が自宅であり，自宅をもとにして地域参加をすることから高齢者になっても居場所の減少が少ないなど居場所形成において男女差がある（佐々木 2013）。

　大邱広域市老人総合福祉館の地域高齢者の居場所としての役割が介護予防とどのように関連しているかをみていく。大邱広域市老人総合福祉館は，全国に2か所のみの365日運営（お盆，正月は除く）される老人福祉館の一つであり，他の老人福祉館に比べると男性利用者の多さが特徴である。一年365日老人福祉館に居られることが，男性の利用率の高さにつながっている。同老人福祉館の女性利用者は，孫の世話や家事等の合間の自分の好きな時間に自分の好きなプログラムを短時間利用する傾向にあるが，男性利用者は老人福祉館の開館時から閉館時まで長時間利用することが多く，男性利用者にとって老人福祉館は居場所として重要な役割を担っていることがわかる。長時間利用に不可欠である昼食サービスの利用においても，利用者の大半が男性であり，男女の利用の仕方の違いが顕著に現れる。

　男性高齢者の居場所のなさや介護予防の側面から居場所の重要性が指摘されている。老人福祉館の利用状況から鑑みると，老人福祉館は女性利用者にとっても居場所になっているが，男性利用者の居場所としての役割が大きい。大邱広域市老人総合福祉館の男性利用者A氏が「家にいると肩身が狭い。とにかく，家から出ないと。ここがあるから，朝から晩までずっと居られる。ここがなければ，外で時間を潰すことになったと思う。想像するだけでも嫌になる。こんな場所があってホッとしている」と述べているように，家庭外の居場所としての老人福祉館の役割は大きい。

　また，大邱広域市老人総合福祉館の男性利用者数の多さは，囲碁室や将棋室，ビリヤード室，休憩室のような施設空間があることも一因になっている。囲碁，将棋，ビリヤードは男性利用者数が圧倒的に多く，休憩室も長時間利用する男性利用者が大半である。女性に比べて居場所が少なく，居場所作りが苦手な男性高齢者が利用しやすい空間づくりと365日利用できることや長時間利用できる仕組

みがあるからこそ，老人福祉館は男性高齢者の居場所となり，その結果介護予防につながると考える。

　しかしながら，すべての老人福祉館が大邱広域市老人総合福祉館のような大規模施設ではない。狭小な空間でプログラムを展開している老人福祉館もあるため，地域のなかで高齢者が安心して居られる居場所確保の工夫が必要であり，課題である。

3　自由な時間に自由にできる社会活動を通した介護予防

　老人福祉館は，長期療養保険制度下の施設ではない。そのため，地域高齢者にとって，老人福祉館の利用＝福祉サービスの利用ではない。老人福祉館は趣味や余暇活動等のために遊びに行く場所というイメージが強い。そのため，引退後に初めて高齢社会にデビューするのに敷居の高くない場所とされる。老人福祉館のプログラムや活動を通して新しいことに挑戦し，新たなソーシャルネットワークが形成される場でもある。老人福祉館で作られた交友関係が，そのまま地域での交友関係につながり，散歩や旅行，山登り等の趣味活動，食事会等を楽しむことも少なくない。

　社会的活動は「地域活動への参加」，「親戚・友人を訪問」，「集団活動への参加」，「趣味活動」と位置づけられ，この社会的活動の機会の喪失などにより，後の生活に多大な影響を与えるおそれがあることを指摘している（長田ほか 2010）。豊かな高齢期を過ごすためには，自由になる時間に行う社会活動が必要である。

　老人福祉館は，高齢期を豊かにするための要素である自由な時間に自己選択の下，多種多様な社会活動ができる場である。老人福祉館では，日本語や英語等の語学学習，パソコン教室，ダンス，習字，ボランティア活動，地域行事等，開館から閉館まで様々なプログラムが提供され，利用者が自分の好きな時間に好きなプログラムを利用できる仕組みである。

　地域高齢者の老人福祉館の活用理由として最も高い割合を占めたのは「健康の維持・向上」であり，老人福祉館の継続利用には，楽しいと感じる活動や役に立つ活動の提供が求められる（金美辰 2020）。世界保健機関（WHO）は，健康教育の考え方として，健康教育活動の方法は，従来から活用されてきた他者依存型で専門家を主導とした方法から脱皮しなくてはならないとしている。老人福祉館で利用者が主体的に活動に参加する取り組みは，健康の維持・向上への実感となり，

それが老人福祉館の継続利用につながっている。

　老人福祉館は，地域の高齢者にとって自由な時間に自由に利用できる社会活動の場となっている。その要因として，立地の良さによる接近性が優れていることが挙げられる。公共交通機関を利用できる場所に位置していることで，地域高齢者が自分の都合で利用できることも，老人福祉館の利用を容易にしている。老人福祉館利用者の多くは，自宅からバス停や地下鉄の駅まで歩き，公共交通手段を利用することも，健康の維持になると考えている。

　高齢期の社会活動は，高齢者の身体機能維持や主観的幸福感の維持・向上に影響し（浜崎ほか 2007），高齢者の主観的幸福感が高い場合，介護予防行動を引き起こすとされる（深堀ほか 2009）。

　大邱広域市老人総合福祉館活用理由のうち，「ボランティア活動」「生活にメリハリができる」「スポーツ・運動」「音楽」が主観的幸福感を高める（金美辰2023）ことから，これらの活動内容を工夫することで，老人福祉館利用者の主観的幸福感を高め，その結果として介護予防行動を引き起こすと考えられる。

　その一方，自主性を尊重した仕組みは，老人福祉館の継続利用を困難にする要因にもなる。韓国では，年齢を重視する特有の文化が存在する。集団になると，すぐに年齢確認が始まる。年齢確認が終わると，年齢による上下関係が生成され，その後は老人福祉館の利用年数による上下関係が作られる。年齢や利用年数による上下関係は，ときには老人福祉館利用の心理的負担要素となり，老人福祉館の利用を妨げる一因として作用することもある。

4　経済的基盤の弱さを踏まえた介護予防

　韓国高齢者の所得貧困率は40.4％（2020年現在）と，OECD38国のなかで最も高い水準である。韓国では「前家族扶養・後社会保障」の社会福祉政策が長年続いたことから，社会保障制度としての国民年金制度が遅れた形で始まった。国民年金制度が始まった1988年にすでに60歳を超えていた人は国民年金に加入できず，無年金状態におかれることになった。その結果，現在高齢期を迎えている高齢者の多くは経済的に厳しい状況に陥っている。

　このような経済状況の不安は，高齢者の健康維持や介護予防意識につながっている。介護が必要になることは，子どもに経済的負担を負わせるとの意識が強く，子どもに介護による経済的負担をかけずに健康的な老後を送りたいと介護予防へ

の意識がより一層高まっている。

　経済的に厳しい状況に置かれている韓国の高齢者にとって，老人福祉館で提供される多種多様なプログラムが安価で利用できる仕組みは，継続利用の重要な要素となる。老人福祉館で提供されるプログラムの利用料は，3か月利用で2万ウォンから4万ウォン程度（2023年12月15日現在為替レート1円＝9.12）の安価である。そのため，経済状況に関係なく継続利用できる。

　安価な利用料は，老人福祉館の自主努力による地域企業や個人の現金寄付，現物寄付，人的寄付のお陰で実現している。また，老人福祉館の利用者が講師として活躍できる「才能寄付」も関係している。才能寄付は，人件費の削減のみならず，当事者の生きがいにもなる。

　老人福祉館で提供される2,000ウォンから3,000ウォン程度（2023年12月15日現在為替レート1円＝9.12）の安価な昼食にも注目すべきである。安価な昼食は，自分で料理のできる女性利用者より，男性利用者の利用が圧倒的に多く，特に独居男性利用者にとっては大きな意味がある。安価な昼食サービスがあるからこそ，開館時から閉館時まで長時間かつ毎日利用できる。

　生活保護受給者には昼食が無料で提供されるため，昼食サービスのみを利用することもある。生活保護費受給者のなかには，一日の食事が老人福祉館で食べる昼食のみになっていることもある。

　経済状況の厳しい高齢者にとっては，老人福祉館の利用理由が老人福祉館で提供される就労支援事業となっている。老人福祉館の選択事業である「雇用および所得支援事業」は，月30時間以上（一日3時間以内）で，活動費として月29万ウォン（2023年12月15日現在為替レート1円＝9.12）が支給される。大邱広域市老人総合福祉館の「雇用支援事業」のみを利用しているB氏は「老人福祉館で歌ったり踊ったりできる人は，生活に困ってない人なの。ここで稼いでいるお金は，金額として少ないかもしれないが，私達夫婦にとってはものすごく貴重なお金なの。老人福祉館がくれるこの仕事が無くなったら，生活ができない。この仕事が無くなったらどうしようと，いつも不安なの。どうやって生きていくかわからない。老人福祉館の掃除をしている人は，掃除をしている人同士で仲良くしている。ここの仕事が終わったら他の仕事もしないと生活できないから，ちょっとしか話せないけど」と語っていた。社会活動の一つである就労支援事業への参加も介護予防の側面がある。経済的に厳しい韓国の高齢者だからこそ，安価な利用料と昼食サー

第8章　なぜ，長期療養保険制度下に介護予防事業が存在しないのか　133

ビス，老人福祉館で提供される就労支援事業が老人福祉館の継続利用の要因となり，介護予防の側面もある。

3　介護予防事業を担うこととなった老人福祉館

1　後発制度ゆえに存在しない制度下の介護予防事業

日本で2006年の介護保険制度改正で「予防を重視した仕組みへの転換」が図られた背景には，予想を上回る軽度者の増加による財政圧迫があった。韓国で2008年にスタートした長期療養保険制度は，日本の介護保険制度を参考にしているからこそ，介護予防事業が存在しないと言える。

韓国では，長期療養保険制度導入前から地域高齢者の半数以上が老人福祉館や敬老堂等の老人余暇施設を利用している現状にあった。老人余暇施設のなかでも，老人福祉館の主要事業内容は，日本の介護予防事業内容に最も近く，厚生労働省の「これからの介護予防」で求められる介護予防の内容にも近い。そのため，老人福祉館を活用して介護予防を展開することで，先発制度である介護保険制度が抱えていた軽度者増加による財政問題への対策となる。

介護保険制度下の介護予防事業の代替となる老人福祉館の主要事業をみていく。老人福祉館は，1989年5月にモデル事業として，「相談事業」「社会教育事業」「在宅福祉事業」を始めた。その後，「シルバー人材センター」の機能や「認知症デイサービス」「ホームヘルパー委託教育」等，事業内容に広がりを見せた。2000年には「敬老堂活性化事業」が実施され，現在は8つの「基本事業」と5つの「選択事業」（老人福祉法施行規則第26条第2項）が老人福祉館の主要事業になっている。

基本事業としては，「生涯教育支援事業」「趣味余暇支援事業」「相談事業」「情緒生活支援事業」「健康生活支援事業」「社会参加支援事業」「危機および独居高齢者自立支援事業」「脆弱老人保護連携網構築事業」がある。選択事業は，「敬老堂革新プログラム」「高齢者住居改善事業」「雇用および所得支援事業」「家族機能支援および統合支援事業」「地域資源の開発と連携，高齢者権益増進事業」の5つがある。

8つの「基本事業」は，基本的に当事者による健康づくり，教育や趣味余暇活動，社会参加を通した介護予防に関する事業が中心になっている。また，基本事

業の「相談事業」「危機および独居高齢者自立支援事業」「脆弱老人保護連携網構築事業」と選択事業の「高齢者住居改善事業」「高齢者権益増進事業」等は，日本で2006年に創設された地域包括支援センターの総合相談や権利擁護に類似する事業であると言える。

　老人福祉館の主要事業内容のみならず，運営方針からみても老人福祉館は介護予防の拠点としての役割を担っている。老人福祉館の運営根拠は，老人福祉法が制定（1981年）された翌年の老人福祉法施行令および施行規則において示された。老人福祉法の一次改正（89年）で老人余暇施設の概念が導入され，老人福祉法施行令・施行規則の改正（97年）で老人余暇福祉施設に分類された。その後，老人福祉館の運営指針の整備により，老人福祉館の機能が規定され，2004年に現在の運営基準になった。07年の老人福祉法改正で「老人福祉会館」が現在の「老人福祉館」に名称変更され，13年には運営方針が「予防・保護・統合」の3大機能を中心に再成立された。運営方針に「予防」が明記されたことで，介護予防の拠点としての役割がより明確になった。

　老人福祉館の運営方針は，①すべての高齢者が参加できるようにするが，特に低所得層や疎外階層向けのプログラムの運営を重点的に推進する。②専門性・地域性・中立性・責任に基づいた自律的運営基盤を確立する。③ベビーブーム世代を対象にした退職準備プログラムへの社会参加および就労等に特化したプログラムを開発し運営する。④高齢者の余暇に関する欲求を忠実に反映する。⑤世代統合プログラムの支援を通して，家族と社会統合強化のための努力をする。⑥地域高齢者の保護拠点として地域機関の連携を通して生活基盤の弱い高齢者保護のホットラインの構築により「危機老人保護事業」を運営するという6つが掲げられる（韓国老人総合福祉協会ウェブサイト）。主要事業や運営方針にみるように，老人福祉館は地域高齢者の介護予防の拠点であることに間違いない。

　長期療養保険制度が日本の介護保険制度を参考にした後発制度だからこそ，既存の老人福祉館の役割に着目できたことで，長期療養保険制度下に介護予防事業が存在しない。

2　長期療養保険制度に先行した介護予防の仕組み

　長期療養保険制度下に介護予防事業は存在しないが，韓国では制度に先行した形で介護予防が実施されてきた。

長期療養保険制度導入前の1989年に，老人福祉館ではモデル事業として「相談事業」「社会教育事業」「在宅福祉事業」が始まり，長期療養保険制度導入前から介護保険制度下の介護予防事業に類似した事業が実施されていた。そのなかでも「相談事業」は，日本で2006年に創設された介護予防の中核的機関である地域包括支援センターの「総合相談」に近い事業である。

　老人福祉館は，長期療養保険制度下の施設ではないからこそ，地域高齢者の居場所として気楽に利用できる施設になっている。しかし，その裏には制度導入前からあった福祉専門職である社会福祉士の存在がある。老人福祉館は利用者の自由選択に基づく自由利用の施設でありながらも，社会福祉士養成機関で事業計画から評価に至るまで培った社会福祉士による専門的マネジメントで運営される施設である。

　ただし，老人福祉館の相談事業や社会福祉士によるマネジメントは，日本の地域包括支援センターの総合相談や介護予防マネジメントそのものではない。老人福祉館の運営方針に「すべての高齢者が参加できるようにするが，特に低所得層や疎外階層向けのプログラムの運営を重点的に推進する」と明記されている通り，すべての利用者向けの事業ではあるが，低所得層や疎外階層に重点をおいた運営である。そのなかでも，相談事業がその代表的な事業である。また，韓国では介護支援専門員の資格制度がなく，日本の地域包括支援センターで行っている個々の利用者のニーズを踏まえた介護予防マネジメントには至っていない現状にある。

　日本において2015年の介護保険制度改正で，介護予防は「介護予防・日常生活支援総合事業（以下，総合事業）」として位置づけられ，18年には介護保険制度の地域支援事業としてさらなる強化がなされた。具体的には既存の介護サービスに加えて，NPO，民間企業，ボランティアなどの多様な主体が地域の高齢者の日常生活を支援するとともに，その担い手の介護予防に結びつける狙いがある。

　韓国では長期療養保険制度導入前から，老人福祉館において日本の総合事業が目指す住民やボランティア等の多様な主体による地域高齢者への日常生活支援が行われてきた。大邱広域市老人総合福祉館の事業内容にみるように，地域社会の人的・物的資源の開発と管理を行い，地域社会のネットワークや協力により，老人福祉事業の専門性，体系性，多様性の確保を目指した「地域資源連携協力事業」がその一つである。

　老人福祉館の運営主体は多様である。運営主体の多くは社会福祉法人であるが，

市区町村直営型，カトリックやプロテスタント，仏教等の宗教団体が設立した法人，大韓老人会等，運営主体は多岐にわたる。老人福祉館の運営費は，市区町村の補助金を主とし，社会福祉共同募金会や各種募金会からの指定後援金，老人福祉館利用者の会費，個人協賛会員による会費（寄付金），運営法人の負担金で構成される。そのため，運営法人の規模や財政基盤によって財源にバラツキが大きく，各老人福祉館の自主努力による財源確保が求められる。老人福祉館の運営費確保のための自主努力は，老人福祉館の所在地の産業とも関係している。発電所や工業地，商業地に位置する老人福祉館の場合，企業による寄付が運営費の一部となる。企業からの寄付には，金銭寄付，現物寄付，人的資源寄付の３種類があり，現物寄付には昼食の食材やおやつの寄付，パソコン，放送装備，車，運動機器等の寄付がある。人的資源寄付は，企業内の社会貢献プログラムの一つとして，社員が定期的に老人福祉館を訪問して掃除や昼食の配膳等のボランティア活動を通した寄付である。このような取り組みも，地域支援事業の民間企業やボランティア等の多様な主体による地域高齢者への日常生活支援の一環である。しかしながら，これらの取り組みは，福祉予算の少ない韓国だからこそ必要不可欠な取り組みでもある。

　日本の地域包括ケアシステムで重視される当事者による健康づくりや高齢者による高齢者支援についても，長期療養保険制度に先行して実施されてきた部分がある。韓国高齢者の経済基盤の弱さを踏まえた老人福祉館の８つの「基本事業」は，基本的に当事者による健康づくりである。また，選択事業である「雇用および所得支援事業」として，老人福祉館利用者がプログラムの講師として活動する取り組みも，韓国高齢者の経済的基盤の弱さゆえの取り組みではあるが，結果として高齢者による高齢者支援を通した介護予防活動につながっている。

　このように，韓国では長期療養保険制度に先行した形で介護予防が行われてきたため，長期療養保険制度下に介護予防事業が存在しない。

　しかし，これは長期療養保険制度下の介護予防事業が必要ではないという意味ではない。現在行われている介護予防が十分であるという意味でもない。

　韓国で長期療養保険制度下に介護予防が存在しない背景には，韓国高齢者が直面している扶養意識の変化による経済的基盤の弱さや深刻な高齢者貧困問題を優先した福祉予算の配分が関係している。現在高齢期を迎えている韓国高齢者の多くは，子どもによる親の扶養が当たり前だった世代で，子どもの教育費や結婚費

用までを負担し，老後の準備をしないまま高齢期を迎えた世代である。しかし，現在は扶養意識が大きく変化し，子どもによる親の扶養が当たり前ではなくなった。自分の親は扶養してきたが，自分の子どもには扶養されない，いわゆる扶養の「狭間世代」と言われる韓国の高齢者にとって，老人福祉館での介護予防活動は医療費や介護費用負担の軽減に直結するという意識が強い。この介護予防への意識が，拘束力のない老人福祉館での介護予防を可能にしている。

　つまり，韓国では長期療養保険制度下に介護予防制度が存在しないことは，老人福祉館が介護予防の役割を担わざるを得ないからであると言える。

第**9**章

なぜ，少子化対策は効果がないのか

金　成垣

1　少子化対策の積極的な推進，ますます深刻化する少子化

1　世界最低の出生率

　2023年初頭，日本で岸田首相が「異次元の少子化対策」を打ち出した。その際，低い合計特殊出生率（以下，出生率）と少ない出生数に触れながら「社会機能を維持できるかの瀬戸際と呼ぶべき状況におかれている」「出生率を反転させなければならない」「少子化対策は，経済社会の持続性と包摂性を考えるうえで最重要政策である」と述べ，日本における少子化の深刻さを繰り返し強調した。

　図表9-1を通して日本の出生率の推移をみてみよう。2000年代半ば以降の十数年間，1.3〜1.4辺りで推移してきた出生率が，21年には1.3となり，22年にはほぼ20年ぶりに1.3を下回り1.26となった。同年，出生数が統計史上初めて80万人を割り込んだ（79.9万人）ことを背景に，上記の「異次元の少子化対策」の構想に至ったのである。

　それに対して韓国はどうか。同図にみられるように，韓国における少子化は日本よりはるかに深刻である。2005年に1.08と過去最低を記録した出生率が，その後若干回復するが，それ以降下落し続け18年には1.0を切った（0.98）。出生率1.0を切ったのはOECD諸国で初めてのことで，国内外で大きく注目を集めた。その後さらに低下が続き21年には0.9を切り（0.84），22年には0.8も切って0.78となった。同年の日本の出生率（1.26）を大きく下回る数値である。出生数でみると24.9万人で，日本（79.9万人）の3分の1にも満たない。10年前の出生数に比べると半分以下となったという。図表には示していないが，2023年の出生率は0.72まで落ち込んでおり，2024年には0.6台になることがほぼ確実視されている。

第9章 なぜ，少子化対策は効果がないのか　139

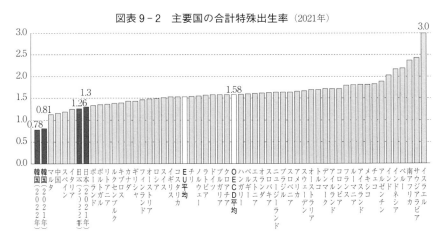

図表 9-1　日本と韓国における出生率の推移（2003〜22年）

注：日韓の2022年の出生率は両国政府の公式発表の数値。
出所：OECD Family Database.

図表 9-2　主要国の合計特殊出生率（2021年）

出所：同上。

　日本の少子化が深刻であるとはいえ，**図表 9-1**のグラフにみるように，日本における少子化の推移が緩慢に見えるほど，韓国のそれは急激である。「日本は，2人が出会い1人以上を産んでいるから，1人も生まない韓国に比べるとまだ希望があるようにみえる」（ペ・ジョンウォン　2023）とも言われるほど，韓国の状況がはるかに深刻であると言える。
　図表 9-2は，世界主要国の出生率に関する2021年のデータである。日韓に関しては，両国政府が公式に発表した22年のデータを併せて示している。同図からして韓国の出生率が世界最低で，他の国に比べて目立って低いことがはっきりとみてとれる。韓国では今，日本のみならず，どの国でも，またどの時代でも経験

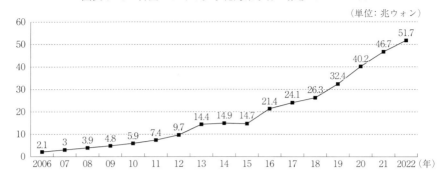

図表9-3　韓国における少子化対策予算の推移（2006〜22年）

注：2022年の予算額は政府の公式発表の数値。
出所：国家予算政策処（2021：6）から作成。

したことのない深刻な少子化を経験しているのである。文字通り，未曾有の事態である。

2　少子化対策はどうなっているのか

　韓国の少子化に関して注目されるのは，実は，上でみたような出生率の急速な低下と世界第一位の低さだけではない。それに対応するために積極的に展開されている韓国の少子化対策に関しても国内外で関心が高い（三浦編 2018：第6章；落合編 2021：第1章；落合 2023：第10章など）。

　韓国で少子化対策が本格的に始まったのは，2005年末に策定された「第1次低出産高齢社会基本計画（2006〜2010年）」（以下，「基本計画」）からである。その後，5年ごとに計画が更新され，現在の「第4次基本計画」（2021〜2025年）」に至るまで20年近くの長期にわたって少子化対策が積極的に行われてきている。

　図表9-3を通して「基本計画」に基づいて展開されている少子化対策の予算額の推移をみると，対策推進の積極さを確認することができる。「第1次基本計画」が開始した2006年に2.1兆ウォンであった少子化対策の予算が，「第2次基本計画」の開始時点の11年には7.4兆ウォンへと3.5倍まで増え，また「第3次基本計画」の開始時点の16年には21.4兆ウォンへと10倍以上となった。その後さらに増加し，「第4次基本計画」が進行中の22年には51.7兆ウォンへと当初に比べて25倍近くまで増えている。この間の少子化対策の予算総額は，280兆ウォンにも上る莫大

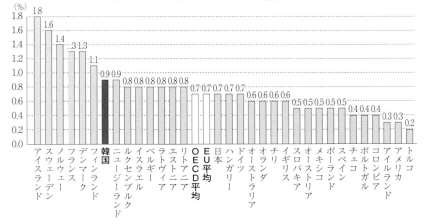

図表9-4　主要国における対GDP比の就学前教育・保育支出（2017年）

出所：保育政策研究所（2022：PART 2）から作成。

な金額である。

　予算額の急増だけでなく，それとともに韓国の少子化対策の実績に関しても国内外で高く評価されることが多い。

　例えば，少子化対策の積極的な展開に伴い，就学前教育・保育支出が，2005年に0.15％（対GDP比）に過ぎずOECD諸国のうち最低であったのが，09年には0.59％へと4倍近く上昇し，10年代後半になると0.9％まで上がった（育児政策研究所2022）。**図表9-4**で確認できるように，最近にはOECD平均を大きく上回ってOECD諸国のうち7番目となっている。また，3歳児未満の保育施設利用率をみると，01年には5％にも満たなかったのが，09年には10％を上回り，2010年代後半になると，さらに急上昇し60％を超えている（育児政策研究所2022）。その結果，**図表9-5**にみるように，韓国における3歳児未満の保育施設利用率はOECD諸国のうち2番目にランクインしている。このようにみると，この十数年間の少子化対策が目覚ましい実績を出していることは確かである。

　しかしながらここで指摘しなければならないのは，少子化対策予算の急速な増加やその目立つ実績にもかかわらず，出生率の低下が止まるどころか，むしろますます深刻化していることであろう。

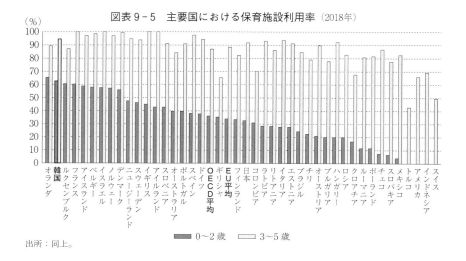

図表9-5 主要国における保育施設利用率 (2018年)

出所:同上。

　韓国の出生率が過去最低の0.78まで下落した。OECD諸国のうち最も低い数値である。政府は，これまで十数年間280兆ウォンに達する予算を注ぎ込んできたが，出生数が10年前の半分水準を下回った。政府の少子化対策は「底のない穴」だという批判の声が高い（「ハルラド経済」2023年3月11日）。

　韓国の出生率が世界最低の水準となった。これまで15年以上，政府は少子化を解決するために280兆ウォンという天文学的な予算を投入した。しかし効果はなかった。少子化を食い止めるための新しい対策が次々と打ち出されているが，その実効性が疑われる（「朝鮮日報」2023年9月11日）。

　最近，韓国国内の新聞や雑誌またテレビやラジオなど様々なメディアで，この間の少子化対策に対して以上のような批判の声を見聞きすることは珍しくない。確かに疑問が生じる。なぜ韓国では，莫大な財政の投入にもかかわらず，また目立つ実績にもかかわらず，少子化対策には効果がないのか。

　上記の第1次から第4次までの「基本計画」では，毎期において，当時の社会経済的背景とともに少子化の原因を診断し，それに対する対策を講じ，またその対策の成果と問題点を評価し，それを踏まえて新しい目標と課題を提示してきた（大韓民国政府 2005；2010；2015；2020）。それを検討することによって，なぜこれまでの少子化対策に効果がないのかについての何らかのヒントを得ることができるのではないか。もちろん，その問いに対する明確な答えを出すことは難しいで

あろう。それがわかったら，韓国の少子化はここまで深刻にはならなかったはず
である。本章では，第1次から第4次までの「基本計画」にみる計画推進の背景，
少子化の原因，それまでの対策の成果と限界に対する評価，それを踏まえた新し
い対策の目標と課題を検討し，これまで効果のなかった少子化対策をいかに捉え
ればよいのかについて考えてみることにする。

2　少子化対策の展開

1　「低出産高齢社会基本計画」の開始まで

　韓国で出生率が低下し始めたのは1960年代以降である。当時は，経済成長政策
の一環として強力な人口抑制政策が推進された時期で，出生率の低下はむしろ望
まれる現象であった。83年に出生率が人口置換水準（2.08）を切ったが，それが
話題になることはなく，人口抑制政策は20世紀末まで続いていた。[1]97〜98年のア
ジア通貨危機によってこれまで経験したことのない失業・貧困問題が若年層まで
広がり，先行きの見えない不安な状況のなかで出生率が1.5を切った（98年に1.45）。
その時も，低い出生率が注目されることはなかった。

　少子化が社会的問題あるいは国家的課題として認識され始めたのは，2000年代
初頭である。02年に出生率が1.17と世界最低となったことで大きく注目を集め，
その後，05年には，上で指摘したように，1.08へと過去最低となった。当時の韓
国は，2000年に高齢化率7％を超え，高齢化社会に突入したことで，高齢化問題
が注目され始めた時期でもあった。その高齢化のスピードが，これまで世界で最
も速い高齢化を経験してきた日本よりもはるかに速いことが報告され，その要因
となる出生率の急激な低下が注目されたのである。このような状況を背景に，20
世紀末までの経済開発政策として人口抑制政策を推進してきた政府の政策基調が
一変し，少子化を重大な問題として認識してそれに積極的に取り組むこととなっ
た。

　2000年前半から政府内では，少子化とともに高齢化への対応のための議論が始
まった。05年に「低出産高齢社会基本法」を制定し，それに基づいて「低出産高
齢社会委員会」を設置した。同委員会では同法に基づいて，05年末に「第1次低
出産高齢社会基本計画（2006〜2010年）」を策定した。「基本計画」は，先に触れ
たように，5年単位の計画として，11年からの「第2次基本計画」，そして2016

年からの「第3次基本計画」を経て，21年に「第4次基本計画」が始まっている。

　以下では，「基本計画」のうち，主に低出産分野つまり少子化対策に焦点を当てて，①計画の推進背景，②少子化の原因診断，③これまでの対策の評価，④それを踏まえた新しい対策の目標と課題を中心に，第1〜4次「基本計画」の内容を検討する。

2　「第1次低出産高齢社会基本計画（2006〜2010年)」

(1)　推進背景

　「第1次基本計画」の策定および推進背景は，上で述べた通りである。同計画をみると，「世界最低水準の出生率と世界最速の高齢化の進行によって，韓国社会の持続可能性が脅かされている」（大韓民国政府 2005：13）と述べられている。そして，それに対応するためには，中長期的計画による対応が必要であること，そこで政府が，法律の制定と委員会の設置を通じて本格的な対応を始め，2005年に同計画を策定することになったことなど，同計画に至るまでの経緯が説明されている。

(2)　少子化の原因診断

　「第1次基本計画」において，少子化の原因としては大きく次の3つが指摘されている。第1に，結婚年齢の上昇である。すなわち，結婚年齢の上昇が，(a)妊娠可能期間の短縮，(b)不妊の増加，(c)出産に対する負担の増加をもたらし，それが夫婦の出生児数の低下につながっているという。

　第2に，結婚年齢の上昇と夫婦の出生児数の低下をもたらしている重要な要因として指摘されているのが，(a)雇用と所得の不安定，(b)仕事と家庭の両立困難，(c)育児負担の増加である。それぞれの内容を簡単にみてみると，(a)に関しては，若年層の失業率と日雇雇用など不安定就労の割合が高くなっていること，若年層における雇用や所得の不安定が教育期間の長期化をもたらし，それが結婚年齢の上昇につながっていること，(b)に関しては，女性の経済活動参加に関する家庭や企業および社会の認識が不十分ななか，女性が仕事か結婚かまた仕事か出産かという二者択一の選択をせざるをえない状況におかれていること，(c)に関しては，保育園など育児サービスのインフラが不足し，サービスの質も保障されておらず，また核家族化の進展によって家族による育児サポートが弱体化していること，保育費や教育費，特に塾などの私教育費が大きな負担になっていることが指摘され

ている。[2]

　第3に，結婚や出産に対する価値観の変化も少子化の主な原因とされる。これに関しては，実際に若年層において，特に結婚をポジティブに評価する女性が減っているデータが示され，その背後にある要因として，(a)老後の生活に対する子どもからの経済的援助への期待が弱まっていることや，(b)家の継承など伝統的な家族観が弱体化していることが挙げられている。

(3) これまでの対策の評価

　少子化とかかわるそれまでの政策の評価に関しては，(a)「第1次基本計画」以前の人口抑制政策に対する反省として，長期的な展望による政策の方向転換が行われてこなかったことが指摘されている。特に上記のように1983年に出生率が人口置換水準以下に陥ったにもかかわらず，その後も人口抑制政策が持続したことが大きな反省点として挙げられている。それに加えて，(b)2000年代初頭に入って少子化が注目された後も，政府がすぐに課題として取り組まなかったこと，(c)少子化対策とかかわって，それまでの児童福祉に関する政策が主に低所得層のみを対象としており，中間層もその対象とするための財源調達に関する社会的合意を形成してこなかったことが指摘されている。

(4) 目標と課題

　以上を踏まえて「第1次基本計画」では，長期ビジョンとして，少子化に対応するための社会経済構造改革を推進し「持続発展可能な社会」を実現する（大韓民国政府 2005：39）ことを設定し，5年ごとの「基本計画」に対して**図表9-6**のような目標が提示された。

　同表にみられるように「第1次基本計画」では，「出産・育児に有利な環境づくり」という目標が設定されている。その達成に向けて，第1に，出産・育児に対する社会的責任を強化し，家族と社会および国家が協力して子どもを産み育てる体制を確立することが課題として示されている。具体的には(a)子育て世帯の経済的・社会的負担を軽減するための支援，(b)育児・保育支援サービスのインフラ構築，(c)不妊夫婦の出産の支援および母親と子どもの健康管理の体系化という課題が打ち出されている。

　第2に，家族フレンドリーおよびジェンダー平等の社会文化づくりを通じて，出産・育児の責任が女性に集中しないように仕事と家庭の両立を支援するとしている。そのために，(a)家族フレンドリーな労働環境をつくり出産・育児によるキャ

図表 9 - 6 「第 1 次基本計画」にみる少子化対策の長期目標

時期	目標
第 1 次（2006～10年）	出産・育児に有利な環境づくり
第 2 次（2011～15年）	出生率の漸進的回復
第 3 次（2016～20年）	OECD 平均水準の出生率の回復

出所：大韓民国政府（2005：39）より作成。

リア断絶を防ぐこと，(b)学校および社会教育を通じてジェンダー平等の文化を形成し，家事および育児の男女間の公平な分担が行われるように国民意識を変えることが，課題として示されている。

　第 3 に，未来世代の育成のための社会投資を拡大して，子どもおよび青少年が安全かつ健全に成長できる環境づくりも課題となっている。

3　「第 2 次低出産高齢社会基本計画（2011～2015年)」

(1)　推進背景

　「第 1 次基本計画」の期間中に韓国の出生率は回復できず，「第 2 次基本計画」においても，世界で類例のないほど少子化が急速に進んでいることが，その主な推進背景となっている。特に2009年の出生率が1.15と世界最低を記録したことが強調され，このような趨勢が持続した場合，今後10年以内に韓国で，生産年齢人口の減少，高齢社会への突入，総人口の減少の時代が到来することが警戒されている。「第 1 次計画」によって本格的な対応に取り組んだが，急速な少子化を緩和させるには力不足であったこと，そこで「第 1 次基本計画」の成果と限界に対する評価に基づいて「第 2 次基本計画」の策定に至ったという。

(2)　少子化の原因診断

　「第 2 次基本計画」における少子化の原因は，基本的に「第 1 次基本計画」での認識と大きく変わらない。

　第 1 に，結婚と出産を延期したり中断したりする傾向が強くなっていることが，何より強調されている。これに関する具体的なデータとして，(a)結婚したい／子どもがほしいという若年層が減っていること，(b)結婚年齢が10年ごとに 2 歳ずつ高まっていること，それにしたがい，(c)20代女性での出生率が大幅に減少していることが示されている。

　第 2 に，(a)雇用と所得の不安定，(b)仕事と家庭の両立困難，(c)育児・保育負担

の増加が，結婚と出産を妨げる要因であるという。これに関してもいくつか具体的なデータが示されている。(a)に関しては，20～30代における就職難と非正規雇用の増加，(b)に関しては，女性の年齢別の経済活動参加率にみられるM字曲線の顕著さ，育児休業制度の利用率の低さや育児休業後の職場復帰率の低さ，男性の家庭内での育児参加時間の短さ，職場での労働時間の長さ，(c)に関しては，出産を躊躇する最も大きな要因として保育および教育費，特に私教育費の負担が最も大きいという調査結果などである。

(3) これまでの対策の評価

「第1次基本計画」の成果としては，(a)「低出産・高齢社会基本法」の制定や「低出産・高齢社会委員会」の設置を通じて，政府全体として少子化対策に取り組むための体制を整えたこと，(b)少子化対策の展開にあたり，最上位の目標から下位の政策課題まで体系的な中期計画を立て一貫性のある政策推進が可能となったこと，(c)少子化対策のために財政投入を持続的に拡大してきたこと，(d)「家族フレンドリーな社会環境づくり促進に関する法律」の制定（2007年）や「男女雇用平等と仕事と家庭両立支援に関する法律」の改正（07年）など，新しく関連法や制度を整備したことで少子化を食い止めるための基盤がつくられたこと，(e)持続的な広報活動を通じて，少子化対策の必要性に関する社会的合意の形成に寄与したことなどが挙げられている。

それに対して，これまでの対策の限界としては，(a)低所得層が対策の主な対象となり，共働き世帯やベビーブーム世代など政策的需要の多い階層への考慮が不十分であったため，政策の効果が弱かったこと，(b)少子化への対応には，多方面にわたる総合的な対策が必要であるが，特定領域に偏っていたこと，特に育児および保育支援サービスが中心で，雇用や住宅分野における制度改善が不十分であったこと，(c)政府の積極的な政策展開とは異なり，民間部門の協力が消極的であったこと，特に仕事と家庭の両立のためには民間企業の積極的な取り組みが重要であるにもかかわらず，十分な協力が得られなかったことが指摘されている。

(4) 目標と課題

「第2次基本計画」は，「第1次基本計画」と同様に「持続発展可能な社会の実現」という長期ビジョンを設定したうえで，上記の**図表9‐6**に示しているように，「出生率の漸進的回復」を目標として打ち出している。「第1次基本計画」の限界を踏まえて，対策の主な対象を「低所得世帯から共働き世帯へ」，そして政策の

主な方針を「育児および保育支援サービス中心から仕事と家庭の両立など総合的対応へ」と，少子化対策の方向性を変えていることが注目される（大韓民国政府2010：22）。

　具体的な課題としては，(a)企業や国民の協力に基づいて少子化対策を開発および推進することで国民的責任意識を強化すること，(b)少子化対策の需要の多い共働き世帯やベビーブーム世代を主な政策対象にすること，(c)少子化の社会諸分野への影響に対する多角的・総合的対策を策定および推進することなどが挙げられている。

4　「第3次低出産高齢社会基本計画（2016～2020年)」

(1)　推進背景

　「第3次基本計画」では，その背景として何より，第1・2次の「基本計画」の推進にもかかわらず，世界最低の出生率が改善されなかったことに対する危機感が強い。深刻な少子化によってもたらされている急速な高齢化とともに人口構造に大きな変動が生じるなか，人口ボーナスの時代が終わり人口オーナスの時代に入ったとし，それに対応したより本格的な国家発展戦略が求められているという。そこで，「実効性のある第3次基本計画を通じて，人口危機に対応する最も重要な時期であると言える今後の5年間を少子化克服のための転機にすべきである」（大韓民国政府 2015：8）としながら，「第3次基本計画」の策定および推進の背景を説明している。

(2)　少子化の原因診断

　「第3次基本計画」においては，少子化の原因についての言及がない。第1・2次の「基本計画」で行われた少子化の原因診断から大きな変化がなかったことが，その理由ではないかと思われる。

(3)　これまでの対策の評価

　第1次と第2次の「基本計画」によって展開されてきた少子化対策に対して，「これまで10年間，国家責任保育の実現，妊娠・出産支援の強化，仕事と家庭の両立支援制度の拡充など，出産・育児に対する国家および社会の責任を強化してきた」（大韓民国政府 2015：18）と総評しながら，2005年の出生率1.08を最低として，それ以降出生率のさらなる低下はなく，概ね1.2以上を維持していることを高く評価している。それと同時に，「リーマンショックといった外部要因とともに晩

婚化の進化などによって出生率の劇的な回復はみられない状況が続いている」(大韓民国政府 2015：18) とその限界点についても述べている。

　具体的な少子化対策としては，育児・保育，仕事と家庭の両立支援，妊娠・出産費用支援，結婚支援という 4 つの分野に分けて，それぞれの分野における具体的な成果と限界を評価している。

　第 1 に，育児・保育に関しては，2013年からの「無償保育」の実施など，育児・保育支援サービスのインフラの拡大と保育費用支援の拡大が持続的に行われており，その成果も大きいが，(a)親の働き方に応じた柔軟なサービスの提供ができなかったこと，(b)サービスの質が低いこと，(c)需要の多い小学校低学年に対するサービスが不十分であったことが指摘されている。

　第 2 に，仕事と家庭の両立支援に関しては，家族フレンドリー認証制度を導入し，仕事と家庭の両立を支援する企業に対してインセンティブを提供したことで，出産休業および育児休業の利用者が増加したことを，これまでの「基本計画」の推進成果として高く評価している。しかしながら，(a)依然として長時間労働，(b)男性の短い育児参加時間，(c)育児休業制度の利用における大企業と中小企業および正規職と非正規職の格差，(d)職場内保育園や妊娠・育児期の勤労時間短縮制度の不十分などが，限界として指摘されている。

　第 3 に，妊娠・出産費用の支援に関しては，出産に対する医療費支援の拡大や不妊夫婦のための支援などを行ってきたが，主に低所得者を対象としていたため，少子化対策としては十分な効果を得ることができなかったとしている。

　第 4 に結婚支援に関しては，新婚夫婦のための住宅補助など一部の支援はあったものの，晩婚・非婚を個人的な問題とする認識が強く，積極的な対策の推進ができなかったことが限界として述べられている。

(4)　目標と課題

　「第 3 次基本計画」の目標と課題に関して最も注目すべきは，「第 1 次基本計画」の際に「第 3 次基本計画」の目標として設定された「OECD 平均の出生率の回復」が具体的な数値として現れたことである。すなわち，2014年の1.21から「第 3 次基本計画」が終わる2020年までに1.5まで引き上げることが数値目標として出された。

　それに向けた政策課題として，上でみてきた第 1 ・ 2 次の「基本計画」の成果と限界を踏まえて，「少子化対策のパラダイムの転換」(大韓民国政府 2015：37) が

図表9-7　少子化対策のパラダイムの転換

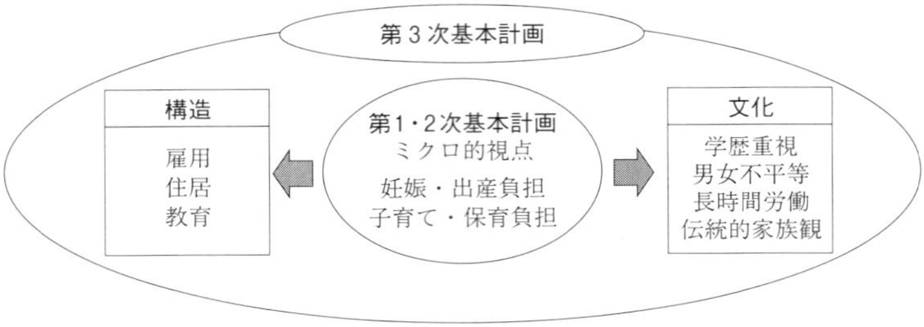

出所：大韓民国政府（2015：38）より作成。

課題として示されている。すなわち，**図表9-7**にみられるように，第1・2次の「基本計画」において，子育て世帯の妊娠・出産および育児・保育に関する負担の軽減が対策の中心であったとすれば，「第3次基本計画」においては，雇用安定や住居支援を中心とした晩婚・非婚対策へと転換すること，またこれまでの支援サービスを中心とした対策から離れて，雇用不安や住居および教育負担といった少子化の構造的要因，また学歴重視や男女不平等といった文化的要因にアプローチする対策へと転換することの必要性を強調している。

　具体的な課題としては，(a)若年層のための雇用安定および住居支援政策の強化，(b)妊娠・出産に対する医療的な支援の強化，(c)オーダーメイド型保育・教育政策の推進，(d)特に中小企業や非正規職の労働者を対象とした仕事と家庭の両立支援対策の推進が挙げられている。

5　「第4次低出産高齢社会基本計画（2021〜2025年）」

(1)　推進背景

　「第4次基本計画」に当たり，その主な背景として挙げられているのが，これまで第1〜3次にわたる15年間の「基本計画」の推進にもかかわらず，少子化がますます深刻化していることである。それまで概ね1.2以上を維持していた出生率が，2018年に1.0を切り0.98となり，19年には0.92まで落ち込んだ。出生率の急激な低下により，以前の予想より3年早く19年に総人口の減少が始まったこと，それにより人口オーナスが本格化したことが指摘されている。このような状況を背景にして，これまでの15年間の少子化対策の成果と限界を明確にするとともに，「少子化の深化，人口規模の減少など当面の社会的変化に対応するための新しい

ビジョンの提示が必要である」（大韓民国政府 2020：8）とされている。

(2) 少子化の原因診断

「第4次基本計画」では，これまでの「基本計画」とは異なり，少子化の原因に対する分析結果が体系的にまとめられている。大きく次の3つの要因に分けて説明される。

第1に社会経済的要因である。これに関しては，(a)これまでと同様，雇用と所得の不安定が指摘されており，その背後にある構造的問題として，正規職と非正規職および大企業と中小企業など企業規模や雇用形態また職種によって雇用の安定性や所得の格差が非常に大きいことが強調されている。そして全体として高所得の安定した雇用が数少ないなか，(b)その数少ない高所得の安定した雇用をめぐる就職難が，激しい教育競争をもたらし，それが，教育に対する金銭的・時間的・心理的負担を増加させていること，同時に(c)この20年間に住宅価格が2倍にも高騰した状況と相まって，住居不安がますます高まっていること，また，(d)労働市場に依然として男女不平等が蔓延しており，特に女性の多くが，高所得の安定した雇用から排除され，仕事と家庭の両立が困難な状況におかれていること，それに加えて，(e)保育園の増加など育児支援サービスの量的拡大にもかかわらず質的改善ができなかったこと，また特に小学校低学年の子どもに対するサービスが依然として不足していることなどが指摘されている。

第2に文化的および価値観的要因である。これに関しては，(a)現状として，1人世帯やシングルペアレント世帯を含む多様なあり方の家族が増えているにもかかわらず，伝統的な家族規範および制度が残っており，それが伝統的家族以外の家族を社会から排除していること，(b)若年層の間で「男性は仕事中心，女性は家庭中心」ではなく「男女ともに仕事中心」といった認識が広がっているにもかかわらず，職場や家庭内では家事や育児は女性の役割であるとされることが多く，それが仕事と家庭の両立を困難にさせていると指摘されている。

第3に人口学的要因である。これに関しては，(a)15〜29歳の主な出産年齢の女性人口の減少とそれによる出生数の減少，(b)婚姻率の持続的下落と婚姻年齢の持続的上昇，(c)夫婦の出生数の減少および子どものいない夫婦の増加が挙げられている。

(3) これまでの対策の評価

「第4次基本計画」では，これまで15年間の第1〜3次の「基本計画」による

少子化対策の成果と限界に関する評価が，以下のようにまとめられている。

成果に関しては，第1に，妊娠・出産および育児・保育に対する社会的責任の強化が挙げられている。具体的には，(a)妊娠・出産費用の支援の拡大，(b)不妊治療に対する医療保険の適用，(c)児童手当の導入と拡大，(d)国公立保育園の拡充や保育時間の延長など保育サービスの拡大，(e)「ケア教室」「地域児童センター」「放課後アカデミー」など小学生を対象としたサービスの拡充などである。

第2に，仕事と家庭の両立のための制度的基盤の構築が挙げられている。具体的には，(a)出産・育児休業制度や育児期間中の短縮勤務制度の拡大，(b)家族フレンドリー認証制度の拡大である。

第3に，少子化の構造的原因へのアプローチとしては，若年の雇用および住居に対する政策的支援を試みたことが強調されている。具体的には，(a)新しい雇用の創出および長期雇用の支援の拡大，(b)若年層および新婚夫婦に対する住宅支援の拡大，(c)若年層のための政策全般を扱う法律である「青年基本法」の制定（2020年）などである。

これまで，以上のような対策の推進によって，妊娠・出産および育児・保育負担が軽減されたことを，これまでの「基本計画」の成果として強調しながらも，次のような限界があったことを指摘している。

第1に，育児・保育のための支援サービスが中心で，現金給付が不十分であったことである。これに関しては，(a)他の先進諸国との比較で，韓国の家族政策のうち現金給付が少ないことに関するデータが示され，現金給付の少なさのゆえ，国民の間で育児・保育負担が依然として重いという認識が強いとされている。また，(b)育児・保育サービスに関しても，小学校低学年を対象としたサービスが依然として不十分であることも指摘されている。

第2に，仕事と家庭の両立のための対策に関しては，各種関連制度の導入および拡大にもかかわらず，実際には様々な要因によって利用できない人々が多いことが指摘されている。特に，(a)育児休業制度の利用には雇用保険の加入が前提となっているが，雇用保険に加入していない，あるいは加入していても，休業中の代替人材が確保できない零細中小企業が多いこと，また，(b)休業中の給付が低く休業取得のメリットが少ないことなどが問題点として挙げられている。

第3に，これまで出産や育児に関する負担を緩和させるための政策対応が行われ，ある程度の成果を出していることは事実であるが，雇用の不安定や教育費負

担および住居不安など構造的要因の改善までは至らなかった点が，従来の対策の最も重要な限界であるという。

(4) 目標と課題

以上の，これまでの「基本計画」に対する評価を踏まえて，「第4次基本計画」の目標と課題に関連しては，「基本観点の転換」（大韓民国政府 2020：40）が打ち出されている。それは，主に次の2点から説明される。

まず第1に，個人を労働力や生産力の基盤としてみる「国家発展」戦略から離れて，「個人の生活の質の向上」戦略を進めることが「第4次基本計画」の最も重要な目標となっている。実際に「第4次基本計画」では，第1〜3次の「基本計画」にみられたような「出生率の回復」という目標が見えなくなった。同時に「第3次基本計画」に示された「出生率1.5」という具体的な数値目標も消えた。「国家・社会のための少子化対策ではなく，個人のための少子化対策」への転換がみられたといってよい。そのための課題として，育児不安を軽減させるためのこれまでの家族支援政策に加えて，雇用や教育および住居など，子育て世帯のみでなく社会構成員すべての生活に直接かかわる問題への対応をより強化すること，それによってライフステージに合わせた柔軟な対策を推進することが求められている。

第2に，もう1つ注目すべき目標として「人口構造の変動に対応するための社会づくり」が挙げられている。これまでの第1〜3次の「基本計画」では，「出生率の回復」が重要な目標として設定されていたことにわかるように，人口構造の急激な変動を食い止めることが目指されていた。しかし「第4次基本計画」においては，少子化の流れを変える難しさを痛感し，人口構造の変動を受け止めながら，それに適応するために「個人の力量が発揮できる社会の構築」と「人口構造の変動に対応した統合的社会への転換」が，目標として強調されている。具体的な課題としては，前者に関しては，人口構造の変動や技術革新に対応した，そして個々人のライフステージに合わせた新しい教育・訓練の活性化，また雇用安定と教育費軽減および住居安定政策などが強調されている。後者に関しては，法律婚以外の多様な家族のあり方の受容，また多様な働き方を前提とした個人単位の社会保障制度の構築が重要課題として出されている。

以上の2つの目標に加えて，第1次から第3次までの「基本計画」で持続的に強調されてきた労働市場や家庭内での男女不平等の問題を重視する形で，「ジェ

ンダー平等で公正な社会づくり」がもう１つの目標として提示されている。その
ための課題としては，「ともに働きともにケアする社会づくり」が挙げられている。

3　求められるのは「少子化対策」だけではない

1　基本計画から見えてきたもの

　以上，①推進背景，②少子化の原因診断，③これまでの対策の評価，④目標と
課題に分けて，第１次から第４次までの「基本計画」を検討してきた。主な内容
を中心に整理すると**図表９‒８**のようになる。その要点のみをまとめてみよう。

　まず，①推進背景に関しては，第１次から第４次にわたって論点が大きく変わ
ることなく，「出生率の（持続的）低下」が挙げられている

　次に，②少子化の原因診断である。これに関しても，第１次から第４次まで内
容が大きく変わっていない。ただし「第４次基本計画」においては，それまで，
少子化の原因を様々な側面から羅列的に並べていたこととは異なり，多様な原因
に対する体系的な整理が試みられており，そこから，因果関係に関する構造的な
説明がある程度可能になったと言える。

　すなわち，社会経済的要因に関して，大企業の正規職のような高所得の安定し
た雇用が非常に少なく——全体の雇用のうち20％程度[3]——，中小企業の労働者や
非正規のような不安定就労層が多数派を占めている労働市場の現状を背景にし
て，雇用と所得の不安定が少子化の最も根本的な原因として指摘される。労働市
場に深刻な格差問題が蔓延するなか——例えば，大企業と中小企業また正規職と
非正規職の間の賃金格差は２倍以上[4]——，数少ない高所得の安定した雇用をめぐ
る激しい教育競争とそれによる教育費の過重な負担，住宅価格の高騰と相まった
不安定就労層における住居不安の増幅，不安定就労層の多数を占める女性におけ
る仕事と家庭の両立困難が，非婚や晩婚および出産の回避をもたらしているとい
うのである。つまりこれまで少子化の文化的あるいは価値観的要因とされてきた
学歴重視や男女不平等なども，以上のような労働市場における深刻な格差問題か
ら説明することができる。

　さらに，③これまでの対策の評価についてみると，主に妊娠・出産支援および
育児・保育支援関連の法律や制度の整備と拡充が試みられてきたこと，そして実
際に，特に育児・保育支援サービスの拡充やその対象の拡大の面で大きく実績を

第9章　なぜ，少子化対策は効果がないのか　155

図表 9 - 8　第 1 ～ 4 次「基本計画」の主要内容

	推進背景	少子化の主な原因	これまでの政策の評価	目標と課題
第 1 次 （06～ 10年）	出生率の低下 （05年1.08）	①結婚年齢の上昇と出産の回避 ②雇用と所得の不安定，仕事と家庭の両立困難，育児負担の増加 ③結婚や出産に関する価値観の変化	※20世紀末まで続いた人口抑制政策に対する反省	目標：出産・育児に有利な環境づくり 課題：関連制度および体制の整備
第 2 次 （11～ 15年）	出生率の若干の回復 しかし再び低下 （09年1.15）	①結婚年齢の上昇と出産の回避 ②雇用と所得の不安定，仕事と家庭の両立困難，育児負担の増加 ③結婚や出産に関する価値観の変化	成果：少子化対策のための法律および制度整備 限界：低所得層中心の対策展開，共働き世帯など政策的需要の多い階層への配慮の不足，保育支援中心の対策，雇用安定や住居支援政策の不足	目標：出生率の回復 課題：対策の主な対象を低所得世帯から共働きなど働く世帯へ，政策内容を保育支援中心から仕事・家庭の両立支援など総合的対応へ
第 3 次 （16～ 20年）	低い出生率の持続	―	成果：出産および育児支援の拡大，仕事と家庭の両立支援の拡大 限界：多様な働き方に対応したサービスの不足，制度利用における格差（大企業と中小企業および正規職と非正規職），低所得者中心の対策展開，雇用安定や住宅支援政策の不足	目標：出生率の回復 課題：妊娠・出産および育児・保育支援というミクロな視点の対策から構造的（雇用や住宅など）・文化的（男女不平等，伝統的な家族観など）変化を促すマクロな視点の対策へ
第 4 次 （21～ 25年）	出生率の低下 （19年0.92）	①社会経済的要因：雇用と所得の不安定，激しい教育競争，教育費負担の増加，仕事と家庭の両立困難，男女不平等，低い支援サービスの質 ②文化的・価値観的要因：多様な家族の出現，男女平等意識の広がり ③人口学的要因：出産可能年齢人口の減少，結婚率の低下と婚姻年齢の上昇，夫婦の出生児数の減少	成果：出産および育児支援の拡大，仕事と家庭の両立支援の拡大 限界：現金給付の不足，低いサービスの質，制度およびサービス利用における格差，雇用安定や住居支援政策の不足	目標：個人の生活の質の向上，人口構造の変化に対応するための社会づくり 課題：雇用安定や住居支援政策の強化，個々人のライフサイクルに合わせた柔軟な対策の推進，人口構造の変動や技術革新に対応した教育・訓練制度の活性化，法律婚以外の多様な家族のあり方の受容，個人単位の社会保障制度の構築

出所：「基本計画」から筆者作成。

出してきたことを，これまでの「基本計画」の成果として評価することが多い。これは本章の冒頭で示した国際比較データからも確認できたことである。限界としてはもっぱら，上記の，少子化の最も根本的な原因とされる雇用と所得の不安定に対して適切な対策ができなかったことが指摘されている。

　最後に，④目標と課題についてである。第１〜３次の「基本計画」においては，「出生率の回復」が明確な目標とされ，雇用と所得の安定化とともに，結婚・出産および育児・保育支援サービスの拡充と支援対象の拡大が課題として挙げられていた。しかし「第４次基本計画」では，「出生率の回復」という目標がみられなくなったことが注目される。出生率の持続的な低下をある程度認めたうえで，「個人の生活の質の向上」および「人口構造の変動に対応するための社会づくり」が，「第４次基本計画」の新たな目標として提示されている。その目標を達成すべく，個々人のライフステージに応じた支援対策や人口構造の変動に合わせた制度づくりが重要な課題として打ち出されている。加えて，「第４次基本計画」の新しい目標に沿った形で，法律婚以外の多様な家族のあり方の受容や，その多様な家族のあり方，また多様な働き方を前提とした個人単位の社会保障制度など新しい社会システムの構築が課題として挙げられていることは興味深い[5]。この点については本章の最後に再度取り上げる。

　以上が，第１次から第４次までの「基本計画」の要点のまとめである。さて，本章の問題関心，つまり韓国ではなぜ，莫大な財政の投入にもかかわらず，また目立つ実績にもかかわらず，少子化対策には効果がないのかという問いに戻ろう。以上の「基本計画」の検討から，次のような答えが考えられる。

　すなわち，出生率の急速な低下と世界第一位の低さに代表される韓国の深刻な少子化は，雇用と所得の不安定がその根本的な原因とされるが，これまでの少子化対策では，主に育児・保育支援サービスの整備と拡充がもっぱら中心となっていて，その一方で，最も重要な雇用と所得の安定化のための対策は行われてこなかった。これが，「基本計画」の検討から見えてきた，これまでの少子化対策になぜ効果がないのかという問いに対する答えである。少子化対策に多くの財政を投入し，育児・保育支援サービスを大幅に拡充してきたものの，出生率の低下にまったくブレーキがかからず，少子化がますます加速化している韓国の現状をみると，その根本的な原因とされる雇用と所得の不安定がどれほど深刻なのかがうかがえる。繰り返すことになるが，上記のように，若年層の２割しか安定した雇

用に就けず，残りの大多数が，２倍にも達する賃金格差など劣悪な条件のもとで働かざるをえないのが，韓国の労働市場の実態なのである。教育費負担も住居不安も，また仕事と家庭の両立困難も，そのような労働市場の現状に起因するところが大きい。

2 「20世紀体制」をスキップした韓国

実は，雇用と所得が不安定な韓国の労働市場の状況は現在に限ったことではない。本書第１章でも取り上げたように，それは，20世紀後半からの韓国特有の経済発展過程で形作られ，21世紀に入ってからは，経済のサービス化やIT化といった産業構造の変化のなかでより強固なものとなった，半世紀以上続く，「常態」とも言うべき状況である（金成垣 2022：第１章；第３章）。

この点とかかわる**図表9-9**をみてみよう。同図は，長きにわたって少子化を含むアジアの人口変動や家族変容を研究してきた落合の重要な発見によるものである。

そこにみられるように，日本や西欧など他の先進諸国に比べて，韓国における急速な出生率の低下が目立つ。日本や西欧諸国において，出生率が人口置換水準まで低下した時点までの「第１の出生率低下」と，人口置換水準を下回ってさらに低下していく「第２の出生率低下」の区分が，韓国ではみられないのである。それら先進諸国で「第１の出生率低下」と「第２の出生率低下」の間の，出生率が人口置換水準付近で維持していた時期──西欧諸国では1920～30年代から40～50年間，日本では戦後から20～30年間──を，落合は「20世紀体制」と呼び，それを支えていた３つの柱として，①フォーディズムと完全雇用，②ケインズ主義的福祉国家，③男性稼ぎ主モデルの近代家族を挙げている（落合 2023：14-15；325）。その３つの柱に支えられた「20世紀体制」の時期に，多くの先進諸国で高度経済成長を背景として雇用と所得の安定とともに高い水準の平等が実現され「ゆたかな社会」がもたらされたのは周知の通りである（落合 2023：324-325）。日本でも当時，「一億総中流社会」と言われた。落合の重要な発見は，20世紀を通して韓国では，先進諸国のような雇用と所得が安定した「20世紀体制」を経験せず，つまり雇用と所得の不安定な状況が続くなか，出生率がひと続きで低下してきたことである。

落合は，「20世紀体制」の具体的な中身やそれと関連した韓国の歴史的経験に

図表 9-9 出生率低下のパターン

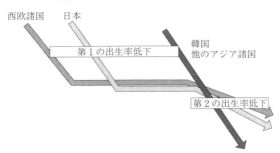

出所：落合編（2013：15）および落合（2023：53）をもとに筆者作成。

ついては詳しく論じていない。ただし，福祉国家研究の視点からすれば，そもそも落合の言う「20世紀体制」は，先進諸国において，完全雇用政策と社会保障制度を両軸にした福祉国家が整備され，戦後の高度経済成長下におけるその大幅な発展によって「順風満帆な中間層を創出し，大多数の世帯の生活水準を向上させた」（Garland 2016＝2021：161），いわば福祉国家の「20世紀体制」——言い換えれば「福祉国家の黄金時代」——と大いに重なる。そして，それら先進諸国の経験とは異なり，後発福祉国家としての韓国が，その「20世紀体制」をスキップしたまま21世紀に突入したことは，福祉国家研究ではすでに明らかになっている（金成垣 2008；2022；2024）。20世紀末のアジア通貨危機をきっかけとして韓国は，先進諸国に比べて半世紀以上遅れて，完全雇用政策と社会保障制度を両軸にした福祉国家の整備に乗り出したが，それとほぼ同時期に，脱工業化の進展や高度経済成長の終焉また新自由主義的政策の拡散とそれによる財政拡大の困難などのなかで，先進諸国に「福祉国家の黄金時代」をもたらした福祉国家の「20世紀体制」を経験することがなかった。21世紀に入っても，完全雇用政策がうまく機能せず，また社会保障制度の範囲も水準も不十分なまま，雇用と所得の不安定が持続しているのが韓国の現状なのである（金成垣 2022）。

このようにみると，21世紀に入って急速に進む韓国の少子化は，20世紀の延長線上で捉えられる。「20世紀体制」を経験しなかった韓国は，21世紀に入っても雇用と所得の不安が続きつつ，それが，急激な出生率低下の主な原因となっているのである。育児・保育支援サービスを中心とした少子化対策を積極的に推進しても，その成果がみられず，結局雇用と所得の安定化が何より重要な課題とされ

るのは，「20世紀体制」をスキップした後発福祉国家としての韓国の経験に起因するものであると言える。

　「20世紀体制」をスキップした韓国における急速な少子化とかかわって，ここでもう１つ指摘しなければならないのが，韓国においては，「20世紀体制」のなかで先進諸国が拡充してきた年金や医療・介護など，老後生活保障のための制度・政策が不十分にしか整備されなかったことである。序章で取り上げているように，実際，年金の場合，平均給付額は最低生計費を下回っており，また医療保険においては，混合診療が一般的であるため，自己負担が６割に達することも多い。介護保険は導入されているものの，民間保険に頼る人の方が多いほど，その対象者とサービスが限定されている。このような不十分な老後生活保障が，家族内で若年層の負担になってしまうのは言うまでもない。韓国の若年層にとって，子ども世代に対する保育および教育などの育児負担だけでなく，それに加えて親世代への経済的援助やケアも大きな負担となっているのである。つまり，「20世紀体制」のなかでそれら老後生活保障のための制度・政策を拡充してきた先進諸国に比べると，それができなかった韓国における若年層は，家族に対する「二重の負担」を背負うことになる。育児・保育支援サービスが積極的に行われても，それだけで少子化対策としての成果が出ない実質的な理由がまさにそこにあるのではないか。「20世紀体制」を経験していない韓国がおかれているこのような状況が，他の先進諸国に比べて家族形成をより困難にさせ急速な少子化をもたらしている重要な要因になっていると言えよう。

4　個人単位の新しい社会システムの構築へ

　以上のようにみてくると，韓国において世界第一位のスピードで進む少子化を食い止めるためには今後，先進諸国で雇用と所得の安定をもたらした，また年金や医療・介護など老後生活保障のための制度・政策の拡充をもたらした「20世紀体制」を整備していくことが，１つの政策的選択肢になりうる。確かに落合が，他の先進諸国以上に少子化対策を積極的に行ってもその効果が出ない韓国の少子化対策に対して，「狭義の保育政策や家族政策でカバーされる範囲をはるかに超え，教育・住宅・医療・雇用・ジェンダー平等など広範囲の制度と政策」（落合編 2021：36）が求められると指摘しているのは，まさに「20世紀体制」をスキッ

プした韓国の現状，そしてその整備の必要性および重要性を認識したうえでのことであろう。

しかしながら，韓国でこれから「20世紀体制」を整備していくことが可能かというと，決してそうとは言えない。今や「歴史的にみて例外的なもの」（宇野2020：205）とされるその「20世紀体制」の再建は不可能に近いといってよいだろう。そう考えると，韓国の「第4次基本計画」において，それまでの「出生率の回復」という目標が消え，少子化の進行をある程度認めたうえで，「人口構造の変動に対応するための社会づくり」が目指されるようになったことは示唆に富む。それに向けて，多様な家族のあり方や多様な働き方を前提とした，個人単位の社会システムの構築を重要な課題として提示していることは特に注目に値する。21世紀の今日，「20世紀体制」の再建の可否をしっかり見つめ，もはやそれが困難であるとすれば，思い切って新しい時代に相応しい社会モデルの構築を構想していくことが重要なのではないか。韓国の少子化対策は，今そこに挑戦しようとしているように見える。

紙幅の関係で論じることができなかったが，**図表 9 - 9** にみられる韓国の急速な出生率の低下は，実は韓国に限ったことではない。中国や台湾などの東アジア諸国・地域，そしてシンガポールやタイおよびベトナムなどの東南アジア諸国・地域にも似たような現象がみられている。上で検討してきた，日本や西欧など他の先進諸国と異なり，「20世紀体制」をスキップした韓国の状況が，それらの諸国・地域にも共有されているのではないか。今後，このようなアジア諸国・地域に共通にみられる現象に対して，実証分析および理論研究を行うとともに，韓国の少子化対策にみる新しい挑戦とそのアジアへの示唆を探ることを，重要な探求課題として指摘したい。

注
1) 20世紀の韓国における人口抑制政策の展開については，松江（2009：2011）を参照されたい。
2) 少子化とのかかわりで，韓国の教育費負担の大きさに関しては，春木（2021：第1章）に詳しく説明されている。
3) 「第4次基本計画」では，大企業や公共部門の正規職のような高所得の安定した雇用が，全体のうち20％程度であると推定している（大韓民国政府 2020：16）。2019年上半期の新卒者就職状況に関するある調査によれば（ジョブ・コリア），高所得の安定した雇用とされる大企業（9.9％）や公共部門（7.9％）の就職率は，全体の17.8％であるという。外資系企業（3.2％）を含むと21.0％となる。

4） 大企業と中小企業および正規職と非正規職の間の2倍にも達する賃金格差は，統計庁の「雇用
行政統計」や雇用労働部の「雇用労働統計」など様々な統計データから確認できる。例としては，
韓国経営者総協会（2021）や金成垣（2022：146）で統計データによる賃金格差を確認することが
できる。

5） 儒教的な伝統的家族観が強い，そしてキリスト教の信者の多い韓国社会において，「法律婚以外
の多様な家族のあり方」に関する議論が始まったことが非常に興味深い。「第4次計画」において，
このような議論が含まれることになった経緯について，政策担当者や関連研究者へのインタビュー
調査を含めて，状況把握と現状分析を今後の課題にしたい。関連して，「法律婚以外の多様な家族
のあり方」に関する現時点での筆者の考え方は，本章の最後に簡単に示している。

6） ここで言う福祉国家の「20世紀体制」は，Ｄ．ガーランド（Garland 2016＝2021）の言葉を借
りると「福祉国家1.0」となる。なお，韓国が「福祉国家1.0」つまり福祉国家の「20世紀体制」を
スキップしたことに関しては，金成垣（2024）で詳しく論じている。

第10章

なぜ，養育費履行確保制度の強化は可能だったのか

姜　民護

1　養育費履行確保制度に対する2つの立場

　養育費とは，未成年の子どもを保護・養育するにあたって必要とされる費用を指す。また，子どもの権利条約第27条にも示されているように，子どもの父母が同居の有無と関係なく，子どもの健やかな成長のために支払う金銭としての養育費は，子どもの権利である。

　養育費が子どもの権利であることについての社会的コンセンサスは，すでに形成されていると思われる。しかしながら，現実においてはそうではない状況がしばしばみられる。ひとり親世帯，とりわけ「離別によるひとり親世帯における非養育者の養育費不払い問題」がその代表的なものである。そういった問題の解決に向けて，養育費履行確保のための多様な法制度が整備されつつあるなか，2020年以降，韓国で注目すべき法制化が行われた。非養育者に対する「行政制裁」としての運転免許停止処分および出国禁止，身元公開（以下，行政制裁）と，「刑事処罰」としての罰則（以下，刑事処罰）がその主な内容である。

　行政制裁と刑事処罰の法制化は，実効性をもつ養育費履行確保の手段とされながらも，それぞれ「不当な権限の融合（koppelungsverbot）」と「比例原則（the principle of proportionality）[1]」を理由に，警察庁や法務部などの関係部署（以下，関係部署）から強く反対されてきた。不当な権限の融合と比例原則は，目的と手段の関係性を求める行政法の一般原則（尹龍澤 2021：104）としてそれぞれ「行政庁は，行政行為を行う時，相手に当該行政行為と実質的な関連のない義務を賦課してはならない原則（行政基本法第13条）」，「行政法学上の警察権の発動について，その手段・態様は除去されるべき障害の大きさに比例しなければならず，選択可能な

措置のうち必要最小限度にとどまらなくてはならない原則（法律用語辞典第5版）」と定義され，立法の場合にも適用される（イ・ビアン 2020：239）。

行政制裁と刑事処罰の法制化をめぐって，この不当な権限の融合と比例原則が極めて尖鋭な争点となっていた。というのは，養育費の履行という目的の手段としての行政制裁は不当な権限の融合に，刑事処罰は比例原則に抵触する可能性があるからである。例えば，運転免許の停止は運転能力があるかどうかの問題であって，運転能力と関係のない養育費の履行と結びつけるのは不当な権限の融合に該当するというのが，関係部署の支配的な見解であった。これは出国禁止と身元公開に対しても同様であった。また，規制は必要最小限でなければならないという比例原則[2]に照らしてみると，養育費不払いという民事上の問題を，刑事上の処罰として取り扱うのは刑罰の最終手段性に違反すると指摘されていた。

関係部署の以上のような反対意見にもかかわらず，韓国で近年，行政制裁と刑事処罰の法制化が行われたのである。日本などを含む他の先進諸国の状況をみても，韓国のその法制化は異例であると言える。それではなぜ，韓国では，行政制裁と刑事処罰の法制化という養育費履行確保制度の強化が可能であったのだろうか。これが本章の「問い」である。

以上のことを踏まえて，本章では，韓国で行政制裁と刑事処罰の法制化をもたらした要因を明らかにし，そこにみる韓国ならではの特徴とそれがもつ示唆を探りたい。また，それに先立って韓国の養育費履行確保制度を概括したうえで，近年，法制化された行政制裁と刑事処罰の内容とその法制化をめぐる争点を詳細にまとめておく。

2　強固な反対のなかで強化された養育費履行確保制度

1　養育費履行確保制度における2つの柱

養育費履行確保制度は，子どもの権利とされながらも，法曹界においては私人間の債権・債務の関係（養育費債権者[3]と養育費債務者の関係）という見解が主流であったため，長い間，「養育費の直接支給命令」や「担保提供命令」，「履行命令」などを定めている家事訴訟法の民事上の法的措置として運用されてきた。ところが，改善が見通せない劣悪なひとり親世帯の経済的状況[4]のなかで，養育費の請求訴訟の存在も知らないひとり親世帯が多くあること，また，養育費の請求訴訟を

したとしても非常に長い訴訟期間を養育者一人で耐えなければならないこと、訴訟の末に、養育費の直接支給命令や履行命令などが下されても円満に執行できないことなどの問題が顕在化し、国会でも指摘されることになった（国会事務処2014.2.27：29）。そこで、制定されたのが「養育費履行確保および支援に関する法律（以下、養育費履行確保法）」である。

養育費履行確保法は、未成年の子を直接養育している父、または母が未成年の子を養育していない父、または母から養育費を円滑に支払われるように養育費の履行確保などを支援して、未成年の子の安全な養育環境を構築することを目的とし、2014年3月24日に制定（15年3月25日に施行）された。同法では、未成年の子の養育費の請求と履行確保に関する支援などの業務を遂行する「養育費履行管理院の設置[5]」を始め、「養育費履行の請求および調査」、「養育費債務者の財産などの調査」、「金融情報などの提供」などの養育費履行確保の支援に関連する法的措置を規定しており、行政制裁と刑事処罰も同法に定められている。制定して以来、計5回の改正が行われ、今は、**図表10-1**に示しているように第5章第28条からなっている。

2　行政制裁と刑事処罰の内容とその法制化をめぐる争点

(1)　行政制裁と刑事処罰の内容

2020年以降、養育費履行確保制度が強化されたと言えるのは、この時期に行政制裁としての運転免許停止処分および出国禁止、身元公開、刑事処罰としての罰則がようやく法制化につながったためである。詳細については、後述するが、これらの法制化は、それを推進する女性家族委員会（以下、女家委[6]）所属の国会議員（以下、議員）とそれに反対する関係部署との長い激論の末に得られた成果とも言える。行政制裁と刑事処罰の条文名などの概要は**図表10-2**に示した。

行政制裁および刑事処罰の特徴的な点は、「養育費債務者が養育費債務不履行により家事訴訟法第68条第1項第1号、または第3号の規定による監置命令決定を受けたにもかかわらず、養育費債務を履行しない場合」を条件としていることである[7]。各内容の概括は下記の通りである。

まず、運転免許停止処分は、上記の条件のもと、養育費履行審議委員会の審議・議決を経て地方警察庁長に当該養育費債務者の運転免許の効力を停止させるように要請することができる。ただし、養育費債務者が当該運転免許を直接的な生計

第10章　なぜ，養育費履行確保制度の強化は可能だったのか　165

図表10-1　養育費履行確保法上の規定

第1章　総則	第16条　養育費債務者の財産等に関する調査
第1条　目的	第17条　金融情報等の提供
第2条　定義	第17条の2　養育費債務者の所得・財産等に関する資料の破棄
第3条　未成年の子に対する養育責任	第18条　養育費の履行確保のための措置
第4条　国などの債務	第18条の2　現場支援班の構成・運営など
第5条　養育費ガイドラインの策定	第19条　養育費債務者の財産に対する取り立て
第2章　養育費履行管理院の設置など	第20条　税金還付予定金額の差し押さえおよび控除
第6条　養育費履行審議委員会	第21条　滞納資料の提供
第7条　養育費履行管理院	第21条の2　家庭内暴力被害者の情報保護
第8条　職員などの派遣要請	第21条の3　運転免許の停止処分の要請
第9条　公益法務官の派遣要請	第21条の4　出国禁止の要請など
第3章　養育費履行確保の支援	第21条の5　身元公開
第10条　養育費に関する相談および協議成立の支援	第4章　補則
第11条　養育費の請求および履行確保のための法律支援等の申請	第22条　養育費履行確保支援の優先提供
第12条　養育費債務者の陳述機会の付与	第23条　手数料
第13条　非養育父・母，また養育費債務者の住所等の資料要求等	第24条　業務の委託
第14条　一時的な養育費の緊急支援	第25条　秘密保持の義務
第14条の2　緊急支援の終了など	第26条　類似名称の使用禁止
第14条の3　緊急支援決定に対する異議申請	第5章　罰則
第14条の4　費用の返還	第27条　罰則
第15条　養育費の履行請求および調査	第28条　過料

出所：養育費履行確保法を参考に筆者作成。

維持の目的で使用しており，運転免許の効力の停止によって養育費債務者の生計維持が困難になると認められる場合には，この限りではない。女性家族部の長官の要請を受けた地方警察庁長は，正当な理由がなければこれに協力しなければならない。また，女性家族部の長官は，第1項本文の規定により運転免許停止処分の要請をした後，当該養育費債務者が養育費をすべて履行すると，速やかに運転免許停止処分の要請を撤回しなければならない。

図表10-2　行政制裁および刑事処罰の概要

条文名	条項号	改正日	施行日
運転免許停止処分の要請	第21条の3	2020年6月9日（新）	2021年6月10日（新）
出国禁止の要請など	第21条の4	2021年1月12日（新）	2021年7月13日（新）
身元公開	第21条の5		
罰則	第27条	2021年1月12日（改）	

注：（新）は新設条文，（改）は改正条文である。
出所：養育費履行確保法を参考に筆者作成。

　次に，出国禁止は，上記の条件に該当する養育費債務者のうち，大統領令で定める者に対し，養育費履行審議委員会の審議・議決を経て法務部の長官に「出入国管理法」第4条第3項の規定により出国禁止を要請することができる。また，法務部の長官は，第1項の規定による出国禁止要請により出国禁止を行った場合には，その結果を情報通信網などにて女性家族部の長官に通知しなければならない。なお，女性家族部の長官は，養育費債務の履行，養育費債務者の財産に対する強制執行などで出国禁止の事由が解消された場合には，直ちに法務部の長官に出国禁止の解除を要請しなければならない。

　さらに，身元公開は，上記の条件のもと，養育費債権者の申請により，養育費履行審議委員会の審議・議決を経て女性家族部，または養育費履行管理院のインターネットサイトに養育費債務者の氏名，年齢，職業，住所（または，勤務地），養育費債務不履行期間，養育費債務額を公開することができる。ただし，養育費債務者の死亡など大統領令で定める事由がある場合はこの限りではない。

　最後に，罰則は，上記の条件のもと，正当な理由なく監置命令決定を受けた日から1年以内に養育費債務を履行しない者に対して1年以下の懲役，または1千万ウォン以下の罰金に処するとされている。ただし，被害者の明示した意思に反して公訴を提起することはできない。

(2)　行政制裁と刑事処罰の法制化をめぐる争点[8]

　行政制裁と刑事処罰が法制化される過程は，決して順調ではなかった。その理由は，前述した通り，関係部署から強く反対されたためである。反対の理由は，主に2つであった。「不当な権限の融合の原則」と「比例原則」がそれである。

　行政制裁と刑事処罰の法制化は，2020年以降に行われたが，これらが養育費履行確保法の改正案（以下，改正案）として発議，あるいはその必要性が指摘され

第10章　なぜ，養育費履行確保制度の強化は可能だったのか　167

た時期は異なる。具体的には，運転免許の取り消しの必要性は13年 4 月19日に開催された「養育費立替関連法案に対する公聴会」（国会事務処 2013.4.19：30）で初めて指摘される。一方で，出国禁止は，ユ・スンヒ議員が発議した法案に盛り込まれ，15年11月13日に開催された「第337回女家委（第 3 次）」に上程されたのが初めてである（国会事務処 2015.11.13：7）。ところが，法務部や法制処などの反対意見によって（国会事務処 2015.11.16：7），法制司法委員会（以下，法司委）に至らなかった。より厳密に言えば，女家委での可決も得られなかった。また，刑事処罰が盛り込まれた改正案が初めて女家委に上程されるのは，約 5 年後の2019年 3 月29日であった。

　運転免許の取り消しおよび出国禁止の議論が再浮上したのは，2019年 3 月29日に開催された「第367回女家委第 1 次」であり（国会事務処 2019.3.29：44），このときに身元公開と刑事処罰などの罰則も新たな案として取り上げられる。これらを盛り込んだ改正案は，「第369回女性家族委員会法案審査小委員会（以下，法案小委）（国会事務処 2019.6.27：17：19）」で審議されるも，激論が交わされた。そのなかで反対意見の主な理由として挙げられたのが不当な権限の融合と比例原則である。つまり，行政制裁と刑事処罰の法制化をめぐる争点として不当な権限の融合と比例原則が前面に出てきたわけである。

　反対意見を具体的にみてみると，運転免許の取り消しと出国禁止は，それぞれ道路交通法および出入国管理法上の行政目的と異なることから，不当な権限の融合に抵触する可能性があるとのことであった。また，刑事処罰などの罰則は，私人間の民事債務である養育費不払い問題を刑事処罰として取り扱うことは比例原則に抵触することから，慎重にならざるを得ないと指摘された。身元公開は，人格権や平等の原則に抵触する可能性はあるものの，立法政策的な問題とし，それほどの対立はなかった。この後も法案小委での改正案に対する審査が 3 回（第370回・第371回・第377回）も行われる。こうした激しい対立のなかで，「第371回法案小委（第 1 次）（国会事務処 2019.11.29：32）」にて出国禁止や身元公開，刑事処罰は削除され，また，運転免許の取り消しは「運転免許停止処分」に修正・提案される。にもかかわらず，運転免許停止処分の法制化に対する関係部署の否定的な立場は，改正案が「第377回法案小委（第 1 次）（国会事務処 2020.5.6：14）」にて可決された当日までも堅持される。それは出国禁止と身元公開，刑事処罰を盛り込んだ改正案が「第382回法司委（第14次）（国会事務処 2020.12.8）」にて可決される

ときにも同様であった。

3　「行政制裁」と「刑事処罰」の法制化をもたらした3つの要因

　以上のように，関係部署からの強固な反対があったにもかかわらず，なぜ行政制裁と刑事処罰の法制化という養育費履行確保制度の強化は可能であったのだろうか。これが本章の問いであることをもう一度，喚起しておく。

　本節では，この問いに対する答えを追究していくが，結論を先取りして言えば，そこには，第1に，運動論的アプローチによる世論形成，第2に，巨大言説化した女性・子どもなどの社会的弱者の権益向上，第3に，いずれかを選択せざるを得なかった国会の政策的妥協が深くかかわっていた。

1　運動論的アプローチによる世論形成

　すべての運動論的アプローチが法律の制定，あるいは改正につながるとは限らない。むしろ，ごく一部に過ぎないと言っても過言ではない。ところが，行政制裁と刑事処罰の法制化という養育費履行確保制度の強化は運動論的アプローチによる世論形成と密接に関係しており，具体的に言えば，「養育費解決総連合会（以下，養解連）の活動」および「バッドファーザーズ（Bad fathers）事件」に影響を受けた「国会（立法府）」の主導で行われた。それは，行政制裁と刑事処罰を盛り込んだ改正案が女家委の代案として可決されたときのジョン・ジュへ議員の発言に裏づけられる。女家委の代案は，5名の議員から発議された改正案を統合したものである。その統合過程で大きな役割を果たしたジョン・ジュへ議員は，行政制裁と刑事処罰の法制化などの養育費履行確保制度の強化を求める代表的な運動論的アプローチと言える養解連の活動およびバッドファーザーズ事件に影響を受けて本人の改正案を発議したと明確に言及している（国会事務処 2020.9.15：6[9]）。

　養解連は，2018年9月にオンラインコミュニティとして活動を始め，18年12月に非営利団体を設立した。23年12月現在，10,000名以上の会員が「養育費支給履行率の向上」「養育費関連法案審議通過および強力な制裁の推進」「社会制度の改善および認識の変化」「子どもの人権としての子どもの生存権という社会的共感の拡散」などの活動を行っている。具体的には，養解連では，数十回に及ぶ国会などでのデモや養育費不払い問題を取り上げるマスメディアへの積極的な参画，

バッドファーザーズをめぐる訴訟に対する法律支援などを行ってきた。また，政治家を囲むセミナーとシンポジウムおよび懇談会などを定期的に開催し，養育費履行確保制度の強化の重要性や必要性に対する政治家の理解を高めるなど，養育費履行確保制度の強化に向けての多角的な働きかけを行っている。すなわち，政治に対する働きかけとして，養解連の活動が行われていると言える。

　上述した養解連の活動が主に政治に対する働きかけであれば，バッドファーザーズの活動は主に社会に対する働きかけと言える。ところが，厳密に言えば，社会に対する働きかけが活動の主な目的ではない。非養育者から養育費を支給させることが活動の主な目的であるが，社会全般にわたって「養育費履行確保制度の強化は必要だ」という世論を形成することにも大きな影響を与えたのである。バッドファーザーズは，個人が運営している養育費不払い非養育者の身元を公開するインターネットサイトとして2018年 7 月に開設された。23年12月現在，約200名の非養育父と約40名の非養育母の顔写真とともに，「名前」「生年月日」「最終学歴」「居住地」「職場」「養育費不払い額」を公開している[10]。

　バッドファーザーズの活動は，養育費履行確保制度の強化という世論形成に大きな影響を与えた。国ではなく，個人による私的制裁が行われたという事実が法治主義国家の韓国社会においては極めて異例であったため，多くのマスメディアから取り上げられた[11]。また，身元を公開された非養育者のなかに，多数の有名な芸能人やスポーツ選手などが含まれていたことも，バッドファーザーズの活動が世論形成に大きな影響を与えた一要因である。なお，法院が「情報通信網利用促進および情報保護などに関する法律」を違反（名誉毀損）した疑いで訴えられた「バッドファーザーズの運営者」の行為の公益性を認めて2020年 1 月15日に無罪を下した[12]ことも社会的関心を向上させ，世論形成を強めた出来事と言える。このような法院の判決によって公益性のある身元公開は法律違反ではないということが認められたわけで，さらに言えば，「人格権や平等の原則」を理由に，身元公開の法制化を反対してきた関係部署の論拠を弱める判決でもあった。

2　巨大言説化した女性・子どもなどの社会的弱者の権益向上

　上述した通り，養解連の活動およびバッドファーザーズ事件に影響を受けた改正案が女家委の代案として統合され，可決までに至ったのは自明の事実である。ところが，発議されたすべての法律が当該委員会および法司委，さらに国会本会

議にて可決されるわけではない。そのような側面から考えると，行政制裁と刑事処罰を盛り込んだ改正案が法司委と国会本会議にて多くの賛成を得て可決されたのは，養解連の活動およびバッドファーザーズ事件という運動論的アプローチによる世論形成だけでは説明しきれない[13]。

　議員同士でも所属する委員会が異なれば，他の委員会の法律案件に対する関心が遠のくのは当然であり，その法律が政府の立場と対立する場合，与党所属の議員は賛成票を投じることに躊躇するしかない。また，対立する争点が不当な権限の融合および比例原則という行政法の一般原則であれば，法律家出身の法司委所属の議員らが審査に慎重になるのは言うまでもない。実際に，関係部署からの反対意見があるまま，女家委で可決されても法司委にて否決される可能性が高いことを懸念する意見（国会事務処 2015.11.16：39）や，法司委の委員長が直接「他の法律や行政法の一般原則に抵触する可能性のある法案は，法司委で問題となりかねない」と指摘した（国会事務処 2018.2.27：37）。このような状況を鑑みると，改正案は，極端に言えば，否決になることも十分あり得たと思われる。ところが，法司委においても国会本会議においても多くの賛成票を集めて可決となった。ほぼ全員と言ってもいいほどの議員から支持が得られた背景は何だろうか。ここが明らかにならなければ，養育費履行確保制度の強化が可能であった全貌は見えてこない。

　したがって，改正案に影響を与えた養解連の活動およびバッドファーザーズ事件を手掛かりに，この運動論的アプローチが始まった2018年に注目する必要がある。そうすると，この時期の韓国社会が「女性や子どもなどの社会的弱者の権益向上という巨大言説」に覆われていたことに気づく。具体的に言えば，18年1月29日，上司に性暴力を受けたという現職の検事による暴露がきっかけとなった「Me Too 運動」が芸能界や政治界など社会全域において展開された。それに対して18年2月26日に当時の文在寅大統領が「Me Too 運動を重く受け止める」とし，「被害事実を打ち明かした被害者の方々に敬意を表し，Me Too 運動を積極的に支持する」とした。市民社会での運動に対し，一国の大統領が立場を表明したのは極めて異例である。このことからもわかるように，2018年の韓国社会は，どの議論であっても「巨大言説化した女性や子どもなどの社会的弱者の権益向上」に吸い寄せられる時期であった。それは「養育費の支払いは親子間の債務の問題ではなく，児童虐待という犯罪行為であり，そして国が責任を負うべき義務であ

る…中略…社会的な合意ができないと言っているが，すでに合意は十分すぎ」などの議員の発言からも見て取ることができる（国会事務処 2020.9.15： 6 ；国会事務処 2020.12.8：78）。

この一連の出来事に照らしてみると，与党および法律家出身の議員が，養育費履行確保制度の強化をめぐって上記の争点があったにもかかわらず，賛成票を投じたことも説明できる。また，記名投票という投票方式も反対票を投じることのプレッシャーとして機能したと思われる。

以上のことをまとめると，養育費履行確保制度の強化は女性や子どもなどの社会的弱者の権益向上という巨大言説のうえ，養解連の活動およびバッドファーザーズ事件という運動論的アプローチによる世論形成が行われたことによって可能であったと言えよう。

3　いずれかを選択せざるを得なかった国会の政策的妥協

議論がここまで展開されると，最後の疑問が浮かび上がってくる。行政制裁と刑事処罰の法制化という養育費履行確保制度の強化において，国会の政策的妥協という判断は働いていなかったのかという疑問である。ここではその可能性について指摘しておきたい。そのためには，国が養育費不払い状況にいる養育者に養育費を立替えた後，非養育者に養育費を請求・回収する「養育費立替制度（prepayment system for child support）」の法制化が，養育費履行確保のための法制度の整備に関する議論が始まった当初からの最大の争点であったことを確認しておく必要がある。

養育費立替制度は，養育費履行確保のための最善の手段とされ，韓国においては養育費履行確保法の制定より9年も早い2005年9月1日にキム・ジェキョン議員によって発議された。ところが，国の財政負担増を理由とした反対意見によって法司委の障壁を乗り越えられずに廃止される[14]。つまり，議員同士でも合意ができなかったわけである。その後も複数の議員から「養育費立替に関する法案」が発議され，また，「第315回女家委（第2次）」にて「養育費立替に関する法律案に対する公聴会〈国会事務処 2013.4.19）」も開かれたが，意義のある進展はなかった。このような養育費立替制度の法制化に対する政府の立場は，「第311回女家委（第4次）」に出席した女性家族部の長官の発言から見て取れるように，国会と同様に否定的であった[15]。その結果，養育費立替制度は「一時的な養育費緊急支援」[16]と

いう形で始まることになり（ユン・ジョン 2021：19），未だに女家委の敷居も越えられず，21年２月16日に発議された法案は３年余り審理中のままである。

　このような議論が続くなか，前節で検討した通り，行政制裁と刑事処罰の法制化が実効性をもつ養育費履行確保の手段として浮上してきたわけである。これによって国会と政府は，国の財政負担をもたらす養育費立替制度の法制化および行政法の一般原則に抵触する可能性のある行政制裁と刑事処罰の法制化という２つの要求の間に挟まれる状態になってしまった。そのなかで，結果的には，2020年および21年に行われた養育費履行確保法の改正によって行政制裁と刑事処罰が法制化につながったが，国会と政府，とりわけ国の予算の審議・確定権をもつ国会は，上記の２つの要求のなかでいずれかを選択せざるを得なかった状況に迫られたように思われる。さらに，この時期があいにく「女性や子どもなどの社会的弱者の権益向上という巨大言説のうえ，養解連の活動およびバッドファーザーズ事件という運動論的アプローチによる世論形成が行われた時期（2018～20年）」と重なったことや，また，依然として高いひとり親世帯の相対的貧困率（18年現在，47.7％）と少なくないひとり親世帯が極貧状態のなかで生存権を脅かされている現実[17]なども，それを促した要因として機能していただろう。

　つまり，上述したように，複雑な状況が絡み合っているなかでいずれかを選択せざるを得なくなった国会は，国の財政増をもたらす養育費立替制度の法制化を避けるために，政策的妥協という判断のもと，行政制裁と刑事処罰の法制化を選択せざるを得なかったと考えられる。

4　養育費履行確保制度の強化過程にみる「韓国ならでは」の特徴と示唆

　韓国の養育費履行確保制度は強化されつつあるに違いないが，だからと言って「先進的」だとは言えない。養育費立替制度に関する法案の審査すら進んでいないことからもそれはわかる。また，行政制裁と刑事処罰が法制化につながったものの，そのすべてが「監置命令決定を受けたにもかかわらず，養育費債務を履行しない場合」という条件があることから，期待していたほどの実効性はあまりみられず，その改正が議論されている。

　にもかかわらず，本章で韓国における養育費履行確保制度の強化について着目したのは，行政制裁と刑事処罰の法制化という養育費履行確保制度の強化過程に

みる「韓国ならでは」の特徴が興味深く，そこから得られる示唆が少なくないからである。ここでは本章の最後に，それについて触れることにしたい。

　養育費履行確保制度の強化は，「養解連の活動およびバッドファーザーズ事件という運動論的アプローチによる世論形成」「女性や子どもなどの社会的弱者の権益向上という巨大言説」「養育費立替制度の法制化および行政制裁と刑事処罰の法制化のなかでいずれかを選択せざるを得なかった国会の状況」という三拍子が揃った結果であったと言える。ここに「韓国ならでは」の特徴が隠れていると考える。この三拍子，すなわち「養育費履行確保制度の強化をもたらした3つの要因」は，たまたま同時期に起こった偶然の出来事ではなく，もし，偶然の出来事だとしても，韓国はそれらをビックイシュー化させることができる「爆発力」を有しているということである。いわば「より攻撃的なソーシャルアクション」である。2017年末，アメリカから始まった「Me Too運動」は全世界に展開されていった。ところが，すべてが成功したわけではない。日本もその一国であった。日本の「Me Too運動」は失敗したという厳しい評価もしばしば見受けられる。一方で，韓国の「Me Too運動」は成功し，その結果，「女性や子どもなどの社会的弱者の権益向上という巨大言説」を作り上げることができた。また，養育費不払い問題を解決するために，個人が非養育者の身元情報を公開するというのもやや過激な側面はあるものの，養育費履行確保制度の強化という世論形成に大きな影響を及ぼす結果につながった。なお，国会議事堂の前で養育費履行確保制度の強化を訴えながら剃髪デモをする母子家庭の養育者などの行動（「女性新聞」2023年12月12日）も世論形成に大きな影響を及ぼす。まさに「より攻撃的なソーシャルアクション」と言えるだろう。

　ソーシャルワークグローバル定義の最初の文言は，こうなっている。「ソーシャルワークは，社会変革と社会開発，社会的結束，および人々のエンパワメントと解放を促進する，実践に基づいた専門職であり学問である」と。ここで言う「社会変革」に注目したい。養育費は，子どもの権利であるにもかかわらず，今の法制度は，子どもの権利を保障していない。だからこそ今，社会変革が求められているに違いないが，残念ながら，従来の「ソーシャルアクション」の方法だけでは，世の中はなかなか変わらない。韓国の養育費履行確保制度の強化にみる「より攻撃的なソーシャルアクション」が注目される理由がここにあるのではないか。

注
1） 過剰禁止原則，あるいは警察比例の原則とも訳される。比例原則以外にも，罪刑法定主義も反対の理由として指摘されていた。
2） 行政基本法（第10条）では，比例原則の規定として①行政目的の達成に有効かつ適切であること，②行政目的の達成に必要最小限であること，③行政行為による国民の利益侵害が，その行政行為が意図する公益より大きくないことを定めている。
3） 法律用語として養育者と区別される。法律上の内容を説明する際には，養育費債権者とするが，それ以外には養育者とする。
4） ひとり親世帯の相対的貧困率は2015年に62.2％，16年に56.6％，17年に51.5％，18年に47.7％と減少しつつあるが，未だに深刻な状況である（OECD 2021）。
5） 「健康家庭基本法」に基づく「韓国健康家庭振興院」に設置されている。具体的な業務として①非養育父・母と養育父・母の養育費に関する相談，②養育費履行促進のための非養育父・母と未成年の子との面接交渉の支援，③養育費の請求および履行確保などのための法律支援，④一時的な養育費緊急支援，⑤合意，または法院の判決によって確定された養育費債権の回収支援および養育父・母への養育費の移転，⑥養育費債務不履行者に対する制裁措置，⑦養育費履行に関する実効性の確保のための制度などの研究，⑧養育費履行に関する教育および広報，⑨その他の養育費債務履行の確保などが規定されている（養育費履行確保法第7条）。ただし，2024年3月26日の改正（同年9月27日施行）によって，独立法人化される。
6） 女性家族に関する国会の意思決定機能を実質的に遂行する国会常任委員会である。
7） この条件によって行政制裁および刑事処罰の実効性が無効化されるという指摘をうけ，行政制裁に関しては条文上の「監置命令」が「履行命令」へと法改正が行われた（2024年3月26日，2024年3月26日公布，2024年9月27日施行）。
8） 第16代国会（2000.5.30〜）から第21代国会（〜2020.12.8）までの女性家族委員会（計92回［うち，法案審査小委員会6回］）および法制司法委員会（2回）における会議録（計221部）を確認した結果である。
9） 「私が代表発議した養育費の履行確保および支援に関する法律の一部改正案について提案・説明させていただくことを非常に有意義なことだと思います。この法案は，私が第21代国会に入る前に縁を結んだバッドファーザーズ事件，そして養解連の切実な熱意によってこれを発議することになりました。」
10） バッドファーザーズのHPによる。身元は法院の判決文などの事実関係を確認してから公開される。また，養育費を支払ったか，または支払いの約束が確認できたらすぐに削除される。
11） 「バッドファーザーズ（배드 파더스）」というキーワードでグーグル検索をしてみると，2023年12月29日現在，300件のネット記事がヒットする。
12） 水原地方法院（2020.1.15）宣告2019高合425判決。ところが，行政制裁および刑事処罰の改正が行われた以降，控訴審では，2021年12月23日に一審判決を破棄し，情報通信網法による名誉毀損罪が成立すると判断し，上告審では，24年1月4日に控訴審の判決を確定した。
13） 運転免許停止処分を盛り込んだ改正案が第20代国会第378回国会本会議（第1次，2020年5月20日）にて「在席議員158名全員」に賛成された。また，出国禁止と身元公開，刑事処罰としての罰則を盛り込んだ改正案が第21代国会第382回国会本会議（第15次，20年12月9日）にて「在席議員256名のうち，249名」に賛成された。
14） 第17代国会第256回法司委（第15次）において議論され，引き続き法案審査第1小委員会にて審査することになったが，任期満了で廃止された（国会事務処 2005.11.22：29）。
15） 「養育費立替制度の趣旨には共感します……（中略）……しかし，私たちの推定では，これに莫大な財政が所要されるため，まずは国民的なコンセンサスを形成することが必要であり……（中略）

第10章　なぜ，養育費履行確保制度の強化は可能だったのか　175

　　……強制的に私たちが当事者から受け取り，それでもダメなときに関係部署が立て替えるなど，このように財政負担を少しずつ減らしていきながら，この制度を定着させる必要があると思います」（国会事務処 2012.11.9）。
16)　一時的な養育費緊急支援は養育者の経済的水準を主な対象要件とし，月20万ウォンが原則9か月まで支払われる。子どもの福祉のために追加的な支援が必要な場合には3か月の範囲内で延長することができる。一時的な緊急養育費の支給率は，2015年に17.5％，16年に55.7％，17年に51.1％，18年に51.1％，19年に70.0％，20年に59.4％，21年に52.0％，22年に69.6％と右肩上がりである（ホ・ミンスク 2023：4）。
17)　2018年に限っても4世帯以上のひとり親家族が極貧状態で亡くなっている（「福祉タイムズ」2019年10月24日）。

第11章

なぜ，政治は障害者運動に反応したのか

孔　栄鍾

1　終わりなき障害者「権利」運動

　2022年4月13日に生放送されたJTBC「舌戦ライブ」(썰전라이브)では，当時の「全国障害者差別撤廃連帯」(以下，全障連)のパク・ギョンソク常任共同代表と「国民の力」(現・与党)のイ・ジュンソク代表の2人による1対1の討論が行われた。討論では，全障連が起こした移動権など障害者の権利保障を要求する地下鉄デモをめぐり，デモの正当性や障害者予算確保案等について2人の先鋭な攻防が繰り広げられた (**図表11-1**)。

　障害者の権利をめぐる議論が，テレビ討論会で一つのテーマとして取り上げられたのは異例であり，しかも障害者団体の代表と (次期) 政権与党の代表が直接討論で渡り合ったのは前例のないパフォーマンスであった。そのためか，社会的にも大きな関心が寄せられた。実際に，視聴率調査によると当該番組の視聴者数は前日より倍増しており (「内外経済TV」2022年4月14日)，YouTubeに配信された映像の視聴回数は現時点 (2023年11月1日基準) で144万回を記録している。

　2人の討論は3時間にわたる論争となるも平行線をたどり，約1か月後の5月12日に2回目の討論会が開かれた。特に注目されるのは，その後もパク・ギョンソク代表とオ・セフンソウル市長との単独懇談会が開催されるなど，政治領域において障害者の移動権保障をめぐる議論が広がりつつある，という点である。

　詳細については次節で取り上げるが，全障連の移動権をめぐる地下鉄デモの発端は2001年に遡る。旧正月，息子のところに向かっていた障害者老夫婦が地下鉄烏耳島駅の車椅子リフトで墜落し，1人が亡くなり1人が大怪我をする事故が発生した。障害当事者らがバスや地下鉄乗車デモを行い始めたのは，このときから

である。「障害者の移動権を保障せよ」という叫びが本格化してから20年余りの歳月が流れているのである。

討論会をめぐっては非難と支持世論が交錯したが，障害者運動に長らく取り組んできた当事者や支援者らは，今になってようやく障害者の移動権問題が議題（アジェンダ）として取り上げられ始めたと口を揃えて言う。その背景や理由は様々で一概には言えないものの，当時の全障連政策局長であった

図表11-1 「舌戦ライブ」で議論しているイ・ジュンソクとパク・ギョンソク

出所：「NOCUTNEWS」（2022年4月13日）。左からイ・ジュンソク，パク・ソンテ（記者），パク・ギョンソク

人権活動家のビョン・ジェウォン氏はこう振り返っている。「イ・ジュンソク国民の力前代表とパク・ギョンソク全障連代表とのテレビ討論会がきっかけになったのではないか」，「政治家の話の中で『全国障害者差別撤廃連帯』が言及され始めたのも，やはり最近2年のことである」（「SBS PREMIUM SP」2023年9月3日）。

パク・ギョンソク代表は，2001年に移動権闘争を始めた頃から，「悪口を言われても構わないので，障害者の人権問題が『100分討論』に出れば，それ以上望むことはない」（「韓国日報」2022年4月14日）と訴えていた。それから20年余りが経過した今，次期与党代表に討論を提案したパク・ギョンソク代表は，その理由について次のように述べている。「今まで私たちが何を求めてきて，これをどのように解決しなければならないのか，政治の責任が何かについて話し合いたいです。21年かけて私たちが訴えてきたというのは，21年にわたって両政党とも私たち（の声）に無関心だったという意味ですから」（「時事IN」2022年26日）と。

こうした経緯を考えると，近年の移動権など障害者権利運動に対する政治の態度において，今までとは明らかに違う反応を見て取ることができる。そして，ここで一つ浮かび上がるのが，「なぜ今，政治は障害者運動に反応したのか」という疑問である。

本章では，この「問い」に対する「答え」を探るための試論として，次のことに注目して論理展開していくこととする。

まず，1987年以降に本格化した障害者運動がどのように展開され，どのような政治状況下で，政策はどう変化してきたのか，その関係性について確認する。次

に，その結果「何が変わって，何が変わっていないのか」，その到達点を追究してみる。そのうえで，「変わっていないもの」への運動に，なぜ政治が反応し始めたのか，その背景にある「韓国ならでは」の状況を社会的・政治的背景と国際的背景から分析することで，前述の問いに対する答えの提示を試みる。最後には，「変わっていないもの」に対する挑戦が示唆することと，その意義について考察していく。

2　何が変わって，何が変わっていないのか

韓国における障害者運動は1980年代の民主化過程で本格化したが，実質的な成果を出し始めたのは2000年代に入ってからである。2000年代初頭に噴出した移動権，教育権，生存権保障などに関する障害者運動は，最近では自立生活や自己決定の保障，脱施設化などの権利実現に向けてさらに拡大・深化し，現在進行で現れつつある。その過程で，大きく変わったものもあれば，未だに変わっていないものもある。

本節では，韓国における障害者政策の変遷過程を障害者運動との関係で整理し，現在の障害者政策において何が変わって，何が変わっていないのか，その到達点を確認してみる。

1　障害者政策の変遷と障害者運動の関係

図表11-2は，戦後から現在までに制定された障害者関連の主要法律をまとめたものである。

⑴　2000年代以前

障害者にかかわる最初の個別法は1977年に制定された「特殊教育振興法[3]」であるが，障害者に対する総合的な支援が初めて法律上に明示されたのは，81年の国際障害者年をきっかけとして制定された「心身障害者福祉法」である。それ以降の障害者政策は，障害者運動と密接な相関関係を持って展開されていく。

1987年，「6月抗争[4]」の成果としての大統領直接選挙を控えていたところで，障害者団体は「障害者雇用促進法」の制定と「心身障害者福祉法」の改正を要求する運動を本格化した。いわゆる「両大法案闘争」は，88年ソウルパラリンピック開催の拒否運動とともに展開され，89年には障害者団体の結集により「心身障

第11章　なぜ，政治は障害者運動に反応したのか　179

図表11-2　障害者関連法律一覧（1977〜2020年）

法律名	公布日	施行日	制定/改正	所管	備考
特殊教育振興法	1977.12.31	1979.01.01	制定	教育部	義務教育課程無償教育
心身障害者福祉法	1981.06.05	1981.06.05	制定	保健福祉部	福祉施設，便宜施設設置等
障害者福祉法	1989.12.30	1989.12.30	全部改正	保健福祉部	任意事項→義務事項，生計及び医療支援拡大，障害者登録制施行
障害者雇用促進等に関する法律	1990.01.13	1991.01.01	制定	雇用労働部	一定規模（300人）以上事業体に一定比率（2％）障害者雇用義務化
特殊教育振興法	1994.01.07	1994.07.07	全部改正	教育部	初等・中学校過程義務教育
障害者・老人・妊産婦等の便宜増進保障に関する法律	1997.04.10	1998.04.11	制定	保健福祉部	便宜施設設置義務対象拡大
国民基礎生活保障法	1997.09.07	2000.10.01	制定	保健福祉部	受給者に最低生計費基準給付支給
交通弱者の移動便宜増進法	2005.01.27	2006.01.28	制定	国土交通部	移動権概念明記，低床バス導入義務化
障害者雇用促進及び職業リハビリテーション法	2005.03.31	2005.07.01	一部改正	雇用労働部	障害者雇用促進基金1/3を保健福祉部と協議して職業リハビリテーション事業に使用
障害者企業活動促進法	2005.07.29	2005.10.30	制定	中小ベンチャー企業部	障害者企業差別是正要請，基本計画樹立
障害者差別禁止及び権利救済等に関する法律	2007.04.10	2008.04.11	制定	保健福祉部	障害範囲拡張，是正命令・処罰規定導入，差別立証責任転換
障害者福祉法	2007.04.11	2007.10.12	全部改正	保健福祉部	「自立生活支援」のための活動補助サービス導入
老人長期療養保険法	2007.04.27	2008.07.01	制定	保健福祉部	65歳以上老人や老人性疾病を有する65歳未満の者に療養給付提供
障害者等に対する特殊教育法	2007.05.25	2008.05.26	制定	教育部	義務無償教育体系確立，生徒の保護者・障害者当事者権限拡大，実質的な統合教育
重度障害者生産品優先購買特別法	2008.03.21	2008.09.22	制定	保健福祉部	重度障害者雇用施設の商品・用役・サービス公共機関優先購買義務化
障害者年金法	2010.04.12	2010.07.01	制定	保健福祉部	1〜重複3級障害者に年金支給（基礎生活受給者基準15万ウォン）
障害者活動支援に関する法律	2011.01.14	2011.10.05	制定	保健福祉部	満6歳〜64歳重度（1級）障害者に活動支援サービス提供
障害児童福祉支援法	2011.08.04	2012.08.05	制定	保健福祉部	普遍福祉概念明記，障害児童支援センター設置
障害者・高齢者等住居弱者支援に関する法律	2012.02.22	2012.08.23	制定	国土交通部	最低住居基準明示，（公共）賃貸住宅の一定比率（3％）住居弱者用に建設，住宅改修費用支援
発達障害者権利保障及び支援に関する法律	2014.05.20	2015.11.21	制定	保健福祉部	発達障害者権利明示，支援センター設立
障害者健康権及び医療接近性保障に関する法律	2015.12.29	2017.12.30	制定	保健福祉部	健康権明示，主治医制度導入，障害者保健医療センター設立
障害者・老人等のための補助機器支援及び活用促進に関する法律	2015.12.29	2016.12.30	制定	保健福祉部	補助機器使用支援事業導入，補助機器センター設立
障害者福祉法	2017.12.19	2019.07.01	一部改正	保健福祉部	「障害等級」を「障害程度」に変更，カスタマイズ型サービス提供のための「サービス支援総合調査」実施
障害芸術人文化芸術活動支援に関する法律	2020.06.09	2020.12.10	制定	文化体育観光部	障害芸術人支援，実態調査実施

出所：イ・サンジク（2022：6）の表1を一部編集し筆者作成。

害者福祉法改正および障害者雇用促進法制定のための共同対策委員会」を立ち上げ，その結果両大法案を通過させる成果につながった（キム・ドヒョン 2007b：52）。

両大法案の制定は，当時の民主化運動に触発された生存権保障や教育権保障など権利保障を要求する，障害当事者の声が反映された結果であった。1987年以前に制定された障害者関連法律は，象徴的で限定的なものにとどまっていたが，民主化以後の立法および改正過程では，その実質的な保障の意味が反映され始めたのである。韓国における障害者運動の開始時点を87年とみなすのも，それが理由である（イ・サンジク 2022：7）。

(2) 2000年以降

2000年代に入り，初めに制定された障害者関連法としては，05年に制定された「交通弱者の移動便宜増進法」（以下，「交通弱者法」）がある。この法律により，障害者の移動権が初めて明記され，地下鉄駅エレベーターの設置や低床バスの導入などが義務化された。前述した移動権をめぐる地下鉄デモの主な対象が，まさにこの法律である。

2000年以降の障害者運動は，それ以前とは異なる側面，すなわち非障害者中心の権利体系全体に対する抵抗として拡大・深化し始めた。そして，このような観点の変化には，「移動権闘争」が大きな役割を果たした（ユン・スジョン 2023：32）。

2001年，地下鉄4号線の鳥耳島駅で車いす対応の階段昇降機から搭乗者が転落し，70代の障害当事者が死亡，同行していた夫が重傷を負った事故が発生した。この事件に先立ち，2年前の1999年に恵化駅と千戸駅で車いすリフト事故が発生していたにもかかわらず，同様の事故が繰り返されたため，鳥耳島駅事故は当時社会的にも話題となった。それだけでなく，事故前にもリフトが止まるなど頻繁な故障があったものの，外部安全検査すら受けていなかったことが明らかとなり，単純な事故ではなく「事件」であるとの指摘もあった。

それゆえに，この事故に抗議する当事者らは「障害者の移動権を勝ち取るための連帯会議」を結成し，断食座り込み，テント座り込み，移動権確保のための100万人署名運動，障害者バス闘争，地下鉄駅線路占拠座り込み，移動権侵害損害賠償訴訟などを展開しながら，障害者がおかれた深刻な現実を韓国社会全般に拡散させた（ユン・スジョン 2023：33）。

障害者の移動権闘争は移動権を全面的な個別の権利として位置付け，2000年以

降の韓国における障害者運動を主導した。これをきっかけに軽度の障害者および専門家集団中心の既存の運動主体が，重度の障害者を中心とする運動に変化し，同時期に展開され始めた障害者自立生活運動においても中心的な役割を果たすことになる（ニン・スジョン 2023：34）。

　それ以降に制定された重要法律としては，2007年4月制定の「障害者差別禁止等に関する法律」（以下，「障害者差別禁止法」）がある。また，同時期に「障害者福祉法」が全部改正され，障害者の自立生活支援に対する法的根拠が規定された。この改正を背景に，10年には「障害者年金法」が制定され，重度障害者の所得保障のための条件が設けられた。さらに，11年には「障害者活動支援に関する法律」（以下，「障害者活動支援法」）が制定され，障害者が家族や施設から離れても日常生活および社会生活を営むことができるように支援する，制度的枠組みが形成された。

　その他にも，「障害児童福祉支援法」（2011年）や「発達障害者権利保障及び支援に関する法律」（14年），「障害者の健康権及び医療接近性の保障に関する法律」（15年，以下，「障害者健康権法」）など，重要な法律が次々と制定された。なかでも，17年の「障害者福祉法」の改正は注目に値する。この改正で1988年に導入された障害等級（1～6等級）が19年7月から廃止され，障害程度による区分（「障害程度が重い障害」と「障害程度が重くない障害」）に単純化された。これにより，重度と判定された障害者へ限定的に支援されてきた障害者年金や活動支援サービスなどの受給対象の拡大が期待されている（イ・サンジク 2022：8）。

　最近では「障害者権利保障法案」，「脱施設支援関連法案」，「個人予算制」のような障害者の個別ニーズに対応するための具体的な法制度の導入が活発に議論されており，実質的な福祉実現を図ろうとする政策の質的変化がみられるなど，韓国の障害者政策は新たな局面を迎えているように見える。

2　障害者政策と障害者運動の到達点

(1)　「変わったもの」

　戦後韓国における障害者政策の歴史からみると，1981年に「心身障害者福祉法」が制定されて以来，40年が経過した。障害者運動の歴史的経緯からみても，移動権闘争のきっかけとなった2001年の地下鉄烏耳島駅の事故から20年という歳月が過ぎ去っている。その過程で，障害者の生活や教育，労働から権利擁護や脱施設

まで，障害者を取り巻く環境は大きく変わってきた。障害者の雇用率は飛躍的に上昇しており，生活保護や年金・手当の受給者，福祉サービスの利用者数も大幅に増加してきている。

障害者の移動権，教育権，差別禁止のための法律の制定など，2001年以降の障害者運動が取り組んできた主な闘争は，ある意味，市民権（citizenship）の保障を訴える，つまり一人の国民としての権利を取り戻すための闘争であった。そして，これらの闘争において国家権力に非妥協的な姿勢を維持してきた障害者運動が市民社会から支持を得ることができたのは，実際にそのような闘争を通じて可視的な成果を残してきたからである（キム・ドヒョン 2007b：56-57）。

重度の障害者による移動権闘争の成果（「交通弱者法」の制定）や障害児の親による教育権闘争の成果（「障害者等に対する特殊教育法」の制定），そしてその他の多様な基本的権利を取り戻すための取り組みとその成果（「障害者差別禁止法」，「障害者活動支援法」，「障害者健康権法」などの制定）は，何よりも障害当事者の連帯と壮絶な運動があってこそ可能であったのは言うまでもない。

ただし，その背景にある国内の社会的・政治的な事情も，断じて看過できない。

先に述べたように，韓国における障害者運動はマイノリティ運動の文脈で出発した西欧の障害者運動とは異なり，1980年代の市民運動（民主化運動）の影響のもとで始まった。民主化運動により，韓国社会は21世紀に入ると民主主義と自由主義の体制を同時に完成させており，国家権力としてはその正当性を維持するためにも，障害当事者らが提起する基本的な市民権的要求を完全には否定できなかったであろう（キム・ドヒョン 2007b：57）。

(2)　「変わっていないもの」

障害者の権利保障の基盤となる法制度が整備されてきたとはいえ，その根底にある問題をめぐっては，未だに根本的な変化がみられているとは言い難い。

移動権問題を例に取ると，確かに20年前と比べて事態は大きく改善されている。2001年の首都圏（ソウル）地下鉄駅のエレベーター設置率は13.7％であった。それに対し，21年時点での設置率は約92％まで伸びている。しかし一方で，鳥耳島駅事故以降も，02年の鉢山駅事故，06年の新延寿駅事故，08年の華西駅事故，最近の17年にも新吉駅でリフト墜落事故により障害者が死亡するなど，17年までの首都圏地下鉄におけるリフト関連事故は17件に達する。

また，2020年のソウル市内低床バスの導入率は27.8％にとどまっており，高速

バスと市外バス・村バスは０％である。「2020年障害者実態調査」によると，毎日外出できる障害者は全体の45.4％にとどまっている。言い換えれば，障害者全体の約55％に望む時間に目的の場所へ自由に移動できないのである。障害者運動の成果として関連法律が制定されたが，以後の政策段階において既存の慣行や審議基準によってその意味が縮小・制限され，障害者の権利は法条文にのみ存在する形式的な水準にとどまっているのが現実である（ユン・スジョン 2023：29，31）。

　実際に，韓国障害者開発院の『2023障害統計年報』によると，2019年基準で韓国国内総生産（GDP）に対する障害福祉関係の支出率は0.71％であった。これはOECD 平均（1.98％）の３分の１にとどまる数値である。障害者関係の福祉予算の割合（対 GDP 比）は，2000年0.33％から概ね増加傾向を示しているものの，これは欧州の主要先進諸国はもちろん日本に比べても低い水準であり，OECD 加盟国のうち下位圏に属する。また，予算の大半は所得保障，施設および福祉サービス支援に割かれており，移動権関連予算の比率は１割にも満たない。

　その根底には，障害者の移動を，生活における基本的な「権利」としてではなく，特別な「配慮」として捉える社会関係の組織原理が存在する。「交通弱者法」第３条によれば，移動権は，交通弱者が「人間としての尊厳と価値および幸福を追求する権利が保障されるために，交通弱者でない人々が利用するすべての交通手段，旅客施設および道路を差別なく安全かつ便利に利用し移動する権利」であると定義されている。しかも，障害者への移動権の保障が，身体的不便を一部解消するのではなく，他人や環境と相互作用し，社会的一部としての生活を可能にすることは明らかである（パク・チャンソク 2021：87）。

　全障連が移動権保障や障害者権利予算（移動権，教育権，労働権，脱施設・自立生活権利に関する予算）の確保を要求する地下鉄デモに再び乗り出したのも，こうした理由からであろう。昔も今も，障害者が運動を通して要求する内容は変わっていない。

　こうした状況のなかで，長年かけて訴えてきた移動権など障害者の権利保障をめぐる問題が，再度政治界と市民社会で公論化されているという点は，注目に値する。

　ここで，本章のタイトルをもう一度想起してみたい。それではなぜ，今，そうした声（「変わっていないもの」への運動）に政治が反応し始めたのか。次節では，その背景について社会的，政治的，国際的背景それぞれの側面から分析していく。

3 「変わっていないもの」への運動に政治を反応させたのは何か

1 「非同時代性」の台頭

京都駅から歩いて３分，現代的な建物と建物の間の狭い道に入ると，戦後の佇まいを残す「リド飲食街」という昭和感あふれる飲み屋街がある。かなりディープな雰囲気で，初めてだと怖くて入りにくいと感じる人もいるようだが，地元の人だけではなく，若い人や観光客も訪れるようになっている。トレンドが激しく移り変わるなか，最近では建築，食やファッション，音楽など様々な分野において，過去に流行した要素を取り入れたり，取り残すという「レトロ」がブームになっている。

あえて「レトロ」を取り入れなくても，ある社会の人々が持つ考え方や生活習慣，生き方や生活の風景，それに伴う文化や政治，制度などにおいて，同じ時代に存在していてもそのなかに大きな非同時代的な格差が生じる場合がある。いわゆる「非同時（代）性の同時性」である（キム・ドヒョン 2007a：169-170）。ここで言う「非同時代性」とは，「現在の社会の仕組みに苦しみ，そこで強いられる生活に不満を抱く人々が，何に期待を寄せるのかを知るための手段となる概念」である（秋田 2021：249）。韓国では今，その非同時代的な格差が目立つようになっている。

2021年７月２日，国連貿易開発会議（UNCTAD）は韓国を途上国集団のグループＡから先進国集団のグループＢに移動編入させたと発表した。UNCTAD が設立された1964年以来，開発途上国から先進国グループに地位を変更したのは韓国が初めてである。2020年基準で，韓国の経済規模は世界10位を占めており，経済規模だけでなく文化，教育水準，平均寿命など生活の質の部門においても，統計的には先進国に属するということに疑う余地がないように思われる（「ハンギョレ新聞」2021年７月30日）。

その反面，OECD の最新の統計資料を見てみると，韓国は加盟国37か国のなかで，自殺率１位，労災死亡率１位，女性に対する処遇37位，出産率37位，国家幸福指数35位となっている。また，上位10％の集団が全体所得の半分を占めるという深刻な貧富格差の国として，先進国50か国のうち３位圏に入るとの統計も出ている（「ハンギョレ新聞」2021年７月30日）。まさに，非同時代的な現象が同時代

に起きているのである。

　障害者にとっても先進国の市民という言葉は，異なる時代のことのように聞こえるかもしれない。高速鉄道網が整備され，全国土が半日の生活圏に入っている時代だが，重度障害者の半分に該当する30万人の障害者は，1か月間の外出が3度に及ばない。全国民の3人に1人が専門大学以上の高等教育を受けている時代に，障害者の2人に1人は小学校卒業以下の学力を持って生きているのが現実である。このような「非同時代性」は，一つの集団として障害者の生活の姿にも非常に劇的に刻印されている（キム・ドヒョン　2007a：170）。21世紀という時代を生きていくうえで，障害者の生活や権利の水準にあまりにも大きな格差が生じているのである。

　こうした障害者の「非同時代性」を社会はどう受け止めているのか。

　韓国リサーチ「世論の中の世論」チームが2022年6月に成人約1,000人を対象に行った「障害者の移動権およびデモに対する認識調査」の結果によると，全障連のデモ方式については否定的な意見も少なくなかったものの，障害者に対する差別を是正し移動権を保障しなければならないという共感が形成されていることがわかった。障害者差別と移動権について，全体回答者の53%が「韓国社会全般において障害者差別が深刻である」と答えた。一方で，「そうではない」という回答は17%にとどまっている。また，「障害者が公共交通機関などを利用するのに困難がある」ことに「同意」（80%）するとの回答が「同意しない」（5%）との回答を大きく上回っている。全障連が障害者の移動権保障のために掲げた主な要求事項についても，回答者の88%が「支持する」と答えた。単に支持することを超えて，これらの措置が障害者の実質的な権利保障につながるとの意見も多くみられている（「韓国日報」2022年7月2日）。

　韓国社会が，前例のない速さで社会の変化と発展を経験するなか，そこで生じている「非同時代性」の深刻化に気づき，同時代を生きる障害者の声に耳を傾け始めたのではないか。政治的にも，こうした社会的認識の変化に反応せざるを得ない状況に迫られているのではないだろうか。

2　障害者の「政治勢力化」

　韓国政治の自由や競争は，1987年の民主化以後大きく進歩発展してきたと評価されている。半面，近年では韓国の民主主義が深刻な政治両極化に直面している

という指摘も少なくない。ただし，ある程度の政治両極化は，政党間の競争において政策の差をより鮮明にしてくれるため，有権者が政権与党の責任を問いやすくなるというメリットもある（パク・ジュン／リュウ・ヒョンスクほか 2023）。

　最近の政党支持率を見ると，「国民の力」（与党）と「共に民主党」（野党）の支持率がそれぞれ34％の同率を示しているなか，支持する政党がないという，いわゆる「無党派層」も27％に上る。中道層に限って見ても，両党の支持率がそれぞれ29％にとどまっている一方で，特定政党を支持しない有権者が39％で全体の約4割を占めている（「韓国ギャラップ・デイリー・オピニオン」2023年6月16日）。このような政治状況は，市民の政治への監視ないし牽制が有効であることを意味する。

　実際に大統領直接選挙が始まった1987年以来，定期的（約10年ごと）に保守政党と進歩政党の政権交代が行われている。それだけ韓国社会での選挙は，民主化運動の結実として，「政権審判」という用語が頻繁に使われるほど市民の主体的な政治参加と政治過程として，その役割を十分に果たしていると考えられる。これは，平均70％を超える投票率の推移からも容易に推測できる。

　こうした民主的で直接的な政治行為の蓄積により，市民社会における各集団は自分たちに有利な政策を掲げる候補を支持し当選させることもできる，強力な政治勢力として自らを進化させてきている（韓国障害者団体総連盟「外部コラム」2010年4月6日）。それは障害者の領域においても例外ではない。重要な選挙時期になると複数の障害者団体が連帯し，積極的な政治参加を展開してきている（孔栄鍾 2023）。この過程を通じて，障害者集団も潜在的な政治勢力に進化してきたのは明らかである。

　これまで障害者の政治参加と政治勢力化は，環境的に多くの制約を受けてきたのも事実である。多くの障害者が最も基本的な政治行為である投票さえ，本人の意思とは別に移動やアクセスの制限であきらめるしかない状況におかれていた。それでも障害者の政治参加と政治勢力化は，着実に拡大してきていると言える。韓国障害者団体総連盟によると，障害者の投票率は第15代総選（1996年）60.1％，第16代総選（2000年）66.4％，第17代総選（04年）72.9％で，徐々に高まっていた。また，第20代総選（16年）では障害者有権者の78.5％が投票に参加する意思を表明していた。さらに，第19回大統領選挙（17年）に参加した障害者は84.1％で，全体投票率77.2％を上回っているのである（韓国障害者団体総連盟『障害者政策リポート』2020年3月20日）。

約235万人という障害者有権者数だけではなく，障害者の家族であるという理由で社会的な不利を経験した人々を潜在的勢力として合わせると，どの集団よりも強力な政治勢力として顕在化する可能性もある。また，障害者政策の成立・改善という共通の目標を持っていることも，障害者の政治勢力化を可能にする背景と言える（韓国障害者団体総連盟「外部コラム」2010年4月6日）。

　このようななかで，最近では障害者の政治参加および情報アクセス権の保障を骨子とする「国会法」の一部改正法案が国会本会議を通過したところであり，さらなる障害者の積極的な政治参加が期待されている。

　ところで，障害者の政治参加は有権者という立場だけには限らない。2004年の第17代国会にて初めて障害のある議員が誕生して以来，第18代国会（08年）にて5人，第19代国会（12年）にて2人の障害のある比例代表当選者が誕生した。第20代国会（16年）には障害者が一人も進出できなかったが，これを受けて障害者団体は第21代国会総選挙を控えて障害者の国会進出への思いを持続的に表明した（イ・ドンソク 2020：61）。結果的に，20年に行われた第21代国会議員選挙では，障害のある3人の比例代表が当選し，20年5月から任期を始めた。

　障害者の国会への進出が，障害者の政治勢力化の産物なのか，各政党が宣伝用に「商品性」のある障害者を掲げて象徴的役割を求めた結果なのかは，議論が必要であるとの指摘もある（イ・ドンソク 2020：62）。しかし，いずれにしても，こうした障害者の政治参加と政治勢力化が，韓国政治において無視できない水準にまで達していることを意味するものではないか。

　全障連の地下鉄デモをめぐって，当時のイ・ジュンソク代表を始め次期与党政治家らが非難の声を上げるなか，第21代総選挙を通じて国会に進出した同じ政党に所属する視覚障害者のキム・イェジ議員が，市民の前にひざまずいて謝罪する姿が報じられた（**図表11-3**）。「これまで政治がこの問題を積極的に解決せず，障害者と非障害者の両方に不便をかけたことへの謝罪であった」（「時事IN」2022年4月8日）という。党代表として，その対応自体を批判したり，無視したりすることは難しかったのではないか。全障連のパク・ギョンソク代表の討論提案にイ・ジュンソク代表が応じたのも，それと無関係ではないと考える。

3　障害者権利条約と国連勧告

　1975年の障害者権利宣言から81年の国際障害者年への流れは，「人権を基軸と

図表11-3　市民の前にひざまずいて謝罪するキム・イェジ議員

出所：「国民日報」（2022年3月29日）。

したノーマライゼーション社会」を目指すという障害者福祉の理念の変化をもたらした。そして，このような変化が単なる宣言的なものにとどまらないように，各国の障害者団体は，法的拘束力のある条約の策定を国際社会に呼びかけてきた。こうした努力が国連と国際社会を動かし，2006年12月に国連加盟国の全会一致で「障害者の権利に関する条約」（以下，障害者権利条約）が採択された。

　障害者権利条約は，教育・健康・就労など障害者の全生活領域における権益保障を規定する国際条約である。これにより，障害者問題を恩恵的な観点から捉えるのではなく，普遍的人権の問題として捉えることとなった。

　韓国は日本よりも早く，2008年12月国会批准同意を経て09年1月に発効した。当時の韓国には，「障害者・老人・妊産婦等の便宜増進保障に関する法律」，「交通弱者法」，「障害者年金法」，「障害者活動支援法」，「障害者福祉法」，「特殊教育法」など基本的な法的体系が整っており，さらに同時期に「障害者差別禁止及び権利救済に関する法律」も制定・施行されていた。そのため，韓国政府は障害者権利条約の国内履行に大きな問題はないという自信を持っていたかもしれない（イ・ソク 2015：27）。しかし現実は厳しかった。

　韓国は185か国の批准国のうち，2度目の審議を受けた数少ない国の一つである。最初の成績表は2014年に出された。国連障害者権利委員会（以下，委員会）は，当時の韓国政府が出した障害者権利条約の履行に関する1次報告を受け，66項目にわたる最終見解を発表した。内容は深刻であった（「BEMINOR」2022年10月18日）。

　最終見解では，「障害児童福祉支援法」の制定・施行や障害者政策発展5か年計画の樹立・遂行については肯定的に評価しながらも，障害判定や障害等級の基準が医療モデルに基づいているため障害者のサービスが制限されていること，障害者差別禁止法が実効的に履行されていないこと，公共交通機関や公共建物への

アクセシビリティが制限されていることなどの問題が，60項目にわたり指摘・勧告されていた。

　そして2022年，8年ぶりに2次・3次報告に対する委員会の最終見解が出されたが，内容は大きく変わらなかった。委員会は「依然として」，「まだ」という表現を使いながら，韓国の停滞している障害者権利保障の現状を厳しく指摘した（「BEMINOR」2022年10月18日）。

　肯定的な評価もあった。条約第25条（e）項（生命保険関連）の批准留保を撤回したこと，「障害者健康権法」の制定，「脱施設障害者地域社会自立支援ロードマップ」の採択などが挙げられている。一方で委員会は，障害者権利条約上の障害者権利に対する認識不足と条約基準に適合しない国内障害者政策について懸念を表明し，79項目にわたる勧告事項を提示した。

　具体的には，依然として障害を医学的観点で規定していること，「選択議定書[6]」を批准していないこと，低床バス導入の義務対象から市外バス・高速バス・広域バスを除いたこと，脱施設政策を進めながらも十分な予算を確保せず活動支援サービスも不足していること，最低賃金法7条により障害者を最低賃金適用対象から除いたこと，などが指摘された。

　注目されるのは，この最終見解に関連して韓国の国家人権委員会（以下，人権委）が委員会勧告の履行を促す声明を発表したという点である。人権委は，「国連障害者権利委員会が発表した大韓民国の国連障害者権利条約第2・3次併合国家報告書に関する最終見解を国内に知らせ，最終見解で提示された勧告事項の完全な履行を求める」としたうえで，「人権委は今後，最終見解に対する政府の勧告履行状況を継続的に監視していく予定」（「ウェルフェアニュース」2022年9月28日）であると，今後の対応についてもつけ加えている。

　そのためか，同年12月には念願の障害者権利条約の選択議定書が批准された。現場からは「障害者権利の国際的基準が韓国社会で実現できる手段が加わった」（「京郷新聞」2022年12月9日）と，歓迎の声が上がっている。

　今後も，こうした国際社会の監視と指摘は，政府・政権与党にとって大きな負担として認識されるのではないか。

4 「変わっていないもの」への挑戦とその意義

　法律・制度を制定することで社会の仕組みを整えていくことは重要である。だが，それが現実の変化をもたらすよりも，現実の持続を促す場合は，無駄なことや意味のないことになりかねない。法律・制度が実質的な意味を持つためには，その意味が下位立法（施行令，施行規則，告示，指針など）で具体化され，それが予算と行政措置で実行されなければならない。さらに，その実行が国家人権委員会や行政審判，司法部の判決で強制されなければならない（イ・サンジク 2022：17）。こうした側面から見ると，韓国社会における障害者の基本権をめぐる問題は，その転換点に立っているように見える。

　障害者の人権を保障・増進させるための社会運動を，障害者運動または障害者権利運動という。このような障害者運動の出発は，前述の通り移動権運動から始まっている。障害者移動権は障害者人権の別の表現であるとも言われている。特別な権利を要求するのではない。基本的な権利を主張するだけである。その意味で，移動権保障は障害者が非障害者と同等な権利を有するための出発点であると言っても過言ではない。こうした状況を踏まえると，近年の移動権保障など障害者権利をめぐる障害者運動と，それに対する韓国政治の反応は，障害者政策が新たな段階へと前進する局面であることを示唆する。

　今，この時間にも障害者らは「障害者権利保障法」と「障害者脱施設支援法」の制定を求めて国会の前で運動を展開している。障害者運動史と障害立法史は，未来は予測するものではなく，創り上げていくものであることを教えている（イ・サンジク 2022：17）。「変わっていないもの」に対して絶えず挑戦すること，それを通じて変わった未来の創造が可能になるのではないか。

　これからの韓国社会において変化が期待される理由は，ここにあると筆者は考えている。

　注
　1）　韓国では，「障害者」を「障碍人（장애인）」と表記しているが，本章においては韓国の組織・法律・制度に関しても日本語の表記に合わせて「障害者」に統一して記述する。
　2）　1999年から現在まで，MBC（文化放送）で放送されている代表的な討論番組である。
　3）　この法律に，これまでは任意だった特殊教育を「国・公立の特殊教育機関および私立の特殊教

育機関のうち，義務教育課程に就学する者の教育は無償とする」と規定することにより，障害の
ある子どもたちの教育に関する国家制度としての法的根拠が設けられた。

4）　6月抗争は，大統領の直接選挙制改憲を中心に民主化を要求するデモを押し進めた民主化運動
の名称で，1987年6月10日から「民主化宣言（6・29宣言）」が発表されるまでの約20日間にわたっ
て繰り広げられた。この民主化抗争の結果，大統領直接選挙制改憲の実現など一連の民主化措置
を約束する「6・29宣言」を全斗煥政権から引き出すことに成功した。

5）　エルンスト・ブロッホ（1885-1977）が，1935年の著作『この時代の遺産』において示した概念
である（秋田 2021）。

6）　「選択議定書」（個人通報制度）は，権利を侵害されたり差別を受けた人が，国連の障害者権利
委員会に個人として通報し，救済を求めることを認める文書である。

第12章

なぜ，在留外国人の福祉アクセシビリティ確保が
推進されてきたのか

李　恩心

1　多文化共生政策と福祉アクセシビリティ

　多文化共生政策は社会的包摂のための政策となる。しかしながら，社会的・政策的な課題とともに具体的な取り組みに対する実践的課題がある。とりわけ，在留外国人が福祉サービスにアクセスすることは容易ではなく，言語問題等により様々な生活問題を抱えている場合が多いため，これらの生活問題への支援課題が挙げられる。以下では，なぜ韓国で在留外国人の福祉アクセシビリティ確保が進められてきたのかについて，その背景や現状等を踏まえて述べる。

　韓国では1980年代以降，外国人労働者が増加し[1]，さらに2000年代は結婚移民者の増加がみられた[2]。外国人労働者政策としては，海外投資企業の労働力不足に対応するために，91年に「海外投資企業研修生制度」が創設された。また，93年に，「産業技術研修生制度」が韓国国内の中小企業の労働力不足対策のために創設されたが，07年に廃止となる。2000年には，産業研修制度で就労した研究生に対し，労働者としての就労資格を与える制度として「研修就業制度」が創設された。04年には，韓国での就労を望む外国人労働者に，就労ビザを与え，慢性的な労働力不足に苦しむ中小企業に，労働者を供給しやすくしようとする制度として，「外国人雇用許可制度」が創設された（**図表12-1**）。

　外国人や多文化家族等に係る政策としては，2006年に外国人政策会議が設置され，女性結婚移民者家族の社会統合支援対策が行われる。その後「在韓外国人処遇基本法」（07年），「多文化家族支援法」（08年），難民法（12年）の制定，また「外国人政策基本計画」（08年～），「多文化家族政策基本計画」（10年～）の策定などを通じて福祉アクセシビリティ確保がさらに進められるようになった。

第12章　なぜ，在留外国人の福祉アクセシビリティ確保が推進されてきたのか　193

図表12-１　韓国の多文化共生政策（外国人労働者，多文化家族等に係る政策）の動向

実施年	内　容
1991年	海外投資企業研修生制度
1993年	産業技術研修生制度（2007年廃止）
1997年	国籍法改正（父系血統主義の廃止）
1999年	在外同胞の出入国と法的地位に関する法律制定
2000年	研修就業制度
2002年	永住制度の導入
2004年	外国人雇用許可制度 （外国人労働者政策から移民政策に移行）
2005年	移民の地方参政権が付与される
2006年	外国人政策会議の設置 女性結婚移民者家族の社会統合支援対策 混血および移住者の社会統合基本方針
2007年	外国国籍同胞訪問就業制 在韓外国人処遇基本法の制定 結婚仲介業の管理に関する法律制定
2008年	多文化家族支援法の制定 第1次外国人政策基本計画（2008〜12年）
2009年	社会統合プログラムの開始 （韓国語や韓国文化，韓国社会の理解に関する教育プログラム）
2010年	第1次多文化家族政策基本計画（2010〜12年）
2012年	難民法制定
2013年	第2次外国人政策基本計画（2013〜17年） 第2次多文化家族政策基本計画（2013〜17年）
2018年	第3次外国人政策基本計画（2018〜22年） 第3次多文化家族政策基本計画（2018〜22年）
2022年 2023年	在韓外国人処遇基本法の改正施行 第4次外国人政策基本計画（2023〜27年） 第4次多文化家族政策基本計画（2023〜27年）

出所：韓国法務部「出入国者および在留外国人統計」および女性家族部のウェブサイト，ザン・ジュヨンら（2020：6），朝倉（2020：31-33），新田（2020：204-205）を参考に作成。

2　在留外国人の現状と生活支援

1　在留外国人の動向と北朝鮮離脱住民

　韓国の在留外国人数は，2022年末現在，2,245,912人で，韓国の全人口に対するその比率は，4.37％となっている（法務部資料）。外国人登録者数は，21年現在，

1,093,891人であり（法務部資料），外国人登録者の約80％は，移住労働者や結婚移民者，留学生である。

　なお，韓国の住民には在留外国人の他に，北朝鮮離脱住民や難民の区分がみられる。北朝鮮離脱住民の韓国への入国動向をみると，2000年以降増加傾向にあり，03年〜2011年は年間2,000人〜3,000人であった。しかし，12年以降は年間平均約1,300人へと減少し，21年には63人，2022年には67人となっており，2023年9月現在，計34,021人が入国している（法務部資料）。

　韓国は，北朝鮮離脱住民が韓国社会の一員として自立・自活意思を持ち，安定的に定着できるように，「北朝鮮離脱住民の保護及び定着支援に関する法律」（1997年1月14日制定）に基づき，多様な政策的支援を実施している（統一部資料）。1999年には，北朝鮮離脱住民定着支援事務所（ハナウォン）が開設され，韓国社会への定着支援が提供されるようになった。2012年には，北朝鮮離脱住民定着支援事務所施設が拡充され（第2ハナウォンの開設），教育プログラムとして女性特化教育や，心理的安定および健康回復支援が強化された。また，迅速な自立・自活を支援することを目的に，北朝鮮離脱住民が最も困難な就労問題の解決のため，労働部・企業等と連携体制を構築し，「北朝鮮離脱住民の雇用創出事業」を進めている。

2　在留外国人に対する生活支援の展開

(1)　基本法の制定

　韓国では，2005年に，アジアで初めて移民に対して地方選挙の参政権（投票権）が付与された。10年頃からは，政府（行政安全部）の公式文書等において「外国人住民」の表記がみられるようになった（チョン・ドンゼほか 2022：13）。韓国の「地方自治法」第16条の「住民の資格」には，「地方自治団体の区域の中で住所を有する者はその地方自治団体の住民となる」と規定されている。同法第17条（住民の権利）第1項では，「住民は法令で定める通り所属地方自治団体の財産と公共施設を利用する権利とその地方自治団体から公平に行政サービスを受ける権利をもつ」と明示されている。これらのことから，在留外国人を「住民」として捉え，在留外国人の社会的・経済的権利等について位置づけようとしていることがわかる。また，12年はアジアで初めて「難民法」が制定されるなど，移民や難民に対する社会的な権利が認められるようになった。以下では，在留外国人を対象とす

る主な法律として，「在韓外国人処遇基本法」と「多文化家族支援法」を取り上げる。

在留外国人に関する基本法として，2007年に「在韓外国人処遇基本法」（22年１月25日改正施行）が制定された。この法は，「在韓外国人」に対する処遇等に関する基本的事項を定め，在韓外国人が韓国社会に適応し，個人の能力を十分に発揮できるよう，韓国国民と在韓外国人が相互理解を深め，尊重する社会を醸成し，韓国の発展と社会統合に寄与することを目的としている（第１条）。ここでの「在韓外国人に対する処遇」とは，国家および地方自治団体が在留外国人をその法的地位によって適切に待遇することを言う。

「在韓外国人処遇基本法」によると，「在韓外国人」とは，韓国の国籍を持たない者で，韓国に居住する目的で合法的に滞在している者である（第２条）。また，「結婚移民者」とは，韓国の国民と婚姻したことがある者または婚姻関係にある在韓外国人である。

国および地方自治団体は，同法第１条の目的を達成するために在韓外国人に対する処遇等に関する政策の策定・施行に努めなければならない（第３条）。また，外国人政策に関する基本計画（以下，「外国人政策基本計画」）を策定しなければならない（第５条）。「外国人政策基本計画」には，外国人政策の基本目標と推進方針，外国人政策の推進課題，その推進方法および推進時期，必要な財源の規模と調達方法などの事項が含まれる。

「多文化家族支援法」（2008年９月施行）は，結婚移民者に関する基本法として08年に制定された。「多文化家族支援法」が，韓国の「社会福祉事業法」（日本の社会福祉法に該当）により社会福祉事業として定められたことで（社会福祉事業法第２条），在留外国人への福祉的支援が法的根拠をもつようになった。

「多文化家族支援法」の目的（第１条）は，「多文化家族構成員が安定的に家族生活を営み，社会構成員としての役割と責任を果たすことができ，これにより生活の質の向上および社会統合に寄与すること」である。ここでの「多文化家族」とは，「結婚移民者または韓国の国籍を取得した者からなる家族」（第２条）である。多文化家族には，外国人夫婦のみの世帯，外国人労働者，留学生などは含まれなかったが，近年は多文化家族の定義を広く適用し，「在韓外国人処遇基本法」に定められている外国人まで支援が拡充されている。

「多文化家族支援法」によると，国家と地方自治団体の責務として，「国家と地

方自治団体は多文化家族構成員が安定的な家族生活を営み，経済，社会，文化等の各分野において，社会構成員としての役割と責任を果たすことができるよう，必要な制度や条件を整備し，これらのための施策を策定・施行しなければならない」（第3条1項）と定められている。また，特別市・広域市・特別自治市・道・特別自治道および市・郡・区（自治区）には，多文化家族支援を担当する機構と公務員をおかなければならない（第3条1項）。

「多文化家族支援法」の管轄は，女性家族部（「部」は日本の「省」に該当）となるため，女性家族部長官は「多文化家族支援のために，5年ごとに多文化家族政策に関する基本計画を立てなければならない」（第3条の2）。この基本計画には，多文化家族支援政策の基本方針や，多文化家族支援のための分野別発展施策および評価に関する事項，多文化家族支援のための制度改善に関する事項，多文化家族構成員の経済・社会・文化等の各分野における活動増進に関する事項，その他多文化家族支援のために必要な事項が含まれる。

また，「多文化家族支援法」には，多文化家族に対する理解増進（第5条）や，生活情報の提供および教育支援（第6条），平等な家族関係の維持のための措置（第7条），家庭暴力被害者に対する保護・支援（第8条），医療および健康管理のための支援（第9条），児童・青少年の保育・教育（第10条），多言語によるサービス提供および「多文化家族向け総合情報コールセンター」の設置・運営（第11条），「多文化家族支援センター」の設置・運営（第12条），多文化家族支援業務および関連公務員教育や多文化家族支援事業の専門人材の養成（第13条），情報提供の要請（第15条），（外国人支援を行っている）民間団体への支援（第16条）などが定められている。

(2) 「外国人政策基本計画」と「多文化家族政策基本計画」

以下，上記の「在韓外国人処遇基本法」と「多文化家族支援法」に基づいて策定される基本計画について述べる。「外国人政策基本計画」は，「在韓外国人処遇基本法」に基づき，法務部長官が5年ごとに関係部署の基本計画を総合し，策定する。第3次「外国人政策基本計画」（2018〜22年）では，「国民が共感する秩序ある開放」「移民者の自立と参加による統合された社会」「国民と移民者がともに作り上げる安全な社会」「人権と多様性が尊重される正義社会」「協力に基づく未来志向型ガバナンス」の5つの政策目標が掲げられている（**図表12-2**）。このなかで，「移民者の自立と参加による統合された社会」の重点課題として，社会統

第12章　なぜ，在留外国人の福祉アクセシビリティ確保が推進されてきたのか　197

図表12-2　第3次外国人政策基本計画の重点課題

政策目標	重点課題
国民が共感する秩序ある開放	優秀な人材の誘致および成長支援の強化
	（国家）成長のための就業移民者の誘致・活用
	観光客および投資者等の誘致を通した経済活性化
	移入システムの高度化および滞在・国籍制度の改善
移民者の自立と参加による統合された社会	移民段階別の定着支援および社会統合の促進
	移民の背景を考慮した対応の強化
	移民者の社会統合のための福祉支援の内実化
	移民者の地域社会への参加の拡大
国民と移民者がともに作り上げる安全な社会	安全で迅速な国境管理システムの構築
	在留外国人の管理システムの先進化
人権と多様性が尊重される正義社会	移民者の人権擁護システムの強化
	女性・児童等の脆弱移民者の人権擁護
	文化多様性の増進および受容度の向上
	同胞と共存・発展していく環境の醸成
	国際社会が共感する先進難民政策の推進
協力に基づく未来志向型ガバナンス	移民関連の国際協力の増進
	中央部署・自治体・市民社会の協働の強化
	移民政策および研究基盤の構築

出所：法務部ウェブサイトより作成。

合の観点から，移民段階別の定着支援および社会統合の促進，移民の背景を考慮した対応の強化，移民者の社会統合のための福祉支援の内実化，移民者の地域社会への参加の拡大が挙げられている。

　2023年からの第4次「外国人政策基本計画」案（法務部出入国外国人政策本部2021）では，さらに社会統合の観点を強め，「外国人」政策ではなく，「移民」政策として，外国人に代わる表記として「移民」とすることが提案されている。

　第4次「外国人政策基本計画」（2023〜27年）は，「国民と移民者がともにつくりあげる未来志向型グローバル先導国家」（22年12月21日公聴会時）がそのビジョンとして提案された。内容としては，社会統合の実現や移民者の生活の質の向上，セーフティネットの構築等が重点課題として挙げられた。

　「多文化家族政策基本計画」は，「多文化家族支援法」第3条の2（多文化家族支援のための基本計画の策定）に基づき，女性家族部長官が5年ごとに策定する。

第 3 次「多文化家族政策基本計画」（2018〜22年）では，多文化家族の社会・経済の参加支援が取り上げられ，多文化家族政策のパラダイム転換が行われた。また，第 4 次「多文化家族政策基本計画」（2023〜27年）では，第 3 次「多文化家族政策基本計画」の成果として，①全国 230か所の「家族センター」（「多文化家族支援センター」を含む）において韓国語教育，通訳・翻訳教育等の結婚移民者に対する韓国生活の適応および支援を図る，②言語発達や生活指導および乳幼児期の子どもの健康な成長・発達の支援，③多文化理解教育および多文化家族と地域住民間の交流の拡大等の多文化受容度の向上に向けた努力が評価されている。

　第 3 次「多文化家族政策基本計画」において改善が必要な事項としては，多様化する多文化家族のニーズを反映し，増加する多文化児童・青少年の学校生活の不適応および学力格差の解消方法に関する対策が挙げられた。具体的には，①乳幼児期の成長発達から後期青少年の実態把握まで，多文化児童・青少年の成長段階別のオンデマンド支援方法の構築，②多文化ひとり親家族および母国帰還家族等の多文化家族の多様化したニーズを反映した定着段階別，家族形態別の支援サービスの拡大，③多文化理解教育の強化等，一般国民の多文化受容度の向上に関する対策の強化が指摘された。近年の「多文化家族政策基本計画」では，多文化社会の理解促進に関する項目が含まれるようになったことが特徴と言える。

　これらの背景から策定された第 4 次「多文化家族政策基本計画」では，政策ビジョンとして「多文化家族とともに成長する調和のある社会」が掲げられている。具体的な推進課題（**図表12- 3**）は，①多文化児童・青少年の成長段階別のオンデマンド支援，②結婚移民者の定着段階別の支援，③相互尊重に基づく多文化受容度の向上，④多文化家族政策の推進基盤の強化，が挙げられ，各課題別の管轄部署も明確に示されている。

（3）　在留外国人への生活支援

　ここでは，在留外国人支援の代表的な公的相談支援機関の一つである「家族センター」について紹介する。「家族センター」は，「多文化家族支援法」第12条および「健康家庭基本法」第35条により設置される。「家族センター」は，多文化家族への支援を行う「多文化家族支援センター」の機能をもつ。「多文化家族支援センター」は，2008年の「多文化家族支援法」を根拠法として，多文化家族の安定的定着と家族生活を支援するための総合サービスの提供を目的に地方自治体に設置された。「多文化家族支援センター」は，教育・相談等の支援事業の実施，

第12章　なぜ，在留外国人の福祉アクセシビリティ確保が推進されてきたのか　199

図表12-3　第4次多文化家族政策基本計画の推進課題

ビジョン	多文化家族とともに成長する調和のある社会	
目標	多文化児童・青少年の 対等なスタートラインの保障	多文化家族の安定的な生活環境の醸成

大課題	中課題
多文化児童・青少年の 成長段階別のオンデマンド支援	①乳幼児の子育て支援 ②学齢期多文化児童の学力向上 ③多文化青少年の進路開発への支援 ④多文化児童・青少年の情緒安定の基盤醸成
結婚移民者の定着段階別の支援	①健全な国際結婚環境の醸成 ②多文化家族世帯別のオンデマンド支援 ③結婚移民者の経済活動への参加支援 ④家庭暴力の予防及び被害者保護
相互尊重に基づく多文化受容度の向上	①多文化理解教育の拡大 ②多様性尊重の認識啓発 ③多文化家族の社会参加の活性化
多文化家族政策の推進基盤の強化	①多文化家族政策へのフィードバックシステムの 　構築・運営 ②多文化家族支援サービスへのアクセシビリティ 　向上 ③多文化家族政策の協力体制の強化

出所：関係機関合同（2023：9）。

結婚移民者等に対する韓国語教育，多文化家族支援サービスの情報提供および広報，多文化家族支援関連機関・団体とのサービス連携，就労支援に関する情報提供および斡旋，多文化家族のための通訳・翻訳支援事業，多文化家族内の家庭暴力防止および被害者支援等（法第12条）を行っている。また，相談コールセンターが24時間365日対応で運用されている。相談コールセンターの主な事業目的は，①暴力被害を受けた移住女性に対する相談，②緊急支援等の女性人権保護および権利擁護に必要な24時間支援体制の明確化，③韓国社会における移住女性の定着段階および多文化家族のライフサイクルに伴うオンデマンド型総合サービスの支援を通した多文化家族の健康増進，④国際結婚被害者支援を通した国際結婚被害予防および救済支援システムの構築などである。

　「多文化家族支援センター」は，2021年10月に「健康家庭基本法」による「健康家庭支援センター」と統合され，「家族センター」へと名称変更となった。社

図表12-4 「家族センター」の多文化家族向けプログラム

プログラム	内　容	利用対象
基本プログラム	家族，ジェンダー平等・人権，社会統合，相談等の教育を通じ，多文化家族の国内定着を支援する。	多文化家族等
結婚移民者の力量強化	多文化家族の韓国語コミュニケーション能力の向上および社会適応を支援する。	結婚移民者，中途入国子女
訪問教育サービス	地理的条件によりセンターの利用が難しい多文化家族を対象に子育て支援および子どもの生活支援・韓国語教育等のオンデマンドサービスを提供する。	・多文化家族の子ども（満３～満12歳） ・利用家族の所得水準により自己負担あり
二重言語の環境醸成	父母コーチング・父母と子ども間の相互作用プログラム等，二重言語を家庭内で活用できる多様なプログラムを支援する。	乳幼児の子どもを持つ多文化家族（無料）
子どもの言語発達支援	言語発達の遅れがみられる多文化家族の子どもを対象に言語評価および個別の言語促進教育を提供する。	・満12歳以下の多文化家族の子ども ・支援期間：１回に６か月まで。最大３回まで延長可能（計24か月まで）
通訳・翻訳サービス	韓国語ができない結婚移民者や外国人のための日常生活および公共場所で必要な通訳・翻訳（センターごとに１～４か国語）のサービスを提供する。	多文化家族および多文化家族を直接・間接的に支援する個人または機関
事例管理（ケースマネジメント）	多文化家族の複雑かつ多様な問題解決のために対象者のアウトリーチ，心理検査や法律相談，危機家族の緊急支援，外部資源との連携等の総合的なサービスを提供する。	センターの利用者

出所：女性家族部のウェブサイトより作成。

会統合の観点から家族の多様性が求められ，多文化家族のみならず，すべての家族形態に対応する支援機関へと改編された。「家族センター」は，全国211か所に設置されており，13か国語対応を行っている。[5]

「家族センター」は，地域住民・多文化家族の家族相談，家族教育，家族ケア，家族文化サービス等の家族と関連した問題を総合的に相談し，関連サービスを提供する（女性家族部ウェブサイト）。具体的には，家族・父母教育および相談等のサービスの提供の他，多文化家族支援がある。多文化家族支援は，多文化家族の国内定着と自立支援のため，結婚移民者の定着段階別の支援パッケージ，ジェンダー平等・人権教育等の基本プログラムとともに訪問教育サービス等の特化プログラムを提供している（**図表12-4**）。在留外国人への支援拠点が地域ごとにおかれたことによる「家族」機能の維持や地域住民としての生活支援の充実がみられる。

「2023年家族事業案内」（女性家族部 2023：3）によると，「家族センター」と「行政福祉センター」（日本の市区町村の行政窓口に該当）等の関係機関との連携・協力が掲げられている。その内容は，「行政福祉センター」の連携事業として「オンデマンド型家族センター」の運営，「家族センター」と「行政福祉センター」との協議体の運営および活性化，脆弱・危機家族発見のための社会福祉館や出入国管理局等との連携である。

3　在留外国人に対する福祉アクセシビリティ

　韓国における在留外国人に対する生活支援は福祉事業として位置づけられ，福祉アクセシビリティ確保が進められてきたと言える。特に，第4次「多文化家族政策基本計画」の特徴の一つとして，「多文化家族支援サービスへのアクセシビリティ向上」の項目が加わったことで，福祉アクセシビリティ確保がさらに具体性をもつようになった。

　ここでの多文化家族支援サービスの内容としては，①アウトリーチとサービス案内のための関係機関間の連携の強化，②サービス利用者のアクセシビリティ向上が挙げられている（関係機関合同 2023：36-37）。

　①については，新規入国者に関する情報の連携の拡大や，早期適応プログラムの実施，現地事前教育修了者のうち個人情報提供に同意した結婚移民者情報を家族センターと連携，サービス案内の強化，「家族センター」の支援が必要な結婚移民者の発見のための「住民センター」（行政窓口）や出入国管理局等との連携強化がある。また，「行政福祉センター」と「家族センター」間の連携推進として，「行政福祉センター」のアウトリーチ事業である「出向く住民センター」事業[6]と連携し，地域住民に対して「出向く家族センター」を運営する。

　②については，オンライン情報システムの連携強化として，「家族センター」のウェブサイト等を通した多文化家族支援サービスに対するオンライン案内を強化し，サービス申請の円滑化，オンライン情報システム等による多文化家族支援サービスの案内，オンラインによるサービス申請システムの連携推進がある。また，公共サービスの提供として，自治体や学校等の公共機関のウェブページや政策広報冊子等の多国語支援の拡大，地域社会内の通訳・翻訳資源の活用および地域資源との連携・協力を通した多言語通訳・翻訳支援体制の構築，地域社会の特性を活かした多様な多文化家族支援事業の拡大推進がある。

このように，在留外国人支援のための基本法や基本計画の策定により，政策的支援が行われている。支援拠点としては，「家族センター」等の専門相談機関が地方自治体単位で設置されている。また，「家族センター」では，相談支援の担い手としてソーシャルワーカー（社会福祉士）が積極的に配置されている。女性家族部の「2022年家族事業案内」の運営方針によると，センターの職員の採用要件として，2級以上の社会福祉士保持者または健康家庭士[7]の資格が示されている。また，専門的支援として，人権擁護など専門的な生活支援をソーシャルワーカーが担う機会が多い（女性家族部 2022a：17）。これらの支援内容は，在留外国人の福祉サービスへのアクセシビリティを高める重要な要素となる。

次に，在留外国人からみる福祉アクセシビリティの状況を述べる。第4次「多文化家族政策基本計画」（2023～27年）の策定にあたり検討された第3次「多文化家族政策基本計画」の成果としては，結婚移民者に対する総合的な定着支援により，結婚移民者や帰化者の韓国生活の困難さは，2018年の70.1％から21年には62.1％へと8ポイント減少したことが挙げられた。

「2021年全国多文化家族実態調査」（女性家族部 2022b）からは，「多文化家族支援センター」等の支援機関に対する認知度や利用率が確認できる。同調査によると，移民者の適応と定着や，子どもの成長と父母の役割等の家族生活と関連する各種支援サービスを利用したことがある場合は61.9％であった。支援サービスに関するニーズは，職業斡旋サービスが最も高く，次いで韓国社会への適応教育，入国前の韓国生活準備教育，各種相談の順であった。また，「（健康家庭）多文化家族支援センター」を知っていると回答した割合は86.8％で，相談コールセンターは55.5％，その他の外国人支援団体は62.2％で半数以上が支援団体について知っていた（女性家族部 2022b：576）。

これらの調査結果は，サービス利用者からの福祉アクセシビリティ確保の状況を確認できるデータとなる。支援センターを知っている割合が86％を超えており，福祉の相談窓口として認知されていることがわかる。

以上の内容から，在留外国人に対する福祉サービスへのアクセシビリティを「社会資源」「情報」「運営」「専門職」「必要な人・利用者」「財政」の6つに分類した場合，図表12-5の通り整理することができる[8]。

図表12-5 在留外国人の福祉サービスへのアクセシビリティ状況の日韓比較

分類	項目	日本	韓国
1 社会資源	1-1存在有無	①支援機関・団体あり（基本法なし） →市民団体（ボランティア団体、NPO）、支援機関（国際交流協会など）、自治体 ②専門職（弁護士会、行政書士会、社会福祉士会等） ③当事者による支援（相談、学習、言語支援など）	①支援機関・団体あり（基本法あり） →公的支援機関、市民団体、外国人福祉センターなど ②専門職（社会福祉士等の専門分野の人材育成あり） ③当事者による言語支援
	1-2量	社会資源は存在しているが自治体により偏りがある	自治体ごとに配置 外国人集住地域（首都圏）には多めに設置 管轄エリアがある
	1-3距離・移動	距離が遠い／交通手段が限定される	アクセスしやすい施設環境を整備
	1-4費用	無料または有料（低額）	原則無料
	1-5スティグマ	当事者性を重視した支援（多言語支援）	積極的な利用あり 当事者性を重視した支援（多言語支援）
	1-6選択肢	地域差がある 機関・団体で企画運営	多様なプログラムが展開
	1-7連続・継続性	学習支援、相談支援は継続利用が可能 情報提供は単発が多い	継続利用可能 ケースマネジメントあり
	1-8利用資格	サービス利用資格の規定あり わかりにくい	定められている利用資格の規定あり（在韓外国人であること）
	1-9公平性	あり	あり
	1-10サービスの質	各支援機関による事業報告書	事業報告義務・評価あり
2 情報	2-1情報公開	各支援機関・団体・自治体等のポータルサイトやウェブサイト	全国統一のポータルサイトの構築・ホームページの充実 メディアによる広報
	2-2情報ネットワーク	圏域内の支援機関・団体間によるネットワーク	関係部署間の情報ネットワークあり
	2-3情報の量・質	多言語版ウェブサイト、多言語相談窓口	多言語版ウェブサイト、多言語相談窓口
3 運営	3-1利用しやすい時間の設定	相談窓口による／平日または土曜日 9：00～17：00等が多い／メールやチャットによる相談受付が可能。	相談機関は平日開所／24時間相談対応あり
	3-2 待ち時間	チャットやメールの利用 利用者人数による	利用者人数による
	3-3プライバシー	相談窓口の個室利用、個人情報保護	個別相談ブースの利用、個人情報保護、訪問相談・支援サービスあり
	3-4利用手続き	行政機関の福祉サービスへは申請が必要／機関・団体は申し込みによる	利用申請、申し込みによる 行政・福祉等サービスのワンストップサービス対応あり
	3-5待機期間	行政は受理まで待機、支援団体はすぐに利用できる	すぐに利用できる
	3-6包括性・総合性	申請した自治体にてワンストップ相談サービス（一元的相談窓口）が開始 相談領域は自治体ごと選択	総合的支援サービス（ワンストップ、オンデマンドサービス）あり、全国統一
4 専門職	4-1能力	言語が堪能、異文化理解に長けている 相談専門資格不問	有資格者や専門分野の学習経歴者、有経験者の採用
	4-2社会資源情報	連絡会議、研修会（支援者・当事者・一般市民）の実施	職員・公務員研修の実施
	4-3抱え込み	チームで対応	チームで対応
	4-4態度	支援者対象の研修実施	職員・公務員研修の実施
	4-5ニーズ発見	相談窓口への来所、メール、他団体からの紹介	行政との連携
5 必要な人・利用者	5ニーズと資源の連結	必要とするサービスの認知や広報が十分でない	支援拠点機関へのアクセスが容易（利用者実態調査、満足度調査実施）
6 財政	6財政	補助金の活用	公費・補助金等の活用

注：分析枠組みは、越智（2011：65-66）の福祉アクセシビリティの枠組みを一部改変したもの。
出所：野田・李（2023：44）。

3　多文化共生政策の推進と福祉アクセシビリティ確保の併存

1　深刻な労働力不足と少子化問題への対応としての移民政策

　韓国における多文化共生政策は福祉アクセシビリティ確保と併存してきた。春木は，韓国が外国人に対して支援を行う背景としては，外国人居住者を「韓国社会の利益を損なう存在ではなく，労働力不足を補填し，結婚難や少子化問題の解決の一助となり，国益に合致した存在とみなされているのである」（春木 2014：25）と指摘する。このように，韓国における多文化共生政策の特徴は，労働政策から始まり，家族政策，女性政策，移民政策が同時進行で行われている点であると言える。特に近年は，積極的な移民政策が取られており，政策展開のための拠点づくりおよび専門性の高い人材の配置が進められている。

　まず，労働政策としては，少子高齢化に伴う労働力不足が産業全体へ及ぼす影響を踏まえた対応が取られる。2030年までの年齢別生産可能人口は，以下の**図表12-6** のように，特に「青年」(19～34歳)，「中年」(35～49歳) 世代の急激な減少と，「壮年」(50～64歳) の生産可能人口が増加することが予測され，労働力不足が明らかになっている。

　これらの労働力不足の解決のため，2004年の外国人雇用許可制度の実施等を通して，国内人材が不足していた産業を中心に外国人労働者を受け入れてきた経緯がある。近年は，国内の人口変動により労働市場において外国人労働者の規模や役割が多様化され，外国人労働者に対する需要が拡大している。20年5月の統計庁の調査によると，15歳以上の移民者（常駐外国人）の34％は専門人材と非専門人材を含む就業資格を有する外国人であることがわかった。移民者の在留資格により，経済活動の参加率と雇用率に差がみられるが，20年5月基準の移民者の経済活動参加率と雇用率はそれぞれ68.9％と63.7％であった（雇用労働部・韓国雇用情報院 2022：63-64）。これらのことから，今後の労働力不足の解決のための外国人人材の受け入れは加速化すると考えられる。外国人労働者の受け入れは生活環境や社会福祉制度へのアクセス支援を伴う。このような福祉アクセシビリティ確保として韓国では「外国人政策基本計画」等を整備してきた。

　家族政策や女性政策，移民政策としては，深刻な少子化問題への対応がある。1990年代から国際結婚を通した結婚移民者が増えるようになるが，同時に少子化

第12章　なぜ，在留外国人の福祉アクセシビリティ確保が推進されてきたのか　205

図表 12-6　年齢別生産可能人口の推移

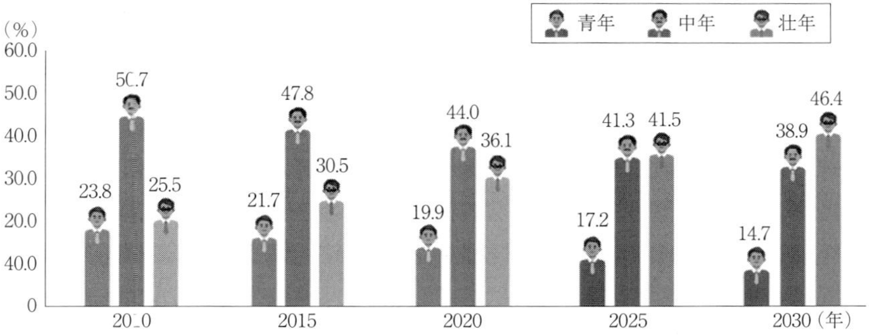

（％）　　　　　　　　　　　　　　　　　　　青年　　中年　　壮年
60.0
50.0　　　　50.7　　　　47.8
40.0　23.8　　　　　　　　　44.0　　　41.3　41.5　　　46.4
30.0　　　25.5　　21.7　30.5　　19.9　36.1　17.2　　38.9
20.0　　　　　　　　　　　　　　　　　　　　　　14.7
40.0
　0　　　2010　　　2015　　　2020　　　2025　　　2030（年）

出所：雇用労働部・韓国雇用情報院（2022：53）。

問題への代案としても注目を集めるようになる。韓国の合計特殊出生率は，2023年現在，0.72で（国家指標システム），世界で最も深刻な状況となっている。このような背景から結婚移民者の受け入れが推奨されてきたが，結婚移民者の受け入れに伴い，悪質な結婚仲介業者の問題，家父長制的な夫婦関係，家族関係のなかで妻・嫁である外国人女性への虐待問題などの権利侵害が社会問題となり，多文化家族支援法等を通した生活支援に向けた法整備が進むことになった。結婚移民者とその家族の生活支援は，「家族政策」「女性政策」としても法的根拠をもつようになった。

　このように韓国において在留外国人の福祉アクセシビリティの確保が進められた背景には，国家戦略としてもグローバル社会への対応としても必要性が認められたからである。具体的には，社会的な課題解決のために結婚移民者を受け入れ，韓国の少子高齢化社会に備えようとしたことである。また，労働政策として，国内外のグローバル社会で活躍できる人材確保のためにも積極的な移民政策が求められた。

2　生活権保障の必要性からの福祉アクセシビリティの確保

　福祉アクセシビリティ確保が進められたもう一つの背景には，在留外国人数の増加による移民者の生活の質の向上や，社会権や福祉権（セーフティネット）等の生活権の保障が求められたことへの対応が必要であったことがある。具体的には，外国人労働者の保護問題，結婚移民者の権利侵害，文化摩擦，韓国語を重視する

コミュニケーション問題，子どもの教育問題等の様々な社会問題があった。これらの社会問題に対して，在留外国人の人権保障や社会統合，経済活性化の観点から問題解決が急がれた。外国人労働者に対する保護や結婚移民者等に対する権利擁護活動等の支援課題が徐々に明確となり，福祉的な支援を提供する様々な専門機関やプログラムの実施等を通して福祉アクセシビリティ確保が進められてきたと言える。

「2021年全国多文化家族実態調査」（女性家族部 2022b）によると，多文化家族の経済的状況として，国民基礎生活保障（日本の生活保護）の受給世帯比率は6.4％で継続的に増加していることや，多文化世帯の平均賃金は多文化世帯以外の国民の平均賃金より低い水準であることが明らかになった。また，15年以上の在留期間が39.9％で増加傾向であることや，配偶者との死別・離婚・別居の割合が増えており，生活困窮状態に陥る可能性が高いことが報告されている。社会的関係は，家族以外に頼れる人がいない場合が約30％程度で，社会的孤立状況であることや，子どもの教育問題があることなどが指摘されている。

石河は，在留外国人の滞在の長期化や定住化が増えていることや「地域の生活者」として様々な生活上の問題を抱えていることを指摘する。またこれらの滞在の長期化・定住化に伴う複雑化・多様化・深刻化・複合化した生活・家族問題に対応するには，専門的・継続的なソーシャルワークの支援が不可欠であるとした（石河 2018：5）。

三本松は，「韓国で移住生活者を支援する多くの民間団体の実践は，それらの団体の名称に人権を掲げていることに見られるように，移住生活者の生活課題の共有には人権意識が介在して支援につながり，民間支援団体等による生活支援を通した課題の可視化がなされている。そしてそのことが移住生活者の生活権の拡充にかかわる諸課題の解決にあたり，イシューの共有により地域的共同性を生み出し，生活課題解決に向けた諸実践が行われる。そして，実質的なデニズンシップを生み出す可能性が生まれる」（三本松 2020：24）と述べている。

在留外国人の抱える様々な生活問題（ヴァルネラビリティ）は，韓国国民の生活問題とは必ずしも同一なものではない。在留外国人のもつ生活の困難さに着目し，これらの状況に伴い利用できる福祉サービスの提供や社会保障制度へのアクセス支援（ワンストップサービス）として，根拠法の制定と基本計画の位置づけ，支援センターという相談支援機関や専門職の配置等のもつ意義は大きく，今後普遍的

な取り組みとしてさらに発展が求められる。

4 さらなる福祉アクセシビリティ確保に向けて

　最後に，上述した韓国における福祉アクセシビリティ確保の意義をさらに展開するに当たって韓国に残された課題について若干の考察を加える。

　まず，韓国国民による外国人住民の受け入れ感情（意識）の低さである。韓国社会は，多文化社会が急速に進んだことにより社会的葛藤が生まれた。「2012年国民多文化受容度調査」（女性家族部 2022c）によると，結婚移民者の差別経験は2018年の30.9％から21年には16.3％と減少しているものの，国民の多文化受容度は，2018年の52.81点から2021年の52.27点へと減少している。本調査は12年から実施されてきたが，12年の51.17点から2015年は53.95点へと増加がみられたものの，21年は減少傾向が明らかになった。また，青少年の多文化受容度は，21年は71.39点で，18年に比べて0.17点増加しているが，15年の67.63点から18年は71.22点へと増加したことを考慮すると大幅な増加はみられなかった。

　国民アイデンティティの項目においては，成人と青少年ともに2018年までは移住民に対して「帰属意識が重要である」との回答が減少していたが，21年の調査では帰属意識の重要性が増加している。これらの結果は，血統的背景が異なる移住民を国民として認める態度が縮小されたことを意味し，多文化受容度の減少につながるとの分析であった。また，自国民の優先雇用に対する態度や，移民者と外国人労働者を隣人として迎え入れることに対する態度は1990年代以降，多少改善されているものの近年の変化は乏しい。

　第4次「多文化家族政策基本計画」によると，多文化世帯員数が2018年に100万人を超え，21年には112万人へ増加している。また，多文化児童・青少年も増加しているが，学齢期の子どもの学校生活における不適応および学力の格差等の問題が深刻化している。7～18歳の子どもは17年の10.7万人から21年に17.5万人へ増加しているが，学力格差は，18年の18％から21年は31％へ増加している。さらに，長期在住の結婚移民者が増加し，多文化ひとり親家族および母国帰還多文化家族等の多文化家族の世帯が多様化している。[9]

　これらの結果から，様々な背景をもつ在留外国人（移民者）に対する韓国社会の態度は肯定的な方向へ向かっているとは言えないことが明らかになった。

次に，限定的な多文化主義と在留外国人の社会権や市民権に関する課題が挙げられる。イ・ミョン（2017）によると，「多文化家族」の定義が限定され，サービス提供も限られていると指摘する。多文化家族には留学生や外国人労働者等が含まれていないため，多文化主義が限定的に用いられていることになる。外国人人口の約4割が外国人労働者で，結婚移住者は約1割程度であることから，移民政策のねじれが生じているとの指摘もある（三本松　2020：19）。また，「多文化」という概念や用語が定着することにしたがい，韓国人による「多文化家族」に対する差別意識を助長したとも言える。「多文化主義」は韓国ならではの定義と化し，一般社会と分離・排除の仕組みを生み出し，福祉政策として多文化家族への支援が行われたことが指摘された（イ・ミョン　2017：396）。多文化主義が特別な社会的支援の枠組みを作り出したことになる。

　「多文化家族支援センター」における社会参加プログラムは，雇用対策やボランティア活動などが多数を占めており，社会権や市民権に関する対策は十分とは言えない。これらの現状から，韓国社会は多文化社会が急速に進んではいるものの，ソーシャルインクルージョンやデニズンシップの政策が十分に発展できず，韓国社会における分断や新たな差別，排除の構造がみられるようになったと言える。

　チョン・ドンゼらは，在留外国人が地域社会で利用できる公共サービスは，雇用支援，福祉関連分野が主であり，社会サービスは結婚移民者や結婚移民者の家族（多文化家族）と永住権者を中心に行われているため，その他の多くの在留外国人は居住者としての権利を享受するにあたり，制約が生じていることになると述べている（チョン・ドンゼほか 2022：51-52）。

　これらの指摘は，多文化家族と一般家庭との統合政策になっていないことを表す。多文化主義のあり方は，在留外国人に対する一方的な社会適応や同化施策を強調する限り限界を生み出す。シム・スンウは，「社会の構成員が政治共同体の同僚市民という民主的な所属感と共同の運命体であることを体感していくこと，相互尊重を基盤とする共同のアイデンティティを形成していくプロセスは多文化主義を超えて社会統合の課題となる」（シム・スンウ 2022：382）と述べている。これらの課題解決のために，支援の拠点を「多文化家族支援センター」から「家族センター」に名称変更したことは国民全体に対して普遍的な家族サービスを提供するための一つの試行錯誤の結果であり，社会統合へのプロセスとも考えられる。

第12章　なぜ，在留外国人の福祉アクセシビリティ確保が推進されてきたのか　209

　このような課題は残るが，政策的には生活支援の根拠法の制定等を通して積極的な移民政策に移行している。そして，実践的には支援センターの設置に伴う多様なプログラムの実施やソーシャルワーカーの配置等を通して在留外国人に対する福祉アクセシビリティ確保に向けての取り組みが行われている。また，福祉アクセシビリティについて，フォーマル機関やサービスだけでなく，地域コミュニティへの参加，労働市場への参加支援など，多様な側面からの検討や実践が行われていることも事実である。外国人を地域住民として捉え，韓国国民とともに個人や国家の成長において欠かせない存在として位置づけている点や様々な生活課題への対応を専門的に行っている点が特徴と言える。

　次のステップとしては，行政主導型の支援システムの構築のみならず，民間団体の相談支援機能の充実や専門人材の力量の強化，在留外国人が地域コミュニティで安心して生活できる地域社会づくりや社会参加支援，社会統合に向けた幅広い社会権や市民権の保障等の検討が求められる。

注
1）　統計庁データによると，外国人労働者（外国人就業者）は，2022年現在，約84万人となっている。
2）　統計庁データによると，結婚移民者は，2021年現在，168,611人となっている。
3）　e-ナラ指標によると，韓国の在留外国人は長期滞在外国人（登録外国人，外国国籍同胞国内居所申告者）と短期滞在外国人で構成される。
4）　e-ナラ指標によると，外国人が入国した日から90日を超過し韓国に滞在する場合は，大統領令で定める規定により，入国した日から90日以内に滞在地を管轄する事務所長または出張所長に外国人登録を行わなければならない（出入国管理法第31条）。
5）　2023年２月現在，「健康家庭支援センター」と「多文化家族支援センター」の統合センター数。他に「多文化家族支援センター（単独型）」が20か所設置されている（2023年1月1日現在）。
6）　韓国の福祉サービスのデリバリーシステムの特徴の一つに，地方自治体（特に生活圏域である邑・面・洞［日本の町村に該当］）が行っている「出向く（チャザカヌン）福祉事業」がある。地方自治体に配置されている社会福祉職公務員が主な担い手（1999年に社会福祉職公務員の公募が始まる）となり，「住民センター」がアウトリーチ型福祉事業を行っている。16年度より福祉の制度の狭間の問題を解消するために「出向く（チャザカヌン）福祉事業」という名称で推進された。18年からは保健事業が加わり「出向く保健福祉事業」へと拡大され，保健福祉相談，保健福祉の福祉制度の狭間の問題に対するアウトリーチ，統合事例管理（総合的ケアマネジメント），地域資源の開発および支援等のサービスを邑・面・洞が提供している（韓国地方行政研究院 2020：1）。邑・面・洞の「出向く保健福祉チーム」は，全国の邑・面・洞の94.6％である3,312か所（21年基準）に設置されている（行政安全部・保健福祉部 2022：5）。
7）　「健康家庭基本法」に規定された健康家庭事業を遂行するために必要な関連分野に関する学識と経験を有する専門家，または，大学またはこれと同等以上の学校で社会福祉学・家庭学・女性学等の関連科目を履修し，卒業した者である（韓国健康家庭振興院ウェブサイト）。
8）　**図表12-5**の内容は，韓国は「多文化家族支援センター」の取り組みを中心に，日本は国際交流

協会や地方自治体の多言語相談窓口等の取り組みを中心にまとめたものである。

9） 15年以上在住者は39.9% で，多文化ひとり親家族は10.9% に上っている。

第13章

なぜ，総合社会福祉館が地域福祉の担い手になったのか

崔　恩熙

1　地域住民のニーズに応えてきた総合社会福祉館

　A総合社会福祉館を利用している60代の女性Bさんと小学校5年生の孫のC君は，祖孫家庭で国民基礎生活保障（日本の生活保護）受給世帯である。地域住民センター職員に紹介されてから約7年も利用し続けている。最初は，日々の生活や孫の養育のことなどを相談していたが，今はBさん自身の興味・関心のある余暇活動や社会貢献活動，地域交流の拠点として利用している。

　BさんはA総合社会福祉館の無料送迎バスを利用しており，曜日によって午前はハングル教室，パソコンやスマホなどのIT活用プログラムに参加し，午後は地域の子どもたちに伝統遊びを教えるボランティアとして活躍している。昼食は，1階の食堂で提供される無料給食サービスを利用している。C君は，学校が終わるとA総合社会福祉館に併設されている地域児童センターで過ごしている。日頃は宿題をするか，友達と遊んでいる。曜日によってA総合社会福祉館が提供する様々なプログラム（対人関係づくり・多文化体験プログラム，地域通学路安全活動など）に参加している。

　A総合社会福祉館は，今ではBさんとC君にとって地域のなかで欠かせない居場所になっている。長年にわたってBさんとC君の地域生活が安定するように見守りながら支えているのがA総合社会福祉館で働く社会福祉士Zさんである。Zさんは，複合的な課題を抱えている祖孫世帯や中高年単身世帯を見つけ，必要な支援につなげている。

　A総合社会福祉館は，総合社会福祉館（以下，「社会福祉館」）の普遍的な様子である。[1]社会福祉館は，古くから地域住民が利用できる社会福祉施設として中心的

な役割を担ってきた。地域を基盤に，地域住民の参加や協力を得て地域社会が抱えている生活上の問題を予防または解決するために，社会福祉士が総合的な福祉サービスを提供する専門施設として位置づけられている。

2023年現在，全国に479か所あり（韓国社会福祉館協会ウェブサイト），人口10万人当たり1か所が設置されている。1980年代に社会福祉館が制度化されたことを機に，全国各地で設置が進み，今では地域福祉を担う代表的な拠点となっている。当初は，地域の低所得層を中心とした生活支援が主であったことから利用者が限られていたが，今では地域住民誰もが気軽に利用する施設になっている。

社会福祉館の増加と利用者拡大の背景には，少子高齢化，雇用の不安定化，格差の拡大，孤立・孤独の深化といった社会環境の変化に起因する多様で複合的な福祉ニーズを抱える地域住民をいち早く見つけ，解決するための実践を展開してきた社会福祉館の柔軟な対応があったと言える。

ところが，社会福祉制度の変化に伴い，老人福祉館や障害者福祉館といった対象別専門機関が制度化されたことで社会福祉館が担っていた社会福祉サービスがより細分化・専門化され多くのサービスが移管された。このように，社会福祉館の機能が縮小・変化するなか社会福祉施設としてのアイデンティティや存在意義をめぐって懐疑的な声も少なからずあった。しかし，激変する地域住民のニーズに対応するために，新たな道を積極的に模索し続けたことで，一層地域に根差した社会福祉サービス提供機関として今日においても発展し続けている。

その結果，今では誰もが社会福祉館は地域福祉の拠点機関であると認識している。社会福祉館は単に制度的変化を受動的に受け入れる形で地域福祉の担い手になったのではなく，社会福祉制度の変化に伴い，社会福祉館としての生きる道を積極的に模索しながら，絶えず地域住民のニーズに応えてきた結果，今に至ったと言える。

本章では，なぜ社会福祉館が地域福祉の担い手になったのかを明らかにするために，第2節では韓国における総合社会福祉館の始まりから今日まで歩んできた道を検討し，第3節では社会福祉館が地域に根差した総合的な福祉サービスを提供する担い手になった背景要因について論じることとする。

2　総合社会福祉館の始まりから地域に定着するまで

1　総合社会福祉館の概要

(1)　総合社会福祉館の定義および法的根拠

　社会福祉館は，「地域社会を基盤に一定の施設と専門人材を備え，地域住民の参加と協力を通じて地域社会の福祉問題を予防または解決するために総合的な福祉サービスを提供する施設」として規定されている（社会福祉事業法第2条）。

　従来，低所得層が密集している永久賃貸住宅団地を中心にその設置が急速に進んだ社会福祉館は，社会福祉事業法（第34条）だけでなく，住宅法（第2条第14号）において入居者等の生活福利のための共同の福利施設として設置することが規定されている。また，住宅建設基準などに関する規定（第6条）において世帯当たりの専用面積50㎡以下の共同住宅が300世帯以上あるいは総世帯数の半分以上の場合，社会福祉館の設置が可能となっている。

　また，社会福祉館が取り組む事業として，「地域社会の特性や地域住民のニーズを踏まえた事業」，「官民の福祉サービスを連携した事例管理事業」，「地域の福祉共同体の活性化を目指した福祉関連の資源管理や住民教育」，「住民組織化等に関する事業」，その他地域社会が求める事業が規定されている（社会福祉事業法第34条の5）。要するに，地域福祉を推進していく拠点としての機能が求められていると言える。

　利用対象は，社会福祉館の位置する地域のすべての地域住民となっている。特に国民基礎生活保障の受給者や生活困窮者，障害者，高齢者，ひとり親家庭，多文化家庭，保護と教育が必要な幼児・児童・青少年，その他緊急支援が必要と認められる者は優先される（社会福祉事業法第34条の5）。

(2)　総合社会福祉館の設置および運営

　社会福祉館の設置や運営等については社会福祉事業法施行規則第23条に規定されている。社会福祉館は，地方自治体，社会福祉法人およびその他の非営利法人が設置・運営することができる。地方自治団体が社会福祉館を設置した後，社会福祉法人等に委託することも可能である。社会福祉館を設置する際には低所得層の密集地域，要保護対象や人口，地域特性等を考慮し，一部の地域に偏重しないように定められている。

全国に設置されている社会福祉館479か所の運営主体をみると，社会福祉法人が最も多く約7割（338か所）を占めており，その次が財団法人，社団法人，地方自治団体の順である。また，社会福祉館は施設規模によって「ガ型」「ナ型」「ダ型」に分類されるが，社会福祉館のガ型は2,000㎡以上，社会福祉館のナ型は1,000㎡以上2,000㎡未満，社会福祉館のダ型は1,000㎡未満の施設をいう。施設規模からみると，ガ型が224か所で一番多く，次いでナ型（205か所），ダ型（50か所）の順である（韓国社会福祉館協会ウェブサイト）。

　社会福祉館の年間予算規模は10～30億ウォンである。その財源は，政府補助金，法人補助金，寄付金，事業収益および外部獲得資金で構成されている。財源別にみると，政府補助金は中央や地方の政府から受ける施設運営費，事業費，施設・設備費等に関する財源である。地方自治体長は，社会福祉館の運営にかかる経費を補助するほか，地域住民に良質の福祉サービスを提供するために必要だと認める場合，その事業にかかる運営費を別途に補助することができる。法人補助金は，財源不足を補填したり，法人の推進事業の財源として充てたりする。一方，社会福祉館の運営主体も自主的に財源を確保し，社会福祉館の運営に充てるよう努力しなければならない。寄付金は個人や団体などが社会福祉館に直接提供する財源であるため，財源の使途に自由度が高い。事業利益は社会福祉館が提供するサービス利用料である。最後に，外部獲得資金も大きな財源である。多くの社会福祉士は社会福祉共同募金会や企業の福祉財団等から競争的外部資金を獲得するために，事業提案書を作成している。

　社会福祉館の円滑な運営および地域社会における福祉サービスの質を向上するため，2021年社会福祉事業法改正に伴い社会福祉事業法施行規則が改正（22年6月施行）された。同規則第23条においては，社会福祉館の人材基準を次のように示している。特別市は19名以上，広域市は13名以上，特別自治市や道・特別自治道は12名以上を配置する。これは最低基準であり，地方自治体は地域の実情を考慮し，社会福祉館の職員数を増やすこともできる。また，社会福祉館の機能別最低人材基準案を勧告している（**図表13-1**）。地方自治体は社会福祉館の3大機能事業に対し，その遂行可否や地域の福祉需要など地域の実情を踏まえた人材配置を調整することができる。ただし，この基準には調理士や栄養士といった他職種は含まれていない。

第13章　なぜ，総合社会福祉館が地域福祉の担い手になったのか　**215**

図表13-1　機能別人材基準勧告案

機能		事業分野	特別市	広域市	特別自治市, 道・特別自治道
事例 管理	既存	事例発見，事例介入，サービス 連携	5名以上	3名以上	3名以上
	特例		8名以上	6名以上	6名以上
サービス提供		家族機能強化，地域社会保護， 教育・文化，自活支援等	5名以上	4名以上	4名以上
地域組織化		福祉ネットワークの構築，住民 組織化，資源開発および管理	3名以上	2名以上	2名以上
行政および管理		館長，部長／総務，経理／庶務， 施設安全	6名以上	4名以上	3名以上
計		既存	19名以上	13名以上	12名以上
		特例	22名以上	16名以上	15名以上

出所：保健福祉部（2023）「2023社会福祉館運営関連業務処理案内」。

（3）　総合社会福祉館の事業内容[2]

　社会福祉館の主な事業として，「サービス提供」「事例管理」「地域組織化」の3大機能を軸に，10の事業分野（領域）および細部事業内容が定められている（**図表13-2**）。

　まず，サービス提供機能は，地域住民のニーズに合った専門的サービスを直接提供することである。家族機能強化，地域社会保護，教育・文化，自活支援などの事業分野に分けられ，各事業分野にはさらに細部事業内容が規定されている。

　次に，事例管理機能は，従来断片化かつ分節化していた地域社会の福祉サービスの限界を克服し，より統合的なサービスの伝達体系に展開していくために，官民に跨るサービスネットワークを構築すること，および多様な地域住民の福祉ニーズにつなげ，カスタマイズ（個別）型サービスを提供することをいう。具体的には事例発見，事例介入，サービス連携の事業分野で構成されている。まず，事例発見では地域において保護が必要とされる対象や危機介入の対象を発見し，介入計画を策定する。介入計画を策定する際，対象者の問題やニーズに応じて個別型サービスが提供できるようにする。同時に事例介入に必要な民間および公共の社会資源とサービスに関する情報提供や連携，依頼を行う。

　最後に，地域組織化機能は，福祉ネットワークの構築，住民組織化，資源開発および管理という事業分野で構成されている。地域組織化は，地域住民が主体性を持って地域問題を発見し解決できるように行う住民組織や様々な取り組みを支

図表13-2　総合社会福祉館の事業（社会福祉事業法施行規則別表3）

3大機能	事業分野（領域）	細部事業内容
サービス提供機能	家族機能強化	家族関係増進事業，家族機能補完事業，家庭問題解決・治療事業，扶養家族支援事業，多文化家庭等地域の利用者の特性を反映した事業
	地域社会保護	給食サービス，保健医療サービス，経済的支援，日常生活支援情緒サービス，一時保護サービス，在宅福祉奉仕サービス
	教育・文化	児童・青少年社会教育，成人機能教室，老人の余暇・文化，文化福祉事業
	自活支援等その他	職業機能訓練，就職紹介（斡旋），職業能力開発，その他特化事業
事例管理機能	事例発見	地域において保護が必要な対象者および危機介入対象者を発見して介入計画の樹立
	事例介入	地域において保護が必要な対象者および危機介入対象者の問題および欲求に対するカスタマイズ型（個別型）サービスを提供する
	サービス連携	事例介入が必要な地域内の民間および公共の可用資源とサービスに関する情報提供と連携，依頼
地域組織化機能	福祉ネットワークの構築	地域社会連携事業，地域欲求調査，実習指導
	住民組織化	住民福祉増進事業，住民組織化事業，住民教育
	資源開発および管理	ボランティア開発および管理，後援者開発および管理

出所：保健福祉部（2023）「2023社会福祉館運営関連業務処理案内」。

援することである。地域社会の多様な社会資源を開発し，関連機関とのネットワークに基づく連携事業を行う。

　これら社会福祉館の事業は，すべての社会福祉館が千篇一律な事業を行うことではなく，社会福祉館の位置，地域特性，利用者特性，施設規模，人材などに基づいて各社会福祉館が専門性や効率性，責任性を果たせる範囲で選択的に展開することとなっている。

3　総合社会福祉館の始まりと展開

1　外国援助団体による設立：総合社会福祉館の始まりから1970年代まで

　地域に社会福祉館の動きが初めてみられたのは，1906年アメリカの宣教師によ

り設立された元山（ウォンサン）の隣保館運動である[3]。メソジスト教会の女子宣教師であるメリー・ノールズ（Mary Knowles）が女性の啓蒙運動を目的に，草ぶきの家を購入し「班列房（バンヨルバン：The Class Rooms）」と名づけて活動したのがその始まりである。ここから70年代までの社会福祉館の設立と運営の多くは，教会の宣教団体や国際奉仕団体などの外国援助団体によるものである。

(1) メソジスト女子宣教師による展開

班列房の設立後，メソジスト教会の女子宣教師らは，1921年にソウルの「泰和（テファ）女子館」を始め，開城（ケソン），春川（チュンチョン），鉄原（チョルウォン）などの地域に女子館を立ち上げた[4]。

女子館という名称からもわかるように女子館は主に女性を対象に支援活動を行っていた。当時は，根強い封建思想に基づく家父長制度と秩序のなかで，女性の地位は低く教育を受けられない人がほとんどであった。特に貧困女性やその子どもの生活は劣悪な状態にあった。こうした社会に対し，宣教師らは宣教活動とともに教育，福祉，啓発活動などを通じて社会改革を図ろうとした[5]。泰和女子館では料理，裁縫，音楽といった倶楽部（Full Moon Club: Professional Club）を開設し集団援助を行っていた。また，児童保健事業と公衆衛生事業の展開，診察所の運営，そして周辺地域の家庭を訪問し支援が必要な人を探し出して相談に応じ個別援助を行っていた。家庭訪問の場合，1年間583世帯を訪問したという報告もある（イ・ジュンウ／パク・ゾンミ 2014）。この時代からアウトリーチを通じて支援が必要な人々を発見し支援につなげる社会福祉実践が行われていたのである。

その後，泰和女子館は1933年設立の泰和社会館を経て現在の泰和基督教総合社会福祉館として続いている。そして仁川（インチョン）（49年），大田（テジョン）と釜山（ブサン）（52年），公州（コンジュ）（1968年）にも基督教社会館が設立され，現在もその精神が受け継がれている。

(2) 国際奉仕団体や外国救護機関による展開

日本の植民地（1910〜45年）からの解放後，間もなく勃発した韓国戦争の影響で政治，社会，経済すべての分野が混乱状態に陥り，失業と貧困が蔓延した。絶対的貧困に対処する米軍政の救護政策は臨時的・救貧的な性格が強かった。一方，外国からの援助活動と民間社会福祉活動が本格的に始まったのもこの時期からである。国連救援計画により多くの外国救援物資を受け，外国民間援助機関の救済活動が積極的に行われた。また，施設収容のニーズが増加することから児童保護施設，老人施設，母子施設等が増加し，民間社会福祉活動が主流となった（オ・ジョンスほか 2010）。

入所施設中心の展開が進むなかで，外国の国際奉仕団体により設立された社会福祉館としては，カナダ・ユニテリアン奉仕会（The Unitarian Service Committee of Canada）が設立した木浦社会福祉館（1964年），仁川社会福祉館（65年），利川社会福祉館（67年），麻浦社会福祉館（68年），永登浦社会福祉館（75年）がある（金範洙 1995；チェ・ソンヒ 2014）。カナダ・ユニテリアン奉仕会が地域社会に展開した事業は，託児所の運営，ひとり親相談等児童福祉事業，貧困家庭の救護，低所得層の自立支援，低所得家庭青少年のクラブ活動，木材彫刻や電子器具の組み立て等の就労支援等，幅広い対象とそのニーズに対応するものであった。特に木浦社会福祉館は韓国で初めて「社会福祉館」と名づけられたところであり，ここで試みた事業展開が社会福祉館の事業体系化に与えた影響は大きい（金範洙 1995：74-85）。

　一方，大学も社会福祉館の設立・運営に携わっていたが，外国救護機関の援助を受けていた。1956年に大学初の社会福祉館を設立した梨花女子大学は，カナダ連合宣教部駐韓米軍軍需援護処（AFAK），国際連合韓国再建局（UNKRA）および韓米財団（AFK）などから援助を受けていた（チェ・ソンヒ 2014：15）。また，75年には国際社会事業大学協議会が行ったモデル事業の支援を受け，中央大学が奉川福祉館を設立した（パク・ミョンほか 2019：22）。これらの社会福祉館は現在も事業を展開し続けている。

　このように，元山の班列房の登場から1970年代まで，激動する韓国社会のなかで外国援助団体による社会福祉館が設立され，地域住民を対象に事業を展開していた。[6]

2　総合社会福祉館の制度化：1980年代～1990年代

　1970年に制定された社会福祉事業法は，脆弱階層に対する福祉サービスの提供について国家と民間の関係を公式化かつ法制化したものであるが，それが国家による社会福祉サービスへの積極的な介入を意味するものではなかった（ユン・ホンシク 2019）。80年代に入り，社会福祉に関連する多くの法制度の制定と改正が行われ，その流れのなかで社会福祉館が国家の財政支援を受けるようになった。1983年社会福祉事業法改正では，社会福祉館の財政を支援することと地域住民の利用施設を規定する内容が含まれた。これに関連し，翌年の保健社会部令（第751号）に社会福祉館という施設に関する規定が示され，社会福祉館が法制度に

位置付けられた（キム・ヨンゾン 2015：38）。また，社会福祉館の設置拡大が登場したのは，「第6次経済社会発展5か年計画（1987～91年）」である。計画のなかに生活保護（現・国民基礎生活保障）対象者に関する支援や行政体制を改善するために，「零細民密集居住地域の行政窓口に福祉専門要員を配置し，社会福祉館を増設して零細民への福祉サービスを拡大」することが盛り込まれた。盧泰愚政権（88年2月～93年2月）は，この5か年計画を見直し，低所得層等への政府支援を強化するために，都市零細民階層の居住確保のための賃貸住宅60万戸の供給等を推進したが，それを受け，88年に住宅建設促進法のなかに永久賃貸住宅団地における社会福祉館の設置が義務づけられた（金範洙 1995；キム・ヨンゾン 2015）。

社会福祉館への財政支援と永久賃貸住宅団地の設置義務化をきっかけに，社会福祉館が全国に急速に増えることになった。元山の班列房から始まった社会福祉館は，1988年に39か所，90年に88か所，95年に297か所，2000年に348か所，22年には477か所まで増加していく。右肩上がりの増加と言える。91年と93年では1年間70か所以上の新規設置が行われ急速に増加したが，90年代後半からは安定期に入り，緩やかな増加がみられる。その背景には，同時期に老人福祉館，障害者福祉館，健康家庭支援センターなどの対象者別の福祉館が登場し，急激に増加したことが挙げられる。[7]

なお，この時期に「社会福祉士」という名称が導入され，その資格基準が強化された。[8] 1998年には社会福祉士1級国家試験制度の導入によって，今日における社会福祉士国家資格としての専門職人材養成体制が整備された。また，共同募金制度も導入され，民間社会福祉組織の財政自律性が強化された（オ・ジョンスほか 2010）。

3　総合社会福祉館の事業内容の変化：2000年以降

1997年からのアジア通貨危機により，大量の失業や貧困の問題に直面し，既存の生活保護や雇用保険では対応できない勤労貧困層が増加した。社会構造の変化の影響で制度の死角地帯におかれた様々な脆弱階層の存在が浮き彫りになり，様々な福祉政策が導入された。こうした社会福祉を取り巻く環境変化に影響を受け，社会福祉館の役割にも変化が現れた。

まず，盧武鉉政権（2003年2月～08年2月）は「参与福祉」を福祉理念として掲げ，国家責任の強化，普遍的福祉の実現，民間参加の拡大を提示した。サービス申請

主義等の導入（03年），社会福祉事業の地方移譲（05年），バウチャー形式に基づく社会サービスの拡充，地域社会サービス投資事業（07年）などを行った。また，老人長期療養保険法（07年制定・08年施行，日本の介護保険）が導入され，介護関連施設が拡充された。李明博政権（08年2月〜13年2月）は，「能動的福祉」を提示し[9]，12年に市郡区に希望福祉財団を創設して地域別統合事例管理体系を構築した。朴槿恵政権（13年2月〜17年3月）は，生涯周期別のカスタマイズされた個別型福祉を提唱し，働く福祉，少子化・高齢化への対応を通じた韓国型福祉国家の実現を目標に掲げた。そして，文在寅政権（17年5月〜22年5月）は「包容的福祉」の下で国家による積極な介入を掲げ，社会サービス分野における公的拡大を目的に広域自治体ごとに社会サービス院を創設した。また，地域社会統合ケア（コミュニティケア）政策の推進など地域社会を基盤とした福祉拡充に努めた（オ・ジョンスほか2010：92-8）。

　上記のような政権交代に伴う福祉政策環境の変化は，社会福祉館の事業のあり方に大きく影響を与えるが，その事業内容の変化は，社会福祉事業法の2004年改正と12年改正を基点に3つに分けられる。04年社会福祉事業法改正前における対象別の事業展開，04年社会福祉事業法改正後から12年までにおける5分野23事業の展開，そして12年社会福祉事業法改正による3大機能別事業展開がそれらである。

　2004年社会福祉事業法改正前の社会福祉館の事業は，児童，青少年，老人，障害者，家族，地域のように各対象別に直接福祉サービスを提供する形が中心であった。しかし，経済危機から生じた貧困高齢者や勤労貧困層への自立支援の必要性および地域住民を対象とする普遍的なサービスの提供を求める時代的要請は，社会福祉館に対してより専門的な問題解決能力を求めるようになり，社会福祉事業法の04年改正が実現された。同改正に伴い同法施行規則第22条において社会福祉館の運営基準が新設された。そこには社会福祉館の業務分野を①家族福祉，②地域社会保護，③地域社会組織，④教育・文化事業，⑤自活事業の5分野に区分したうえ，分野ごとに具体的な事業が示された。こうして社会福祉館は地域実情に適した「5分野・23事業」を推進することになる。ところが，「5分野・23事業」では十分に対応できない複合的・複雑的なニーズをもった人々が増加していることと，利用者を中心とした事例管理への必要性が内発的に求められていたこと，さらに地域特性に基づいた福祉サービスの要求があったことから，12年に社会福

社館の主な事業内容の改正が行われた。既存の「5分野・23事業」から「3大機能・10事業分野（領域）・領域ごとの細部事業内容」に改編された（**図表13-2**）。この改編では，事例単位のアセスメントやサービスを提供する事例管理の重要性が強調され，また，機関中心のサービス提供から利用者中心のワンストップサービス提供体制に変わり，個別型統合サービスを目指した事業へと転換された。

4　満を持して福祉サービスの地域拠点になった総合社会福祉館

1　先立つ社会福祉実践と地域への浸透
　今日の社会福祉館は地域住民にとって身近な福祉サービス機関になっている。事例のA総合社会福祉館のように，生活上の課題を抱えている人への個別介入から，地域住民のための普遍的な福祉サービスの提供や地域社会の変化を促す取り組みまで，幅広い領域にわたり社会福祉実践を行っている。
　社会福祉館は，1900年代初期に絶対的貧困が蔓延するなかメソジスト教会の宣教師の活動を支切りに60年代の国際奉仕団体であるカナダ・ユニテリアン奉仕会等が設立・運営した社会館・社会福祉館が始まりである。救護活動を中心としながら，排除された女性や子ども，高齢者，障害者に対して現物支援を行うとともに，ケースワークやグループワーク等ソーシャルワーク技術を用いた支援にも取り組んできた。それらの活動が，先駆的な役割を果たしたと評価できる。ソーシャルワーカーを採用し専門人材を確保したことや，大都市や中小都市，農村，漁村等地域特性を踏まえた事業を推進したこと，定期研讃会を設け社会福祉館の役割に関する調査研究を行ったことがその例である（金範洙 1995：74-9）。
　これらの実践は，当時の保健社会部の関係公務員や地域住民に社会福祉館に対する認識の拡散に大きく寄与し，同奉仕会が提案した家庭福祉事業，児童福祉事業，青少年福祉事業，老人福祉事業，障害者福祉事業および地域福祉事業等が1989年制定の社会福祉館設置運営規定の事業計画に多く盛り込まれるようになった（金範洙 1995：83）[10]。
　社会福祉制度が十分に整備されていなかった時期から地域で蓄積してきた社会福祉実践があったからこそ，地域住民のための福祉利用施設として適切であるという評価や判断がなされ，社会福祉館の制度化および全国への拡大が実現したと言える。この点は，社会福祉館の存在意義を考えるうえで重要な意味をもつ。

2 不安定な社会福祉政策を補完・代替してきた総合社会福祉館

　社会福祉館は，社会福祉制度が整う以前から低所得層や社会的弱者を対象に，自主的な支援事業・プログラムに取り組んできた。高度経済成長期では福祉より経済成長が重視されるなか，工業化や都市化に伴う新しいニーズを抱えた人々に対して社会福祉館が第一線に立ち，支援を行っていた。すなわち，国家が講じるべきことを社会福祉館が代替・補完していたのである。ここでは，社会福祉政策の展開と関連して社会福祉館の機能がどのように変化してきたかについて述べる。

　1970年制定の社会福祉事業法により，「社会福祉館」という名称が初めて使われると同時に，社会福祉館が福祉サービスを提供する地域の利用施設として選ばれた。外国からの開発援助の減少に伴い，政府の入所施設への財政負担が増加したため，地域の利用施設として既存の社会福祉館が選ばれたことは財政負担を抑制したい政府としての必然の選択であったと言える。

　そして，社会福祉事業法（1983年改正）や住宅建設促進法（87年改正）により財政支援と設置の義務化が行われ，社会福祉館の量的拡大に大きくつながった。なぜ社会福祉館の拡大路線が認められたのか。当時の議論では，公的福祉専門機関の必要性が提起され，日本の福祉事務所を参考にした福祉事務所の設置が検討されたが，当時の政権は採択しなかった。その理由は次の通りである。①福祉より経済発展を優先したこと，②福祉事務所の設置には多額の財源が求められること，③貧困層への国の責任が増えること。結局，福祉事務所の設置は実現せず，その代わりに社会福祉館の設置拡充と部分的な財政支援が進められた（金範洙 1995；イ・ヒョンズ／ユ・ジンヨン 2015）。

　また，工業化の陰で都市貧困層が増加し，これまでの経済的な支援のみならず，生活支援への対応も求められた。そこで，永久賃貸住宅団地に社会福祉館の設置が義務化され，貧困層への生活支援が社会福祉館に委ねられた。さらに，アジア通貨危機以降の失業者やホームレスの増加に対しても，政府は必要な支援を直接講ずるのではなく，地域の社会福祉館を通じて問題解決を図った。ソウル市が市内の社会福祉館にシェルターを設置するように通達を出したのがその代表的な例である（金範洙 1995）。

　一方，2000年代に入ってからは，少子高齢化に伴う新しい社会危機への対策として，政府が積極的に介入する公的サービスを拡大した。しかし，その対象は低所得層に集中され，普遍的な公的福祉サービスの展開には至らなかった。バウ

チャー事業は低所得層に制限され，老人見守り事業は全世帯の平均所得の80％以下を，産母新生児支援事業は都市勤労者世帯の平均所得の60％以下を対象とした。低所得層を対象とする公的サービスの拡大は，これまで社会福祉館が福祉サービスを提供していた主要対象者と重複する結果をもたらし，こうした状況の変化に対して社会福祉館は新しい道を模索するよう迫られた。

　上記のような変化を経て今日の社会福祉館は，蓄積してきた社会福祉実践技術や対応力を基盤に，公的サービスでは比較的に難しいとされるインフォーマルな社会資源の開発・連携や，公的機関と民間機関との連絡・調整といった役割を果たしている。また，従来からの低所得層への支援について利用者中心で総合的なサービスを提供しつつ，より多くの地域住民のニーズに応えるように地域特性を踏まえた普遍的福祉サービスも行っている。事例のA総合社会福祉館は，低所得層の高齢者を対象に老人個別型ケアサービスや無料給食，ハングル教室を行い[11]ながら，他方では，地域のすべての高齢者を対象としたIT活用プログラムやボランティアクラブ等のサービスも提供している。

　以上のように，社会構造および社会福祉政策の変化に影響を受けながら社会福祉館の機能や役割は変化し続けているが，地域福祉を展開する第一線の福祉機関としての位置づけには変わりがなく一貫している。

3　地域資源を開発・連携する社会福祉士の存在

　社会福祉館における社会福祉士の存在は大きい。社会福祉館では，社会福祉士1級を採用応募条件とする場合がほとんどである。大学で社会福祉を学んだ人の多くは社会福祉士1級を取得後，社会福祉館に就職することを希望するが，それは社会福祉士が高い専門性を発揮できる場として認識されているからである。

　社会福祉館の社会福祉士は，ダイナミックな社会構造の変化とニーズの複合化に対して先制的に対応してきた。2000年以降は外部資金を確保し，新しい事業を立ち上げるスキルが社会福祉士の重要な専門技術になっている。外部資金獲得の重要性が浮き彫りになったのは，05年頃の社会福祉事業の地方移譲とともに社会福祉館の財源確保の多元化が求められたためである。地方自治体の補助金が減少して人件費や運営費程度にとどまるようになり，社会福祉館のミッションである地域が求める福祉サービスを実施するためには，自ら外部資金を調達せざるを得なかった。こうして外部資金を獲得するためのプログラム企画力，企画書作成能

力および地域資源の開発・連携能力が一層強化された。

　また，社会福祉士は，地域住民に必要な新しい福祉プログラムを開発するために，地域ニーズ調査やアウトリーチ，既存の優秀事例検討会，専門職会議等を行っている。こうした社会福祉士の活動は，社会福祉館の評価にも反映される。3年ごとに実施する社会福祉館の評価項目には外部資源開発やプログラムの企画・遂行・評価に関する項目，住民組織化や地域社会ネットワークなどに関する項目などが設けられている。

　社会福祉館の機能変化は，大学の教育にも影響を与えている。社会福祉士養成カリキュラムに「プログラムの開発および評価」や「社会福祉資料分析論」等の科目を設け，事業提案の企画能力および社会資源の開発・連携能力を備えるように構成されている。さらに，職場内の研修や社会福祉館協会が主催する研修など，様々な専門職向けの研修が行われており，そこで社会福祉士の能力向上が図られている。

　今日の社会福祉館の社会福祉士は，外部資金獲得や地域資源の開発・連携に積極的に取り組みながら，低所得層向けの福祉サービスのみならず，より多くの地域住民を対象とする普遍的な文化・教育プログラムの実施まで多岐にわたる活動を展開している。このような実践の蓄積はさらなる質の高いプログラムの企画と実施につながり，地域住民の多様なニーズに応えている。社会福祉館における社会福祉士の専門職としての積極的な活動は，地域の担い手としての社会福祉館の存在意義をさらに強化しているのである。

注
1 ）　社会福祉館の名称は「〇〇社会福祉館」または「〇〇総合社会福祉館」として使用しなければならない。例えば「××社会館」，「××福祉会館」，「××社会労働福祉館」などの名称は社会福祉事業法第34条の5による社会福祉館として認められない（2023社会福祉館運営関連業務処理案内）。なお，社会福祉館の名称に「総合」の有無が施設を区分する基準ではない。一般的な呼称として「福祉館」ともいう。
2 ）　主に保健福祉部（2023）とソウル市社会福祉館協会ウェブサイトおよび韓国社会福祉館協会ウェブサイトを参考にしている。
3 ）　元山（ウォンサン）は北朝鮮の南東部に位置している。
4 ）　1922年開城の高麗女子館，26年元山の普恵女子館，25年春川の春川女子館，1928年鉄原の鉄原女子館などが設立された（チェ・ソンヒ 2014：13）。
5 ）　メソジスト教会は20世紀の神学運動であった社会福音（Social Gospel）を取り入れ，女性解放，児童教育，都市労働者の人権問題といった社会問題に対して教会として積極的に取り組んでいた（イ・ジュンウ／パク・ゾンミ 2014）。

第13章　なぜ，総合社会福祉館が地域福祉の担い手になったのか　225

6 ）　1960年代以降，国家主導の産業化を推進し，急速な工業化と都市化が進んだ。経済成長により
絶対貧困は減少した反面，貧富格差など新たな不平等の問題が拡大された。この時期に公務員年
金法（1960年），生活保護法（61年），社会福祉事業法（70年）など様々な社会福祉関連制度が制
定されたが，それは軍事クーデターで取った政権の正当性と安定を確保するために政治的目的が
強く反映されたものであった。社会福祉関連制度の立法はあったが，先成長・後分配という政策
基調に基づき実際の社会福祉発展には至らなかった（オ・ジョンスほか 2010）。

7 ）　1997年から2007年まで10年間社会福祉館数の増加率は24％だが，同期間老人福祉館数の増加率
は400％であった（キム・ヨンゾン 2015：43）。

8 ）　1983年社会福祉事業法改正により社会福祉従事者を社会福祉士に改称し資格基準を強化すると
ともに 1 級， 2 級， 3 級に区分したが，現在は社会福祉士 3 級を廃止し， 1 級と 2 級に改編された。

9 ）　能動的福祉は市場と効率を強調する政策基調に基づき，福祉に対する国家責任の拡大より民間
と市場に福祉責任が委ねられる形で現れた（オ・ジョンスほか 2010）。

10）　1989年制定の社会福祉館設置運営規定に盛り込まれた事業内容は，児童福祉事業，家庭福祉事業，
婦女福祉事業，青少年福祉事業，地域福祉事業，救護事業，地域開発事業等である（金範洙
1995：83）。

11）　老人個別型ケアサービスの内容は，①安全支援（在宅訪問，電話，ICT 安全支援），②社会参
加（レジャー活動，生涯教育活動，体験活動），③生活教育（栄養・保健・健康教育，うつや認知
予防プログラムの精神健康教育，④日常生活支援（移動・活動支援，家事支援），⑤連携サービス
（住居環境改善や医療などの健康支援，その他日常生活に必要なサービスに連携する）である。

第**14**章

なぜ，農村ではマウル会館に高齢者が集まるのか

金 吾燮

1 毎日マウル会館に集まる高齢者たち

　一人暮らしの高齢者Ａさんが住んでいるところは，限界集落といわれる高齢化率が50％を超えている農村地域のマウル[1]である。村には買い物の施設がなく，最寄りのコンビニは歩いて30分程度の距離にある。また，医療機関や各種文化施設がある市内まで行くためにはバスを利用するが，一日に5本程度の乏しい状況であり，高齢者にとっては長い乗車時間や待ち時間は体力的に負担である。タクシーの利用も考えられるが金銭的に負担となる。この地域で唯一の公共施設はコミュニティ機能をもつマウル会館であり，韓国の多くの農村地域にマウル会館が整備されている。Ａさんは，特別な予定がない限り，マウル会館に通うことが日々の生活である。午前中にはマウル会館へ到着し，遅いときには夜10時まで過ごし，閉館になると家に帰ることで一日の日課を終える。村の他の高齢者もＡさんと同様の生活パターンである。それではどうして，村の高齢者はマウル会館に通うことが日常生活となっているのか，またはマウル会館のどのような機能が村の高齢者を集まらせるのか。この章では，マウル会館の歴史や先行研究の分析に事例研究を重ね，その理由を探索する。

2 マウル会館の歴史と現状

1 概　　要

　マウル会館は，地域社会の中心地として機能し，町の集まり，地域の市場，祭りなどの各種活動ができるように一定の設備を備えた建物で，一般的に多目的

ホール，小さな会議室，演劇場，キッチン，トイレ，駐車場などが設備に含まれる。先行研究では，マウル会館を農村地域の共同施設のなか，コミュニティ施設として分類しており（ソン・ミリョンほか 2001：26），多くの農村地域でマウル会館を中心としてコミュニティ活動が行われている（シン・ミョンソンほか 2008：43）と述べている。

2 歴史的背景と展開

マウル会館の起源は1970年代のセマウル運動[2]に遡るが，その内容が整理されたものがないため，マウル会館の先行研究（チェ・ビョンスクほか 2006：ソン・ミリョンほか 2001）から歴史的背景と展開内容を整理し紹介する。

マウル会館はセマウル運動とともに1970年代セマウル会館という名称で初めて建設された。この時期は，セマウル運動が全国的に実行され，セマウル運動と関連する共同施設の供給が行われた。施設としては，セマウル倉庫とセマウル会館が代表的である。当時，セマウル会館は，村単位のセマウル運動の推進のために住民が頻繁に集まれる場が必要となり設置された。セマウル会館は公式的な住民会議のための共同施設であったが，暖房設備が整っておらず，冬には利用が低調な場合が多く，公式的な集まり以外に多目的コミュニティ施設として活用されることはそれほど多くなかった。このようなセマウル会館はマウル会館に名称が変わり，1980年代にも引き続き設置された。

1980年代後半からは70年代行政里別に1か所ずつ供給されたセマウル会館が老朽化し機能が単純でコミュニティ施設としての役割を十分に果たせなかったため，マウル会館では村単位のコミュニティ施設として増築・改築中心の整備が始まった。80年代には政府の予算増大があった時期であり，セマウル運動関連施設においても既存の施設整備への支援に施設運営費の支援が加えられた。マウル会館については，主に70年代のセマウル運動当時にセマウル会館としての設置を皮切りに全国的に拡大したが，現在は行政上の明確な管理主体がない状態である。ただし，まだ色々な部署の政策事業を通じて施設設置は続き，施設補修は公共で行う反面，運営は全面的に地域住民に任せられていた。

この頃から始まった農村地域の整備は1990年代を通して継続的に行われた。特に中央政府の各部局が競争的に始めた小規模の総合開発事業（農林部の定住圏開発事業，行政自治部の奥地開発事業，山林庁の山村総合開発事業，海洋水産部の漁村総合開

図表14-1　Aさんが通うマウル会館（慶尚北道金泉市甘文面城村里）

出所：筆者撮影。

発事業）を通して大量にそして持続的に進められた。運営形態については，農村の高齢化に伴い，一部敬老堂の機能と結合してマウル会館を運営する形態が現れた。一部の村では，マウル会館とは別に敬老堂を設立することで，高齢者が家庭生活の暇つぶしとして利用する施設として確保していた。また，同じく90年代からは健康関連共同施設に対する農村住民の需要が増大すると，既存のマウル会館あるいは老人会館などのような既存の共同施設に健康関連機能が加わるようになる。健康関連共同施設として入浴，サウナ，運動などの機能を同時にできる農業人健康管理室設置事業が農村振興庁政策事業として推進され始め，現在まで行っている。さらに，90年代後半からはマウル会館へのパソコンの供給も始まり，ネット教育などに必要な情報化の基礎施設設置等も行われるようになり，現在に至っている。

3　運営実態

　現在，農村地域（マウル）のマウル会館は，全国で36,792か所が運営され，マウル会館まで10分以内の距離である村が95.5％である（2015Cencus 農林行業総調査地域調査部分集計結果 2016：10）。マウル会館の規模や物理的な距離は統計データがあるが，運営については統計データがないため，韓国農村経済研究院の調査「農村地域マウル会館の利用実態と示唆点[3]」から得られた結果を高齢者関連の視点から紹介する。その内容は以下の通りである。

　マウル会館は，１階建ての単独建物（53.3％）が最も多く，運営形態はマウル会館と敬老堂が複合的に運営されるところが多い（85.4％）。また，運営責任者は，里長（自治会長）が68％で最も多く，老人会長が運営するところも24.1％があった。農村地域の高齢化からすると，里長などマウル会館の運営責任者の高齢化も考えられる。なお，支援金の使途については，事例で，運営費，光熱費，冬季光熱費，おやつ代，米の支援があり，光熱費（冬季光熱費含む）が最も多かった。

　マウル会館の機能についての認識に関しては，マウルの懸案事項などを議論し意思を決定するところ（39.4％），主に高齢者が利用する敬老施設（38.0％），住民が共同で利月する生活利便施設の順であった。実際のマウル会館の活用も，「マウルの懸案事項などを議論し意思を決定」と「敬老堂の機能（老人の休憩と食事空間）」の機能が他の機能に比べ活用度が高かった。

　マウル会館で活動が活発な団体は老人会が最も多くその次がマウル会，婦人会であった。主に利用する階層は高齢者層が（46.4％）最も多く，次に婦人層（39.3％）であった。マウル会館での食事は１日に１回（69.3％）が最も多く，次に２回（22.3％），３回（4.9％）順であり，利用者は高齢層が73.3％，婦人層が39.3％である。食事の経費は，「住民たちが分担」が30.6％，「マウル運営資金の支援」が28.3％，「政府と自治体の支援金」が19.8％である。マウル会館で提供される公共サービスは健康関連サービスに集中している。定期的に行われているサービスは「訪問診療」が22.7％，「営農教育」が21.5％，「健康診断」が18.9％，「自治体の政策説明」が16.2％であり，高齢者の健康関連サービスが４割を超えている。マウル会館の活用については，「適切に活用されている」が85.6％であり，「適切に活用されていない」と回答した者はその理由として「敬老堂として認識され高齢者中心に活用されているから」と答えた。

　上記のマウル会館の利用の満足度は，「満足（かなり満足含む）」が77.0％であり，

図表14- 2　マウル会館運営実態の主な調査結果

項目	内容
運営形態	マウル会館単独型12.4%，複合型（マウル会館＋敬老堂）85.4%
建物状態	建築20年以上　20.0%
施設状態	良好83.5%，要改修・補修16.6% 教育，会議施設等は不備
施設の活用	保育，販売・加工，自習室など活用している空間の遊休化 民泊施設保有11.7%，状態不良63.3%
暖房設備	床暖房（石油）64.9%，（省エネ型）24.1%
運営主体	自治会長68.0%，老人会長24.1%
機能認識	住民共同施設60.0%，敬老施設37.5%
活動度	適切に活用されている85.6%，遊休化14.4%
活動が低い理由	高齢者を中心とした活用21.8%，多様な年齢代に対するプログラム不足17.1%
活用分野	コミュニティ93.9%，敬老堂84.6%
主な利用層	老人会46.4%，婦人会39.3%
代替施設	ある17.4%　ない82.6%
共同食事	有無：共同食事をする82.3% 時期：農閑期に集中51.6% 主利用層：高齢者73.3%，婦女子22.7% 課題：運営費55.9%，運営人材25.8%
運営葛藤	運営費24.8%，世代間葛藤15.4%
公共サービス	訪問診療22.7%，営農教育21.5%，検診18.9%，政策説明会16.2%

出所：キム・ドンウォンほか（2012）より作成。

「不満足（かなり不満足含む）」が23.0％であった。不満足の理由は「高齢者だけのための空間活用」が20.0％で最も多く，「運動器具，医療器具などの不足」が18.3％，「パソコン，本などの文化設備の不足」が16.7％である。

4　活動の種類と内容

　マウル会館が敬老堂と複合的に運営することが多くなることにより，本来のマウル会館の機能に敬老堂の機能が加わってきた。敬老堂としての活動について，マウル共同体の視点から分析した別の研究を紹介すると主な内容は次の通りである。住民たちが集まって一緒に「料理を作って食べる」，「一緒に話を交わす」，「各自の情報を共有する」，「楽しんで遊ぶ」，「暇つぶしに簡単な仕事を一緒にしたりもする」「宴会を開いたり，宴会の打ち上げをしたりもする」などを挙げている。

「楽しんで遊ぶ」の活動内容は地域の差はあるが，囲碁，将棋，花札遊びなどがある。参加については「特にすることなく明確な目的なしに時間がある度にあるいは習慣的に会館に行くこともある」と自発的かつ緩やかな参加の形となっている。ベ・ヨンドン（2012）は上記の内容を示す例の一つとして次のインタビュー内容を紹介している。活動の運営についての自律的な賛助と遊びを活用した活動費の調達方法を示している。この事例で重要なところは「割り勘にせず，お金があれば払って，なければ無料で食べる」方式であり，「他人に迷惑にならないように」，また「申し訳ないと思わない程度を考えなければならない」と，費用の負担について一緒に過ごす人々の間で同類意識，分かち合い意識があり，意思疎通能力が発揮されていることであると述べている。この点について彼は，マウル会館で農村共同体文化が村の人々間の同類意識，分かち合い意識，共有意識に基づいて互いに理解・譲歩・配慮できる範囲で実践されていると評価している。

🎤＜インタビュー内容＞

　あるおばあさんが「私たちお金たくさん集まったんでしょう？」と尋ねると，「昨日７万ウォンになったよね？チョヤン宅が３万ウォン，ハンドゥル宅が２万ウォン，またハンシル宅が２万ウォン，そうで７万ウォンでしょう」と，誰が食費を賛助したのかについて互いに話し合う。

調査者：「食費はどのように用意しますか？」

利用者：「私たちのお金を貯めればいいのに。５万ウォンも出して，３万ウォンも出して，２万ウォンも出して，出したいだけ出すから」

調査者：「それでは不公平ではありませんか？」

利用者：「ハハハハ！そんなこと考えたら遊べないよ。利害打算みたいな事は一切考えずに，そうするよ。それからユンノリで負けた人が100ウォン出して，それでおかずを買って食べて。出した人はたくさん出して，出してない人は出さないよ」

調査者：「おばあさんも食費を払いますか？」

利用者：「お金があれば払って，お金がなければただで食べたりするよ。必ず出さないといけないわけでもないし。決まっているんじゃなくて，誠意通りに出したければ出して。ないと出せないで，そのまま来て食べて。そうだね。関係ないよ。子供たちが小遣い（少し）くれたら，あれば出して。また，家から米も持ってこられたら持ってきて食べる人もいるし，お金を出す人もいる」

出所：ベ・ヨンドン（2012：183）より作成。

<参考資料>英陽郡スハ2里公民館

(2012年2月28日)

　1998年，スハ2里の公民館がシンギ村に完工した後，農閑期の住民たちの集まりに変化が生じた。2003～04年頃までは，スハ2里全域（シンギ，シムチョン，ポジョム，チョンジョン村）の住民，特にシンギ村の大部分の住民が太陽暦12月末頃から2月上旬まで農閑期には毎日のように朝食後，公民館に集まって一日中遊びながら昼食は公民館で一緒に作って食べた。夜遅くまで遊ぶことも多く，そんな時は1日2食を公民館で食べた。また，老人会で卸売りで買っておいたラーメン，酒，飲み物を誰でも気の向くまま買って会館に来た人たちと分けて食べた。そして英陽郡が設立した「ホタル生態公園」敷地に編入されなくなったシムチョン村には農閑期に「トルリムチャレ」というものがあった。村の人たちが家ごとに順番に家で食べ物を出して集まって遊ぶことだ。その前にもこのような方式の「回し番」があったが，人口が減った1990年代以降からはさらに強化・活性化され，農閑期にはほとんど毎日のようにしたりした。今はシムチョン村もなくなり，スハ2里の全体人口がさらに減ったが，シンギ村の人々を中心に農閑期に依然として公民館に出て昼食を一緒に作って食べて遊んで夕方は家に帰って食べる。

出所：ペ・ヨンドン（2012：170）より作成。

3　マウル会館の魅力は何か

　農村地域における高齢者のマウル会館の利用要因に関する研究は少ないが，類似している研究としてはマウル会館の利用者の満足度に影響を与える要因に関する研究がある。その内容は施設の満足度，教育水準，利用頻度，年齢がマウル会館の利用満足度に有意差のある要因であると述べている（リ・ビョンフン 2012：34）。施設の内外観の状態が良好であるほど，教育水準が低くて高齢であるほど，利用頻度が多いほどマウル会館の利用満足度が高かったという結果がでている。利用頻度と利用満足度との関係については，利用満足度が利用頻度に影響を与えているのか，それとも利用頻度が利用満足度を高めているのか，詳細については，追加の分析が必要であるが，その以外の要因は，農村地域の高齢者のマウル会館の利用に関する要因としても推定できる。また，韓国のマウル会館に関する多くの研究は，現状の実態を調査したうえで，今後のマウル会館の運営について提案や活用のあり方，改善の方向性について論じている。これらの研究では，農村地

域ではマウル会館を中心として村の住民が集まるということを前提としたうえ
で，マウル会館を対象にして分析を行っている。そのため，ここでは，集会場所
となっているマウル会館に農村地域の高齢者が通っている理由について，前述し
た調査結果と歴史，現状の調査データから考えてみる。

1 農村地域におけるマウル会館への支援策

韓国では1960年代「経済開発5か年計画」の実行以降，工業化・都市化が急激
に進んだ。伝統的に農村の社会構造は大家族中心だが，工業化によって若者たち
が都市に移住すると，農村地域に残っている住民の高齢化が急激に進行した。韓
国の高度経済成長期に伴い，個人所得も向上していったが，第2・3次産業に比
べ第1次産業の発展速度の遅さと個人所得の低さは，農村地域から都市地域への
移住を加速化し，農村地域の高齢化をさらに進行させた。また，産業間所得格差
による移住は現在も加速する傾向にあり，さらに生活要件や農村地域の空洞化，
生活基盤施設の近代化が放置され農村地域の定住圏環境が劣悪となっている（ソ
ン・スンカン 2008：136）。ソン・スンカン（2008）は，これらの問題について政府
も支援政策を実施してきており，多くの公的資金が投入されてきたと述べている。
その内容として50年代と60年代には，地域開発事業で所得増大事業と生産基盤事
業を，70年代には生活環境改善事業としてセマウル事業，80年代には農村地域総
合開発，90年代には定住圏開発事業などを挙げている。支援対象は，60年代は絶
対貧困と屋根改良であり，70～80年代は都農間統合であった。90～2000年代は，
中心マウル拠点マウル事業，盧武鉉政権（03年2月～08年2月）では緑色村，情報
化村，農村総合開発事業，拠点面開発事業などのモデル事業を推進した。工業化・
都市化に加え　農村地域で生じた高齢化により農村地域で公共施設を利用する基
本的な対象が高齢者となってきており，発展から排除された農村地域への政府の
支援策を通じて，マウル会館の施設整備，改良などが行われマウル会館の利用環
境が整備されたと言える。現在は，敬老堂の場合は月管理・運営費4万4千ウォ
ンと年25万ウォンの暖房費を保健福祉部が村老人会に一括支給している。このよ
うな理由から大部分の農村ではマウル会館と敬老堂をともに運営したり，最初か
らマウル会館を敬老堂に代替したりする傾向にある。

2 農村地域の高齢化と高齢層に馴染みのある場所

　農村地域の人口減少と高齢化が進み，マウル会館の機能は住民のコミュニティ機能が弱くなる反面，高齢者に係る機能に偏る傾向がみられる。統計庁は「2021年農林漁業調査結果」で，2020年12月1日基準で農漁村の65歳以上高齢人口比率が歴代最高の46.8％であると発表した。60歳以上は，62.5％で，今後も高齢化は進むことが予想されている。また，高齢化に伴い農業放棄や転業などで前年より農家は4千世帯（0.4％），農家人口は9万9千人（4.3％）減少した。マウル会館は，マウル住民が利用する施設である。そのため，地域の高齢化率が高いと高齢者のマウル会館の利用率も高くなり，実際調査での結果も同様であった。さらに，マウル会館の利用は主に農閑期に行われるが，高齢者は若者に比べ労働時間が少なく，また農業からの引退が多いため，農閑期以外でも自由時間が多くなり，マウル会館に集まりやすい。また，農村地域の高齢化は，利用者のみではなく，運営層においても進んでいる。特に少子高齢化問題が進行している農村地域ではマウル会館運営の後継ぎがない状況が長年にわたり続いており，現在の高齢者世代が主な担い手となっている。通常は高齢者になったら若い世代にマウル会館の運営を譲って敬老堂を利用することになるが，世代交代がないため敬老堂に移る必要がなく逆に敬老堂の機能がマウル会館に移っている実態が多くみられるのが現実である。マウル会館は，前述した通りに約4割以上のところで高齢者が運営をしており，運営も利用も高齢者が主役であるため，マウル会館で行う行事や提供されるサービスも，高齢者向けになりやすい環境である。政府側としても，支援策の効果・効率的な側面から考えると利用者も運営者も高齢者であるため高齢者を中心とした支援が最も合理的であると判断できるだろう。このように農村地域の少子高齢化により，マウル会館の利用・運営が高齢者中心と固定され，高齢者向けの施設となったのである。

　マウル会館を利用している主な階層は高齢者層であり，この層は若いときにセマウル運動に参加した主な世代である。マウル会館がセマウル運動の会議や集会などコミュニティ機能で整備されたものであり，現在の利用者はセマウル運動のときから数十年間利用し，マウル会館はかれらにとって村の公共空間として馴染んでいる施設である。また，施設が自宅から10分以内のところに位置しており加齢により身体的に衰弱した状態でもアクセスしやすい環境である。同施設の利用者も，若い頃から同じマウルで生活してきたメンバーで，新たな環境での社会生

活ではなく，マウル会館は今までの生活が続くところである。新しい環境に馴染み難い高齢者の特性からみると，1970年代から始まったセマウル運動のときから会合の場として集まる場所として認識され，現在に至るまでマウル会館を利用している地域住民にとって，マウル会館に通うことは身体的・精神的・社会的にリロケーションダメージがなく安心して気軽に通える魅力があるところである。

3　資源配分の場，そして経済的負担なく日常生活が可能である空間

　利用者および運営主体も高齢化しているマウル会館で，高齢化に合わせたサービスが提供されるのは，容易に予想できる。公共サービスを提供する政府側からは，利用者数が多い層を対象にしたサービスの提供は，住民および地域特性に応じたサービスの提供であり，利用者側からみてもニーズが充足されることになる。特に，限界集落のような公共施設や文化施設がない地域では，マウル会館が唯一の公共サービスを受けられる施設であり，さらに高齢者向けのサービス提供が行われると高齢者の施設利用率は高くなる。

　また，マウル会館を自由に毎日利用できる大きな一つの要因は，経済的負担がないことや冬の光熱費の支援が挙げられる。特に暖房代は，公式的に老人会に政府が支援しているため，実際65歳以上の高齢者がマウル会館の実質な利用者と認識される要因である。それにより，冬には自宅で暖房をつけるより，マウル会館の暖房を閉館するまで利用して帰宅するケースもある。自宅の暖房代を節約できるメリットもある。実際，暖房代が足りないところでは，マウル会館の冬の利用率が低く，冬に温かい集まる場の提供は利用率と密接な関連がある。

　そして，食に関する支援も利用率と関連がある。国および自治体からの食費に関する支援がマウル会館で配分されるため，マウル会館に集まって食事をする。また，個人の賛助金や外部の寄付金によるものについても，同様である。食事は，農閑期である冬に多く行われているが，仕事から退いた高齢者が多い地域では，季節に関係なく年中食事会を行っているところも多い。支援金がなくなった場合は，賛助金をもらったり利用者同士で割り勘にしたりする。このように，マウル会館に行くと温かいところで毎日食事ができる。

　さらに，マウル会館での活動内容は日常生活および余暇活動であり，施設はその活動ができる居場所の役割をしている。食事や暇つぶし，ときには個人自宅の仕事を持ってきたりするなどの日常生活，会話や遊びなどの余暇活動が主な活動

として行われている。マウル会館での活動は規則として決まっているものはなく，活動・参加への強要がない緩やかな関係性のもとで，自己決定による日常生活が可能である。さらに食事準備や冷暖房が整備され，日常生活ができる環境が用意されている。このように文化施設がない農村地域において経済的な負担が少ない快適な環境のなかで，日常生活や余暇活動をすることができる自発的で緩やかな共同体を形成していることが，農村地域の高齢者がマウル会館に集まる理由であると考えられる。

4　人口消滅時代のマウル会館

　これからのマウル会館はどうあるべきかについて，先行研究の結論を支援対象で分類してまとめると，多様な住民がともに利用するマウル会館，高齢者が中心になるマウル会館，地域人口構成に応じたマウル会館で分類できる。そのなかの例として，まずリ・ビョンフンほか（2012）は，マウル会館の活用度を全般的に高めるためには，多様な階層が利用できるように，マウル会館の機能を多様化することとともに，各機能が活性化するようバランスの取れた運営努力が必要であると述べている。そしてマウル会館の満足度と活用度を高めるため，地域調査をベースに農村社会の共同体を回復することとともに文化福祉サービスを強化し都市民との交流の窓口ができるような政策的な支援が必要であるとしている。これに比べ高齢者中心の活用を主張する研究は，農漁村社会の居住者が老齢化し，超高齢化社会への変化過程において老人生活に対する理解が重要であるため，地域社会の求心的社会も共同体空間も高齢者が主体にならなければならないと述べている（ソン・スンカンほか 2008：139）。また，チェ・ビョンスクほか（2006）はマウル会館の活用法として，高齢者福祉サービスの提供の場とみなし，サービスの質を向上させれば，超高齢化に向かっている農村地域で扶養されていない高齢者へのケアをマウル会館単位で解決できる記述をしている。これらの見解をまとめるような韓国農村経済研究院の調査結果が示唆するのは，村の人口構成と都心からの距離，文化的環境などを考慮したマウル会館の運営が必要であり，都心に近づくほど人口構成も比較的多様となり，マウル会館を放課後自習室などとして活用できている反面，へき地ほど高齢人口構成比が高く，高齢者中心のプログラムがさらに要求されると地域特性を強調している。リ・ビョンフンほか（2012）の

研究の調査対象が他研究に比べ若者の比率（60代未満40.8％，70代未満63.6％）が高いことを考慮すると，上記の先行研究が示している今後のマウル会館の姿は，その地域に住んでいる主な利用者のニーズに対応できる機能を持つマウル会館である。そのため，現在の農村地域のマウル会館のあるべき姿は，その農村地域の利用者層つまり高齢者の状況に応じた運営になるであろう。

　それでは，これからのマウル会館はどうあるべきなのか。まずは，先行研究の結論からその地域の利用者層を考え，今後の利用層の変化を考慮しなければならない。2023年の韓国の合計特殊出生率は0.72でOECD加盟国のなかでも最下位であり，228の自治体のうち，113の自治体が消滅危機にある自治体に該当する。少子高齢化のなかで自治体の消滅危険性は高まる。農村地域では，マウル会館の利用者はさらに高齢化が進み，住み慣れた地域のなかで自立して生活する住民が少なくなることで，互助をもとに形成されたマウル会館機能が働かないことが予想される。また多くのマウルは，生活の場としての限界点を超える時期に向かい，マウル会館の閉鎖のみではなくマウルの閉鎖についても考える時代となる。マウル会館が地域の利用者のニーズに対応するものであり地域の公共施設であるならば，急速な衰退が予想される地域のケア機能を有することも，マウル会館のあるべき姿の一つであると考えられる。

注
1）　韓国語辞書でマウルは，主に田舎でいくつもの家が集まって住む所として定義されている。行政では邑・面地域に設置された行政里を指し，現在6,792か所がある（2015年）。
2）　セマウル運動は，1970年初め頃，韓国農村の現代化を目指し，朴正熙政権の主導で施行された地域社会開発運動と定義される。勤勉・自助・協同を基本精神とし，農村の近代化，地域の均衡ある発展，意識改革をその目標とした。
3）　調査の目的は，農村地域のマウル会館の運営と利用実態を全般的に調査し，活性化方案を提示することである。調査対象は農村地域のマウル会館であり，その内容はマウル会館の基本現況，細部機能，施設と状態，活用化の実態である。調査は行政里単位のマウルに居住している韓国農村経済研究院の現地協力者を対象（1,940人）としたアンケートにより行われた。分析は，有効回答625件を対象とした。

第15章

なぜ，療養保護士の国家資格取得者が多いのか

任　セア

1　療養保護士国家資格の流行

　約30年間以上専業主婦だった60代のＡさんと，最近定年退職を迎えたＢさんは，療養保護士という国家資格を取得した。そのきっかけは，「療養保護士の国家資格の取得者数220万6730人突破！いつまでもキャリアウーマン！69歳の療養保護士にインタビュー」というタイトルの記事であった（「女性家族部ブログ」2021年3月31日）。その記事には，「最近，専業主婦や定年退職後の人々が最も好む職業があります。それは療養保護士という職業です」という内容が書かれていた。確かにＡさんとＢさんの周りには，療養保護士の国家資格を取得した女性が多い。

　韓国の社会保険制度として2008年7月に施行された老人長期療養保険制度（介護保険）と，この制度の主な人材である療養保護士の資格制度は，23年で16年目を迎えている。上記で挙げた例のように療養保護士の資格取得者は多く，具体的な数をみると，21年で220万6730人を突破した（**図表15-1**）。これは，韓国より21年も早く実施された日本の介護福祉士の資格取得者より約39万人も多い数である。

　なぜ，韓国では療養保護士の国家資格取得者が多いのだろうか。確かに，韓国は資格社会と言っても過言ではないほど様々な職業領域において資格が必要不可欠な要素として位置づけられている。しかし，それだけで療養保護士の国家資格取得者が多い理由にはならない。そこで本章では，老人長期療養保険制度の主な人材である療養保護士に注目し，その資格制度の概要と実態について紹介した後，療養保護士の制度化の始まりと当初に生じていた課題，そして療養保護士の国家資格取得者が多い理由について明らかにすることを目的とする。

　なお，本章では，日本と韓国を区分するために，法律および制度上の専門用語

図表 15−1 療養保護士と介護福祉士の資格取得者数

出所：韓国保健社会研究院（2019；2022）および厚生労働省ウェブサイト「介護福祉士の登録者数の推移」をもとに筆者作成。（閲覧日は 2023年11月1日）

をそのまま用いることとする。

2　療養保護士の概要

1　療養保護士の定義

「介護危機」とも呼ばれるほど韓国の少子高齢化による高齢者の介護問題は，いずれかの個人や地域の問題ではなく，国と社会が負担しなければならない，国全体に通ずる問題として認識されるようになった。これらの変化に伴い，韓国は日本とドイツの介護保険制度を参考にして，2008年7月1日から老人長期療養保険制度を実施した。老人長期療養保険制度を導入した背景は，日本やドイツと大きな違いはなく，「①急速な少子高齢化，②高齢者の健康状態の悪化と要介護高齢者の急増，③女性の社会進出の増加等による家族介護力の低下，④老人医療費の膨張，⑤核家族化等による家族の変容，⑥社会的介護サービスの未整備などがその背景となっている」（林ほか 2010：5）。

韓国は，老人長期療養保険制度の施行に備え，従来の老人福祉法の人材である家庭奉仕員や生活指導員に比べ，より専門的な知識および技術を要する療養保護士という国家資格制度を新設した。療養保護士とは，一定期間の教育を履修したうえで，国家試験に合格した者で，認知症・脳血管疾患等の老人性疾患で自立し

た日常生活を行うことが難しい高齢者のために老人療養施設および在宅で身体又は家事支援サービスを提供する専門的な人材である。このように，老人長期療養保険制度の実施に伴い，療養サービスを担当する長期療養機関が設置され，療養サービスを提供する療養保護士に対する期待も高まった。

療養保護士は老人長期療養保険制度のなかで，「長期療養要員」と表記されており，老人長期療養保険制度において必須の職業として位置づけられている。長期療養要員とは，老人長期療養保険法第2条5項にその定義が定められており，療養保護士，社会福祉士，看護師，理学療法士等の公認された資格を取得し，長期療養機関に配置され，高齢者等（65歳以上の高齢者または65歳未満の者で認知症・脳血管疾患等の老人性疾病を有する者）に対して，身体活動および家事活動の支援または療養の業務を行う者である。

老人福祉法第39条の2の療養保護士の職務・資格証の交付等によると，「老人福祉施設の設置・運営者は，保健福祉省令で定めることにより，高齢者等の身体活動または家事活動の支援の業務を専門的に行う療養保護士をおかなければならない。また，療養保護士になろうとする者は，第39条の3により療養保護士を教育する機関（以下，養成施設）で養成課程を修了し，市・道知事が実施する療養保護士の資格試験に合格しなければならない」と明示されている。資格を取得した療養保護士は，長期療養機関で療養サービスを提供する。主に，老人福祉法（老人住居福祉施設，老人専門病院を除く老人医療福祉施設，在宅老人福祉施設）や老人長期療養保険法（長期療養機関［施設／在宅］），訪問看護を除く在宅長期療養機関に規定されている施設で従事することになる。

しかし，療養病院は療養保護士を配置する法的義務がないため，「療養」業務を行う看病人（以下，付き添い）を雇用することになる。また，付き添い，ボランティアの業務において療養保護士の国家資格を法的に要しない。このように，韓国の療養という業務は，日本と同じく資格がなくても誰でも行うことができる一方で，韓国の場合，実際に療養保護士の資格がないと雇用されない現状がある。

2 療養保護士の養成課程

韓国の療養保護士の養成時間（240時間）は，日本の介護福祉士の養成時間（1,850時間）と比べると，約7倍以上も短い。療養保護士は，国家資格という面からみると，日本の介護福祉士に相当するが，業務内容や養成課程からみると，旧ホー

第15章　なぜ，療養保護士の国家資格取得者が多いのか　**241**

図表15-2　療養保護士の養成時間

（単位：時間）

		合計	理論	実技	実習
①新規		240	80	80	80
②実務経験者	一般	160	80	40	40
	施設／在宅	140	80	40	20
	施設＋在宅	120	80	40	0
③資格取得者	看護師	40	26	6	8
	社会福祉士	50	32	10	8
	理学療法士，作業療法士，准看護師	50	31	11	8

出所：保健福祉部（2023）より筆者作成。

ムヘルパー二級（230時間）や介護職員初任者研修（旧ホームヘルパー２級：130時間）に相当する。また，日本と韓国の資格取得ルートは異なるため，日本の介護福祉士と韓国の療養保護士は単純に比較することはできない。ここでは，日本と韓国の資格取得ルートを詳細に比較するよりは，韓国の療養保護士の養成課程を中心に紹介したい。

　韓国の療養保護士の養成時間は，主に①新規，②実務経験者，③関連資格取得者の３つに区分される（**図表15-2**）。資格取得者（社会福祉士，看護師，理学療法士，作業療法士，准看護師）の場合，養成時間が大幅に免除される。

　現在の療養保護士は，養成課程を修了し，国家試験に合格しなければならないが，老人長期療養保険制度が導入された当初は国家試験がなかった。その主な理由は，より早く人材を供給するためであり，療養保護士の養成課程における科目を履修さえすれば，資格取得が可能であった。療養保護士の国家試験制度が実施されたのは，2010年３月の老人福祉法の改正（法律第9964号，公布は10年１月25日）後である。

　療養保護士の国家試験は理論と実技で構成されている（**図表15-3**）。ここでの実技は日本の介護福祉士の実技試験のような実際に対面で行う試験ではなく，実技の理論に関する筆記試験を意味する。療養保護士も介護福祉士と同じく問題の総得点の60％程度を基準としているが，介護福祉士のように問題の難易度で点数を補正するのではなく，60％以上の点数を得点すると合格とする。

　療養保護士のカリキュラムをみると，療養保護概論，療養保護関連基礎知識，

図表15-3　療養保護士の試験科目

領域	試験内容	問題数	出題形式
理論	療養保護論 (療養保護概論，療養保護関連基礎知識，基本療養保護各論，特殊療養保護各論)	35問	五肢択一
実技	療養保護に関するもの	45問	

出所：保健福祉部（2023）をもとに筆者作成。

療養保護各論，特殊療養保護各論，現場実習の5つの科目を中心に理論80時間，実技80時間，実習80時間の240時間で構成されている。このように科目別に内容が細分化されているが，履修時間は短く設定されており，そういった状況を考えると，限られた履修時間ですべてを習得できるとは言い難い。

3　療養保護士の専門性強化の動き

近年，韓国では療養保護士の専門性の強化と長期勤続によるキャリア形成を図ろうとする動きがみられる。その具体的な動きとしては，次の3つが挙げられる。第1に，療養保護士の養成課程が改正されるようになったこと，第2に，現任研修の実施が義務化されるようになったこと，第3に，療養保護士の上級資格である「先任療養保護士」が導入されるようになったことである。

それぞれについて，詳細に見ていこう。まず，第1に，療養保護士の養成課程が改正されるようになったことである。制度の実施から16年ぶりに長期療養サービスの質の向上を目的に療養保護士の養成課程が改正された。保健福祉部は，2023年7月17日に老人福祉法施行規則一部改正令案を発表した（「保健福祉部報道資料」2023年9月25日）。老人福祉法施行規則の「療養保護士の教育課程（第29条の2第2項関連）」をみると，従来の療養保護士の養成時間を240時間から320時間に拡大し，教育内容に高齢者権益保護のための人権教育と感染症の管理に関する教育を追加した。これは，23年8月17日に発表された第3次長期療養基本計画（案）「2023～2027」（以下，基本計画案）にも盛り込まれており，24年1月1日から実施された。

第2に，現任研修の実施が義務化されるようになったことである。これまで療養保護士の現任研修は保健福祉部の「指針」と規定され，資格取得後，2年ごとに1回8時間の現任研修を履修しなければならなかった。しかし，この療養保護

図表15-4　療養保護士の現任研修に関する指針

	内容
2008年	現任研修の養成施設－療養保護士の養成施設および老人福祉関連の非営利法人
2009年	現任研修の養成施設－療養保護士の養成施設および老人福祉関連の非営利法人
2010年	現任研修の施行（養成施設，養成課程，実施方法等）に関する具体的な事項は保健福祉部長官が決める。

出所：保健福祉部（各年度）より作成。

士の現任研修に関する指針は，老人長期療養保険制度の施行初期の 2008年と09年の「老人保険福祉事業案内」には明示されていたが，10年以降はみられなかった（**図表15-4**）。「老人長期療養法」の第23条第2項には「長期療養要員の現任研修制定を大統領令で定める」と明示されているが，これに対する施行令と施行規則がなく，療養保護士の現任研修と関連した公的な法的規定はなかった（韓国保健社会研究院 2019）。

　そのため，これまで体系的な現任研修の導入の必要性については持続的に提起されてきた。保健福祉部が認可した非営利民間団体である韓国療養保護士中央会は，老人長期療養保険制度のサービスの質の改善のためには，主にサービスを提供する人材である療養保護士の現任研修の法制化が必要不可欠であると主張してきた（「慶南日報」2012年8月2日）。これを受けて，2023年8月8日に改正された老人長期療養保険法施行令には，現任研修に対する具体的な対象，方法，時間および内容が示された。23年9月25日に保健福祉部は「長期療養機関に従事する療養保護士の専門性を強化し，療養サービスの質を向上させるため，24年1月から療養保護士の現任研修を実施する」と発表した。療養保護士の現任研修の内容をみると，老人長期療養保険法施行令の一部改正により「長期療養要員のうち療養保護士の現任研修（第11条の2）を新設する」と療養保護士の現任研修の法制化について具体的に記載されている（**図表15-5**）。また，現任研修の全般的な管理は，国民健康保険公団が行うことになり，具体的な内容と方法，実施施設の指定などは現在施行中のモデル事業の結果分析を通して，明らかにする予定である。

　第3に，「先任療養保護士」が導入されるようになったことである。2024年10月から全国の療養保護士を対象にキャリアアップの一環として「昇給制」が施行される予定である。保健福祉部は，23年4月から9月までの約6か月間，老人長期療養施設に「先任療養保護士」を配置するという療養保護士の昇給モデル事業

図表15-5　療養保護士の現任研修の内容

	内容
対象	・長期療養機関に従事する者，または資格取得後，2年以上経過した者 ・免除対象：療養保護士の資格試験に合格して2年を経過していない者
形式	・対面またはオンラインによる非対面
時間および内容	・2年ごと8時間以上 ・教育職業倫理および姿勢，療養保護基礎知識，基本療養保護技術，特殊療養保護技術等

出所：保健福祉部（2023）より作成。

を実施した。「先任療養保護士」は長期療養施設に従事している療養保護士のうち5年（60か月・月160時間）以上の実務経験がある者で，該当施設の推薦を受けた後，国民健康保険公団が実施する40時間の昇給教育を履修しなければならない。「先任療養保護士」には，毎月15万ウォン（約1万5000円）の手当が支給されることになる。「先任療養保護士」は入所者数50人当たり2人まで認められ，入所者が25人を超えるたびに，「先任療養保護士」を1人ずつ追加で配置することができる。「先任療養保護士」を配置することによって，療養保護士の専門性が強化され，長期勤続を誘導することができ，サービスの質の向上につながると期待される。

　以上のことからみると，日本の人材確保と同じ形で，韓国も療養サービスの質の向上のため，その主な人材である療養保護士の質的確保および量的確保が同時に行われていることがわかる。

4　療養保護士の実態にみる特徴

　療養保護士の実態にみる特徴として次の4つが挙げられる。第1に，男性より女性が多いこと，第2に，潜在療養保護士が多いこと，第3に，家族療養保護士があること，第4に，長期療養機関で従事する人材のなかで療養保護士が圧倒的に多いことである。

　まず，第1に，療養保護士の従事者には男性より女性が多いことである。「療養保護士の従事者の性別構成」をみると，2021年を基準に全従事者39万7915人（100.0％）のうち，女性は37万6740人（94.7％）を占めている一方で，男性は2万1175人（5.3％）に過ぎなかった（**図表15-6**）。冒頭にも述べた通り，女性に人気のある資格・職業であることがわかる。

図表15-6 療養保護士の従事者の性別構成

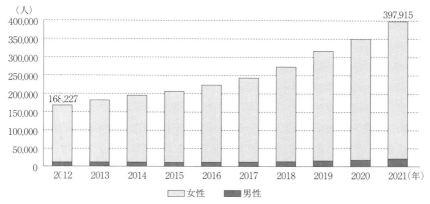

出所：統計庁ウェブサイトより筆者作成。

　第2に，潜在療養保護士が多いことである。老人長期療養保険制度が導入された2008年以後，毎年，療養保護士の資格取得者の数は大幅に増加しており，21年までの合格者だけで157万7113人にのぼる。その一方で，実際に資格取得者のうち長期療養機関に従事する療養保護士は，約3割（50万7473人）程度である（**図表15-7**）[1]。このことから資格を取得したが，実際には働いていない潜在療養保護士が多く存在していることがわかる。

　第3に，家族療養保護士についてである。韓国の場合，老人長期療養等級1～4等級の認定を受けた家族に対して，療養保護士の資格を取得した家族が有給で療養サービスを提供することが可能である。ただし，家族療養保護士は，在宅長期療養機関に所属する必要がある。その家族の範囲は，直系家族，兄弟姉妹，配偶者，配偶者の直系血族に限り，高齢者との同居・非同居の制限はないことが特徴として挙げられる。このことから，いつか家族の療養を行うために，療養保護士の資格を取得した人々も少なくはなかった。実際に家族療養保護士として従事する人数をみると，2019年の療養保護士は，42万3057人であり，そのうち，家族療養保護士として従事する者は，6万5297人で，約1.5割を占めている（**図表15-8**）。

　第4に，長期療養機関で従事する人材のなかで療養保護士が圧倒的に多いことである。2017年から21年までの5年間の統計資料をみると，療養保護士は長期療

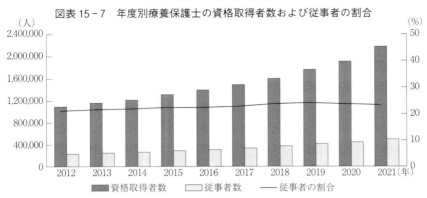

図表15-7　年度別療養保護士の資格取得者数および従事者の割合

出所：統計庁ウェブサイトより筆者作成。

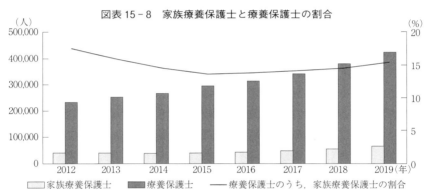

図表15-8　家族療養保護士と療養保護士の割合

出所：ヤン・ナンジュほか（2020）および統計庁ウェブサイトより筆者作成。

図表15-9　長期療養機関の従事者内訳

(単位：人)

	2017年	2018年	2019年	2020年	2021年
社会福祉士	18,535	22,305	26,371	30,268	33,736
医師	2,198	2,210	2,260	2,312	2,349
看護師	2,791	2,999	3,280	3,504	3,645
准看護師	9,845	10,726	11,987	13,221	14,196
歯科衛生士	7	10	7	14	12
理学（作業）療法士	2,024	2,122	2,348	2,558	2,723
栄養士	1,160	1,132	1,130	1,136	1,147
療養保護士	340,624	379,822	423,057	450,970	507,473
合計	377,184	421,326	470,440	503,983	565,281
療養保護士の割合	90.3%	90.1%	89.9%	89.5%	89.8%

出所：統計庁ウェブサイトより筆者作成。

養機関の専門人材のなかで高い割合を占めており，老人長期療養保険制度を主に支える中心的な人材となっている（**図表15-9**）。このように，占める割合が高い理由の一つとして，もちろん短期間に取得しやすい資格ということもあるが，療養保護士の場合，業務独占の職域（職業）である医師や看護師とは異なり，療養保護士の国家資格がなければ，雇用されず，療養現場で働くことはできないことが挙げられる。このことから，韓国の長期療養機関に従事する介護人材はすべて療養保護士の資格取得者であることが大きな特徴であると言える。

3　療養保護士の資格取得者が多い理由

1　雇用創出効果の期待

老人長期療養保険制度の導入に関する最初の動きは金大中政権（1998年2月〜2003年2月）のときだが，本格的な議論とともに老人長期療養保険制度が導入されたのは盧武鉉政権（03年2月〜08年2月）のときである。06年盧元大統領の新年演説文をみると，少子高齢化の問題に対して，政府が危機意識を持ち本格的に取り組むことが明示されている。特に，雇用対策，社会的なセーフティネットの構築を目指して，高齢者の雇用創出と高齢者親和産業の発展に力を注ぐという趣旨の内容が書かれている2007年4月27日に老人長期療養保険法が制定され，その翌年08年7月1日に老人長期療養保険制度が施行された（保健福祉部 2004）。老人長期療養保険制度は，脱産業社会の労働市場と家族の変化，人口学的変化に対応するための一つの手段であり，老人長期療養サービスの導入は，5万人以上の療養保護士の雇用を創出することから雇用率を画期的に引き上げる政策として注目された。当時の国民健康保険公団の報道資料によると，老人長期療養保険制度の施行が産業活性化と雇用創出，所得増大などの経済社会的便益の面で大きくプラスの効果を与えるという見通しが示された（国民健康保険公団 2008）。

このように，質的確保より量的確保に重点がおかれたその裏には，老人長期療養サービスの導入による「雇用創出」の効果を期待した盧武鉉政権の政策的意図が大きく影響していたと考えられる。次の3-2でも述べるように，取得しやすい国家資格とし，誰でも履修ができるように短い養成時間を設定し，また学歴や年齢などの制限をかけなかったのは，そのためであるといえる。一方では，「雇用創出」よりは「療養保護士の絶対的な不足を憂慮した政府が，老人長期療養保

険制度の施行に間に合わせるため，条件なしで誰でも療養保護士養成講座を受講できるようにした」という指摘もある（林ほか 2010：85）。このような背景によって，療養保護士が過剰に養成され，多くの潜在療養保護士が生まれることにつながったと考えられる。

　以上のように，質的確保より量的確保に重点がおかれたことにより，実際に潜在療養保護士が多く生まれることになったが，いずれにせよ，本章の冒頭でも述べたように療養保護士は，退職後や中年層の第2の職業として人気のある資格であり，**図表15-9**のように老人長期療養保険制度において他資格よりも多くの割合を占めている必要不可欠な資格であることには変わりがない。また，今後も将来性のある職業であることを考えると，量的確保に重点がおかれた療養保護士は，結果的に「雇用創出」につながったことは否定できないだろう。

2　取得のしやすい資格の仕組み

　療養保護士の国家資格が創設された当初は，サービスの質的確保より人材の量的確保が優先されたこともあり，療養保護士の養成に関する仕組みは極めて簡略的なものであった。具体的に言うと，次の3つが挙げられる。第1に，養成施設の設立基準がゆるく設定されていたことである。当初，養成施設の設立基準の簡略化および届出制により，需要を上回る多くの養成施設が設置された。第2に，資格の取得要件が低く設定されていたことである。国家資格にもかかわらず，試験制度がなく，学歴および年齢を一切問わず，療養保護士の養成課程を履修さえすれば資格取得が可能であった。第3に，業務の役割分担が不明確な，療養保護士1級と療養保護士2級という二種類の資格が存在していたことである。さらに，養成課程における養成時間が療養保護士1級は240時間，療養保護士2級は120時間と，短く設定されていた。

　以上のような簡略な仕組みのため，療養保護士の資格取得者が多く養成されることとなったのである。もちろん，それにより次のような問題が生じたことも指摘しておかなければならない。すなわち，養成施設の乱立や療養保護士の質の低さ，療養保護士の1級と2級の業務役割の不明確さといった問題である。これは，質的確保の面からみると，専門性の乏しい療養保護士が大量に養成される仕組みとして働いた。

　国会保健福祉委員会が発刊した「2010年度国政監査結果報告書」によると，「療

養保護士の過剰な養成が問題になっているなか，仕事場の需給均衡等の制度改善・対策が必要である。療養保護士は急激に養成されたため，サービスの質が千差万別である。より充実した教育が必要である」（国会保健福祉委員会 2011：90）と取得しやすい療養保護士の仕組みについて指摘している。このような問題を解決するために，2010年に老人長期療養保険法施行令の一部改正により，次の３つの動きがあった。第１に，療養保護士の養成施設を届出制から指定制に変更したこと，第２に，療養保護士の２級を廃止し，既存の療養保護士の１級を療養保護士として残すことで，療養保護士の１級と２級の等級を単一化したこと，そして，第３に，国家試験制度を導入したことである。

　しかし，肝心の質的確保のための教育的部分は改善されなかった。国家試験制度を導入したが，試験の難易度があまりにも低かったために，第１回の試験のときに98.7％という高い合格率の結果を生み出した。また，養成時間が短く設定されているという指摘があったにもかかわらず，養成時間の改善は行われなかった。このような問題を解決するために，上記の「２-３　療養保護士の専門性強化の動き」でも述べたように，韓国は制度実施以来16年ぶりに療養保護士の専門性の強化に力を入れることとなった。日本の介護人材の量的確保と質的確保を両輪として，介護人材の「量」と「質」の好循環を進める形と同じように，韓国でも療養保護士の量的確保のみならず，質的確保の動きがみられる。一方で，韓国の介護人材の仕組みは，日本と同じベクトルで進んでいるように見えるが，日本とは異なる単一の国家資格制度であり，資格取得ルートも一つである。次の「３-３　単一の国家資格であることのメリット」では日本と韓国の介護人材における資格種類が異なることに注目し，より具体的に述べる。

3　単一の国家資格であることのメリット

　韓国の介護人材は，単一の国家資格制度である療養保護士のみである。これが韓国において療養保護士の国家資格取得者が多い理由の一つである。より具体的に言うと，上記の「３-２　取得のしやすい資格の仕組み」でも述べたように，韓国の場合，介護人材が取得できる資格は，「国家資格」である療養保護士という単一の資格で構成されているため，療養現場に従事する介護人材のすべてが「国家資格」の取得者である。一方で，日本の場合，介護人材が取得できる資格は「研修」を意味する資格から「国家資格」まで様々であり，そのルートも多様である

ため，介護現場に従事する介護人材のすべてが国家資格の取得者であるとは限らない。

なぜ，ここで韓国の療養保護士が単一の国家資格制度であることについて強調し続けているか，気になる読者が多いと思う。結論から言うと，単一の国家資格制度の方が，介護人材の量と質の両面を含めて，「資格」と「職業」の両方から管理しやすいメリットがあると考えるためである。まず，韓国と日本の介護関連資格のキャリアパスと従事範囲について理解してほしい。韓国の場合，無資格者は長期療養機関の療養現場に従事することができない。全員が国家資格取得者なのである。「国家資格」の療養保護士の専門性の強化を図ると，その「職業」としての療養保護士も同様に専門性の強化を図ることができ，「資格」と「職業」の両面から管理しやすい。

一方で，日本の場合，無資格者も介護職員として介護現場に従事することができ，実際に多様なルートから介護現場に参入する人が多く，多様な資格習得者が存在している。さらに，介護人材に関する資格種類が多様であることのみならず，介護福祉士の国家資格の取得ルートもバラバラであった。このことから，特定の資格に焦点を当てて専門性の向上を図ったとしても，それ以外の介護人材は除外され，「資格」と「職業」の両面において管理することが難しい。より具体的に言うと，介護福祉士，実務者研修，介護職員初任者研修等の資格制度によって，多様なルートで短期間または長期間の専門的教育が行われている職業であるため，専門性がある職業としてみられる。その一方で，資格を要する職業でありながら，専門的教育を受けていない無資格者も存在する職業であるため，その専門性が十分に確立された職業であるとは言い難い（任セア　2020；2022）。

日本は，このような問題を解決するために，「資格取得方法の一元化」と，「認知症介護基礎研修」を取り入れた。まず，「資格取得方法の一元化（養成施設卒業生への国家試験義務付け等）」とは，2007年の「社会福祉士及び介護福祉士法」改正により行われたものであり，介護福祉士の資質および社会的評価の向上の観点からすべての資格取得ルートにおいて，一定の教育プロセスと国家試験を課すこととなった。当初，介護人材を取り巻く状況を踏まえ，22年度から養成施設卒業者にも国家試験の合格を義務付けることになっていたが，この経過措置期間が，再び延長された。これによって，17年度から26年度までに介護福祉士養成施設を卒業した者は，介護福祉士国家試験に合格しなくても，試験センターに登録の申

請をすることにより，5年の間，介護福祉士として登録できる特例措置になった。このような措置となったのは，人材不足の問題が足を引っ張っているためだと考えられる。

　次に，2021年4月の介護報酬改定に伴い，公的研修として「認知症介護基礎研修」が実施されることになった。主な対象者は，すべての介護サービス事業所で直接介護に携わる無資格の介護職員であり，その目的は「認知症についての理解のもと本人主体の介護を行うことで，できる限り認知症症状の進行を遅らせ，行動・心理症状（BPSD）を予防できる」ように，認知症の人を介護するうえで必要な基礎知識・技術を習得することである（厚生労働省 2023）。ここで注目すべき点は，公的研修ということであり，24年4月以降に無資格かつ未受講の場合は働くことができなくなるということである（21年4月～24年3月まで経過措置期間）。やはり，無資格者がもたらす介護サービスの質の課題を表面的に認めたことになると考えられる。

　このように，日本における介護人材の量的確保については，ここではあまり詳細に取り上げなかったが，介護人材の不足問題をめぐり外国人労働者や未経験者，無資格者，多様な資格取得ルート等で長年苦労していることがわかる。これらは，少子高齢化が進んでいるなかで，介護人材の量的確保においても質的確保においても頭を抱えるほど厄介な問題である。このことから考えると，取得しやすい単一の国家資格である韓国の療養保護士の仕組みは長い目で見ると，量と質の両面から管理しやすいと言えるだろう。

4　介護人材不足問題の改善への期待と示唆

　韓国は，資格社会と言っても過言ではないほど様々な職業領域に資格が必要不可欠な要素として位置づけられている。確かに療養保護士は現代社会において欠かすことのできない職業であり，社会的期待も当然大きくなっている。

　ここで本章の最初の疑問に戻ると，「なぜ，韓国では療養保護士の国家資格取得者が多いのだろうか」である。本章では，韓国の療養保護士の国家資格取得者が多い理由として，次の3点から答えを導き出した。第1に，老人長期療養サービスの導入による「雇用創出」の効果を期待した盧武鉉政権の政策的意図，第2に，取得しやすい療養保護士の極めて簡略的な養成の仕組み，第3に，単一の国

家資格ということである。

　このことから，質的確保と量的確保の両側面から国家資格制度の療養保護士に対する韓国的な特徴についてまとめると，次の通りである。まず，質的確保の面から言うと，第1に，単一の国家資格であることから，「職業」としての専門性を強化しやすいこと，第2に，すべての介護人材が療養保護士の資格取得者であることから最低限度の知識と技術を有していることである。量的確保の面からいうと，第1に，少子高齢化による現役世代の減少に伴い，早期に参入できる養成の仕組みであること，第2に，長期療養機関に従事する人材は療養保護士が約8割以上を占めていることから，これからも雇用創出の効果が見込まれる職業であるということである。これらは，少子高齢化による現役世代の減少と高齢者人口の増加に伴う「介護危機」という深刻な社会問題に直面しているなかで，アジア諸国において，韓国の単一の国家資格である療養保護士は示唆するところが大きい。もちろん，既存の資格を有することをもって療養に関するある程度の知識があるとみなすことは表面的な証明にとどまるため，実際に療養現場でどの程度の知識を持ち，どの程度の療養業務能力を持つかは不明である。このことについては，今後の課題としておきたい。

注
　1）　日本の介護福祉士と韓国の療養保護士を単純に比較することはできないが，2020年度に公益財団法人社会福祉振興・試験センターが実施した「有資格者の就労状況調査」によると，介護福祉士の有資格者の137万7091人のうち，44万4031人（76.3％）が福祉・介護・医療の分野で仕事をしていた。

第16章

なぜ，「死の教育」関連の民間資格が急増したのか

孔 英珠

1 ウェルビーイングからウェルダイイングへ

近年「ウェルダイイング（well dying）」が注目を集めている。ウェルダイイングとは，新造語で標準国語大辞典には登録されていないが，ネイバー（NAVER）語学辞典によると，「人が人としての品位と尊厳をもって生を終えること」とされている。この説明からは臨終の瞬間が思い浮かぶが，死は生の延長線上にあるため，死を意識することで今を大切に生きるとともに，平常時から死の準備をすることが必要であるという意味をもつ。

ウェルダイイングは2000年代に流行っていた言葉「ウェルビーイング（well-being）」の語呂合わせであるという説がある。そのため「ウェルビーイングからウェルダイイングへ」というキャッチフレーズもしばしば目に入る。ウェルビーイングは，心身の健康を通して幸福を追求する生活様式という意味合いで使われている。つまり何を食べ，何をすれば健康でより満足できる生活が送れるかに関心を寄せることである。食品，運動，余暇活動，保険等にまで，ウェルビーイング関連の商品やサービスが開発された。

このウェルビーイングブームが，高齢化が進むなかで，人生の最終段階において自分らしく過ごし安らかに最期を迎えることを抜きにしては，健康で幸せな人生と言えないという気づきをもたらしたのである。また，韓国においてウェルダイイング法が2016年制定されたことによって，尊厳ある死について社会の共通認識が醸成され始め，延命医療は不適切であると考える人が多くなった（保健福祉部 2020）。ウェルダイイング法とは「ホスピス・緩和医療および臨終過程にある患者の延命医療決定に関する法」の通称名である。同法によって，臨終期の患者

が自分の意思を文書に残すか，家族2人以上が普段から患者の意思だと陳述しておけば，医師2人の確認を経て，延命医療が中断できるようになった。延命医療について検討したり，延命医療意向書を作成したりすることは，主体的に迎える臨終について考えるきっかけとなるに違いない。

ウェルダイイングは，日本の「終活」と類似する部分が少なくない。特に，終活が死の支度にとどまらず，「今をより良く自分らしく生きる活動」であるのも大いに重なる（終活カウンセラー協会ウェブサイトほか）[1]。具体的に，生前整理（財産整理，遺言書作成，死後契約，断捨離）[2]，エンディングノートの作成，終末期医療に関する事前指示書の作成，アドバンス・ケア・プランニング（人生会議）[3]やもしバナゲームのワークショップ等が行われている。[4]

韓国ではウェルダイイングに関する取り組みとして，死の準備教育（以下，死の教育）[5]が広がりをみせている。これまで死の教育は，社会福祉館や老人福祉館，大学の生涯教育院，宗教機関，敬老堂，保健所でセミナーやワークショップ等の様々な形で行われてきた。さらに，ウェルダイイング法が施行された2018年前後，死の教育関連の民間資格が急増した。具体的には，韓国職業能力開発院に登録されている死の教育関連の民間資格は86件[6]であった。[7]

死の教育とは，「死の意味を平常時に予め考えることで，人生をより意義あるものとして営み，死を急に迎えたとしても依然として受け入れることができるように準備する教育」である（オ・ジンタク 2009）。死の教育内容は多岐にわたっているが，「韓国死の教育協会」が2020年に提示した死の教育の標準カリキュラムは以下の通りである。①死の哲学と心理，②死の霊性と宗教，③ホスピス緩和医療と末期ケア，④死の関連法と倫理，⑤喪葬儀礼と文化，⑥喪失悲嘆と哀悼相談，⑦評価と介入，⑧生涯周期別死の教育，⑨ケアと疎通（コミュニケーション，対話），⑩外傷性死（自殺，他殺，テロ等）への対処，⑪死と社会的関係，⑫実習・実技，⑬その他の講義の11科目と実習・実技で構成されている（オ・ヘリョン 2020）。

しかしながら，急増した死の教育関連の民間資格の種類や数の実態把握は簡単ではない。なぜなら資格の管理機関に複数の支部・支会がある場合，登録は一か所で良いからである。[8]さらに，民間資格を事前登録することは義務となっているが，登録された民間資格の内容と質の管理は十分になされていない。これらのことを考えると，死の教育関連資格はこれをはるかに上回ると考えられる。

なぜ，韓国ではウェルダイイングに関する取り組みのなかで，死の教育関連の

民間資格が急増したのか。加えて，これらは「ウェルダイイング心理相談師」，「ウェルダイイング指導師」，「ウェルダイイング講師指導師」等の名称をもつ死の教育講師・指導者役の養成課程であることに注目したい。本章では，死の教育関連資格の現況を踏まえ，韓国の社会的状況や文化等を考慮しながら，その背景に迫ることにする。

2　「死の教育」と民間資格の現況

1　「死の教育」の変遷

　韓国における死の教育は1991年カクダン福祉財団の支援下で創立された「生と死を考える会[9]」から始まったと言える。「生と死を考える会」は「人間の生と死の意味を探求して死を回避することや死に対する恐怖心を払拭し，生の正しい価値を成立させるように手伝うことで，この世を美しく豊かにする」ことを目的として様々な活動を行ってきた。会の始まりは，敬虔なキリスト教者であった故キム・オッラ氏と知人らの集いからであったが，当時は死をタブー視し，死に関連がある話題に口にすることを好まない時代だったという。初期はメンバーが毎月勉強会を行い，1991年，2007年には上智大学の名誉教授の故アルフォンス・デーケン氏を招待し，講演会を開催した（キム・オッラほか 2021）。会を発足した当時から現在まで，宗教，法律，哲学，医学，文学の分野を選ばず，専門家を招待し，死に関連がある講演会を開いている。

　2002年には，死の教育指導者課程を初めて開設し，宗教関係者，退職した医療・法律・教育の専門家，社会福祉関連職を死の教育講師・指導者として養成することに力を入れていた。07年からはソウル市から補助金を受け，死の教育指導者養成課程を開設し，教会や福祉館等に死の教育講師を派遣する事業を行った。また，12年から13年には，株式会社教保生命から補助金を受け，音楽・美術・詩等を活用した死の教育講師・指導者の養成や派遣に努めた。このように死の教育を行い，指導者養成のための多角的努力を行うなかで，全国でも死の教育関連機関や資格課程が次々と現れた。

　しかしながら，2018年ウェルダイイング法の施行前後に，死の教育関連資格（死の教育指導者養成課程）が急増し，教育課程の質が問われるようになった。それゆえに，20年，ウェルダイイング関連資格事業を行っている団体らによって「韓国

図表16-1　死の教育関連の取り組み

	死の教育関連の取り組みの概要
1990年代	・1991年4月　「生と死を考える会」創立 ・1997年　翰林大学校哲学科「死の準備教育」という科目が開設（オ・ジンタク教授）
2000年代	・2002年　「生と死を考える会」によって「死の準備教育指導者課程」開設 ・2004年　翰林大学校で「生死学研究所」設立 ・大学校（東国大学校等）で死の教育関連科目を開設 ・2005年6月　「韓国死の学会」創立 　（宗教学，心理学，哲学，社会学，医学等の専門家による研究活動およびネットワークづくり）
2010年代	・2013年　「韓国サナトロジー協会」創立 　（アメリカのADECと連携し，ADECの認定試験を代行） ・2016年　「ホスピス・緩和医療および臨終過程にある患者の延命医療決定に関する法」制定 ・2018年3月　高麗大学校で「死の教育研究センター」開所 ・2019年　高麗大学校で「死の教育研究センター」で「死の学アカデミー」教育課程（死の教育関連の専門家養成課程）を開設
2020年代	・2020年　「韓国死の教育協会」創設（全国約40団体） ・2022年　カクダン福祉財団「生と死の研究所」創立

出所：カクダン福祉財団ウェブサイトおよび韓国翰林大学校生死学研究所ウェブサイト等を参考に筆者作成。

死の教育協会」が創立され，死の教育の標準カリキュラムが提示された。発起理事団体[10]の代表であるカクダン福祉財団のウェブサイト[11]では，「韓国死の教育協会は，死の教育の体系的な基盤を設け，社会の望ましい死の文化を定着するために関連団体の連帯と協力から創立された団体」と説明されている。また，「全国的に約40団体が参加しており，今後より多くの団体や個人会員たちの参加が行われる予定である」とされている。

　加えて，1997年翰林大学校哲学科のオ・ジンタク教授の「死の準備教育」という科目が開設されて以来，複数の大学で教養科目として，死の教育関連の科目が開設された。翰林大学校では，2004年に「生死学研究所」を設立し，死に対する哲学的理解だけではなく，安楽死・自殺等に関する学術行事も開催してきた。[12]

2　資格数と管理機関

　死の教育関連資格を調べるために，韓国職業能力開発院の資格検索サービスを利用した。資格検索サービスには，「同一名称の資格が多数存在するため，必ず資格（機関）情報を確認するようにしてください」，「資格取得現況は機関が直接

入力した情報であり，データの有無と実際の
資格運営状況とは関係ありません」という案
内文とともに，各々の資格について，資格名，
資格発行機関，登録番号，簡略な資格情報（職
務内容），資格取得現況が掲載されている。

「死」というワードが含まれている資格を
調べたところ，2件（死の教育専門家，死の予
備教室指導者）が登録されていた。一方，「ウェ
ルダイイング」で検索したところ，84件が確
認された[13]。『ウェルダイイング』関連資格の
内容を確認したところ，死の教育のカリキュ
ラムと判断できたため，本章では，「死」と
いうワードが含まれている資格2件と，「ウェ

図表16-2　ウェルダイイング関連
民間資格の登録件数

年	登録件数
2014年	1件
2015年	4件
2016年	2件
2017年	4件
2018年	16件
2019年	12件
2020年	23件
2021年	20件
2022年	4件

出所：韓国職業能力開発院の資格検索サー
ビス（http://pqi.or.kr/indexMain.do）
を参考に筆者作成。

ルダイイング」関連資格84件を合わせた86件を概観する。この86件は国家公認さ
れていない登録制の民間資格である。なお，86件中75件が，2018年以降に登録さ
れていた（**図表16-2**）。

次いで，86件のウェルダイイング関連民間資格を管理しているのは，計79機関
であった。このなかには，資格登録制度ができた2014年以前から死の教育を行っ
てきた機関や，18年前後に死の教育資格事業を始めた機関が混在している。

さらに，個人事業者が登録したものが29件，団体は31件，法人は19件であった。
団体には法人としてみなす団体（任意団体）と非営利団体が含まれており，法人
には社団法人，財団法人も含まれている。

3　資格の名称と受講者数

韓国職業能力開発院の資格検索サービスで86件の資格の名称を確認したとこ
ろ，計29種類の資格名が確認された。管理機関や学修内容が異なる場合でも，同
一の名称が併用できていた。最も多く使用されていた資格名は「ウェルダイイン
グ心理相談師」であり，30件が登録されていた。次いで，「ウェルダイイング指
導師」が18件登録されていた。それ以外にも「ウェルダイイング講師指導師」，「ウェ
ルダイイング相談師」，「ウェルダイイング講師心理専門家」，「ウェルダイイング
教育指導師」「ウェルダイイング専門指導師」がそれぞれ3件，「ウェルダイイ

ング統合教育指導師」が2件等々，類似した資格名が多数確認された。資格名から，死の教育関連の民間資格は，死の教育の講師・指導者養成課程の修了により得られるものであることが推測できる。

　一方，資格検索サービスに前年度の資格取得者数のデータが登録されている機関は，79か所中10か所に過ぎない。しかも，運営・管理機関の一つである「大韓ウェルダイイング統合教育院」の「ウェルダイイング指導師」の前年度の資格取得者数は733人なのに対して，「株式会社幸福分かち合い教育コンサルティング」の「ウェルダイイング指導師」の資格取得者数は1人と記入されている。これらは，資格の受講者数および取得者数を正確に確認できるデータとは考えにくい。他の文献やデータからも正確な受講者数および取得者数は把握することができなかった。なお，資格管理機関は資格課程を受講・修了した後に認定証や修了証，資格証のような書類を交付することができるとされているが，資格検索サービスでは実際の交付状況は確認できなかった。

　ただ，カクダン福祉財団ウェブサイトの説明では，「死の準備指導者課程は2002年開設され，2019年までに計2,366名が受講した」とされている。さらに，死の準備教育指導者課程の基本教育と深化教育を履修した人は，全国でウェルダイイング講師として活躍しているとされている。

4　資格のカリキュラム

　死の教育関連資格の各カリキュラムを検討するために資格検索サービスを用いたが，詳細な情報は掲載していなかった。資格の管理機関のウェブサイトやインターネット上の情報で学修時間やカリキュラムを調べても，資格情報が全く掲載されていない場合や，詳細カリキュラムの確認ができない場合があった。

　できる限り資格情報を調べたところ，学修時間は約20時間から30時間が多かった。死の教育関連資格課程を全国的に展開している大韓ウェルダイイング協会のウェルダイイング指導者養成課程は基本教育が30時間，深化教育が20時間であった。

　教育形態はオンライン（非対面）のみの場合，対面のみの場合，オンライン教育と対面教育の組み合わせの場合があった。受講料は1万円以下から数万円まで，ばらつきがあった。

　カリキュラムは，死とは何かについての宗教的・哲学的理解，死に至るまでの

身体的・心理的変化，喪失や悲嘆，グリーフケア，生命尊重，延命医療，ホスピスと緩和ケア等の死についての認識・認知的レベルの学習内容が含まれている。さらに，事前延命医療意向書や遺言書の作成，バケットリストの作成，葬式の準備等の行動的・実践的レベルの学習内容が含まれている。また，孤立死，臓器提供，自殺の問題や予防，老年期の特性と疾病，健康管理，ストレス管理等まで広く扱われる場合もあったが，機関別のばらつきが大きい。

　加えて，カリキュラムの例として，カクダン福祉財団の2023年度「死の準備教育指導者課程[14]」の基本教育と深化教育のカリキュラムを提示する（**図表16-3**）。このカリキュラムは，上智大学の名誉教授である故アルフォンス・デーケン氏の「死の哲学」に影響を受けたものである。基本教育と深化教育は各々週1回約4時間，計13回（計52時間）行われる。受講料は基本教育，深化教育の課程ごとに22万ウォン（23年9月時点）である。深化教育は基本教育を受講した人のみ受講可能である。

3　未熟なウェルダイイング文化と死の教育の商品化

　本節では，なぜ死の教育関連資格が急増したのかについて，韓国の社会的状況や文化等を考慮しながら，その背景を考えてみる。

1　高まる死の教育への需要と資格課程のメリット

　死の教育関連資格が急増した背景として，ウェルダイイング文化の定着が進められるなか，良質の死の教育へ需要が高まったことが挙げられる。

　2018年ウェルダイイング法の施行により，慣行的に実施していた延命医療中止の手続きと要件が法律に明記され，医療現場の混乱が減ることや死を事前に考えて準備する文化が形成されることが期待されている（キム・ミンウ 2019）。事前延命医療意向書登録機関には保健所や老人福祉館等の高齢者に身近な相談機関も加わり，今後，延命医療についての情報に触れ，事前延命医療意向書を作成する人は増加することが予想される。自治体でもウェルダイイング法の制定に伴い，16年ソウルの龍山区を始め，現在ウェルダイイング文化醸成に関する条例が100か所以上の自治体で制定・改正されている。この条例にはウェルダイイングの文化醸成に関する総合計画の策定，実態調査，関連事業，関連事業を行う団体や法人

図表16-3　カクダン福祉財団の死の準備教育指導者課程のカリキュラム

回	基礎教育の講義の題目	深化教育の講義の題目
1	生と死を考える会　創立の趣旨と目的	生と死を考える会　創立の趣旨と目的
	【特別講義】死の意味と哲学	【特別講義】死の意味と哲学
	オリエンテーション	オリエンテーション
2	なぜボランティア活動なのか	死は消滅か，移行なのか
	意味ある人生のために	エリザベス キューブラー・ロスの死の理解
3	メメントモリ，アモールパティ	西洋古代哲学での死の理解
	死と永生についての宗教哲学的理解	ロゴテラピー－生の意味と死
4	仏教の死生観と死の儀礼の特性	儒学での死の理解
	死と生命倫理	尊厳ある死に関する倫理的問題の理解
5	韓国の伝統と現代の葬礼文化の理解	生命と環境
	キリスト教の葬礼文化	死とキリスト教心理学
6	社会福祉と死の教育	死の社会学的理解
	ホスピスと死	社会福祉現場での死
7	Zoom ミーティング	Zoom ミーティング
	死と法律	遺言と相続
	自己決定権と事前延命医療意向書	ウェルダイイング文化のための法と制度
8	人生の四季	医学と死
	青少年と死の準備教育	医療職がみた死と延命医療決定法
9	映画を通した死の理解	死の身体的段階
	死と美術	ホスピス病棟でのボランティア活動
10	共感と相通のための対話	子どもと死
	老年期のケアと相談	中年期の生と死の理解
11	死別と哀悼相談	赦しと回復
	哀悼相談の基本原理	誰かの死，孤独死
12	哀悼相談の評価と介入	死の教育プログラム開発
	自殺予防および生命尊重	死の準備のための関係評価
13	【特別講義】美術治療	【特別講義】美術治療
	ウェルライフ講師に会う時間	ウェルライフ講師に会う時間

出所：カクダン福祉財団ウェブサイトより作成。

への支援等が含まれている。このようにウェルダイイング法の制定や施行によって，韓国社会には行政によるウェルダイイング関連の対応策が検討され，医療福祉機関や宗教機関，民間業者でもウェルダイイング文化の定着のための様々な取

り組みが行われている（ジョン・ギョンヒほか 2018b）。具体的には，緩和ケアの強化，延命医療制度の周知と事前延命医療意向書の作成の促進，葬礼文化の改善，臓器提供についての情報提供や拡散，死の教育等に力を入れている（ジョン・ギョンヒほか 2018a）。

　しかしながら，現時点では，ウェルダイイング文化は醸成され始めたばかりであると言える。多くの高齢者は住み慣れた生活の場で，家族に見守られるなか，安らかに最期を迎えたいと願っているにもかかわらず（保健福祉部 2020），7割以上が病院で医療的ケアを受けながら亡くなっている（統計庁 2022）。つまり，大半の人が望まない死に方で生の終わりを迎えている（オ・ジンタク 2014）。

　さらに，高齢者の死への備えも十分になされていない。高齢者実態調査（保健福祉部 2020）によれば，延命医療に反対する高齢者は85.6％に上るが，実際に事前延命医療意向書の作成をしていると回答したのは4.7％[15]に過ぎない。これ以外の生前整理についても，相続に関する論議は12.4％，遺書の作成は4.2％，臓器提供誓約書の作成は3.4％，死の準備教育受講は2.7％[16]にとどまっている。「良い死」を「家族や知人に負担をかけない死（90.6％）」，「臨終前後の諸事項を自ら整理してから迎える死（89.0％）」と考えていることと裏腹に，実際に生前整理を済ませている高齢者は少ないことがわかる。葬礼の準備については，寿衣は37.8％，墓は24.8％，互助会加入は17.0％が準備できていると回答している。

　これらの結果は，韓国の家族中心的価値観が強いことの表れであると言える。家族や親戚の意見と関係を考慮した意思決定を行うことが多い韓国では，特に，冠婚葬祭の方式や内容を決める際にはその傾向が強まる。また，家族同士が死について話し合うことは縁起が悪いとされ，タブー視されている雰囲気が未だにある。それゆえに相続や延命医療，臓器提供については，自律的判断による自己決定をすることは簡単ではないと思われる。生前整理に比べて葬礼の準備の方が準備できている割合が高いのも，100万円以上かかる場合も少なくない葬事費用[17]を家族に負担させたくないがゆえに，予め備えていると考えられる。

　他方では，家族と死をめぐる諸事項を話し合ったり委ねたりすることができない人も増えている（女性家族部 2021）。2020年時点で，単独世帯は全体世帯のなかで31.0％，夫婦のみの世帯も22.1％を占めている。特に65歳以上の高齢者がいる世帯における単独世帯は34.2％で，他の年代に比べて高い。また，生涯未婚率（45歳〜54歳人口の未婚率の平均）は，2020年時点で，男性16.8％，女性7.6である。こ

のような一人暮らしの増加，世帯人数の減少，未婚率の増加等によって，自分自身が死に備えなければならない状況が増加するであろう。

このような状況のなかで，家族と死に関する諸事項を検討したり，自分の決定を家族や知人と共有したりするために，また自分一人で死の準備をしなければならない場合でも，何より先に自分自身が死と向き合うことが求められる。当然ながら，当事者のみならず，家族やケアの担い手を始め，すべての人に尊厳ある死，主体的に迎え入れる死について知見を広げる必要がある。

とはいえ，死の医療化[18]が進んでいる今日，死についての知識や技術を身につけることは容易ではない。ウェルダイイングについてのマスメディアからの情報，老人福祉館や社会福祉館等で単発的に実施されるセミナーやワークショップでは十分に学ぶことができない。

それに対して，死の教育関連資格の学修課程では多くて十数回の講義や演習で構成され，死についての認識・認知的レベルの学習内容から，死をめぐる諸事項を検討し準備する行動的・実践的レベルの学習内容が含まれている。前節のカクダン福祉財団の「死の準備教育指導者課程」でも確認したように，死の教育関連資格の学修課程では，死をめぐる哲学，生命倫理，死生観等について概観し，延命医療や葬儀，相続，臓器提供について具体的に検討する機会が与えられる。さらに，カリキュラムのなかには，孤立死，自殺の問題や予防，老年期の特性と疾病，健康管理，ストレス管理等まで生活の質を高めることにつながる内容も含まれる場合があり，死を考え備えることのみならず，健康的かつより満足できる生き方についても学べる。また，講義形式のみならず，少数の受講生が話し合える演習形式で行われることも少なくないため，受講者同士が感想や意見を分かち合うことで，学習内容の理解がさらに深まる。

すなわち，死の教育関連資格の学修課程が増加したのは，死について総合的かつ多角的に学べる良質な死の教育への需要が高まったことが理由であると考えられる。

2　ウェルダイイングブームの商品としての民間資格

では，死の教育関連の学修課程が，なぜ，「死の教育講師・指導者資格」課程として開設されたのか。それは，ウェルダイイングについての関心が高まるなか，死の教育が求められると同時に，死の教育を担う講師・指導者役の不足が課題と

なったことと関係がある。カクダン福祉財団が2002年から行政や民間の支援を受けながら、死の教育指導者養成講座を行ったのは、良質な死の教育をより広めるためには、死の教育講師・指導者を確保することが必要だったからである。実際に、カクダン福祉財団の死の教育指導者養成課程を修了した会員が死の教育関連団体を設立したり、死の教育関連資格課程を開設したりする場合もあった（キム・オッラほか 2021）。

　しかしながら、2018年前後に急増した死の教育関連資格は、ウェルダイイングブームの商品の一つである可能性がある。その理由は、今ある死の教育関連の民間資格（86件）のうち、国家公認民間資格は一つもないことから推測することができる。政府は消費者の被害を防ぐために、民間で資格を作った場合は韓国職業能力開発院に登録するよう促しており、登録手続きもそれほど複雑ではなく、一定の条件をクリアしたら個人でも登録することができる。一方で、民間資格が国家公認民間資格となるためには、1年以上の資格交付の実践（1年に3回以上）を有し、法人が管理・運営する資格のなかから、政策審議会議による審議を経て優秀な資格と認定されなければならない。前節で確認したように、資格検索サービスや管理機関のウェブサイト等を確認しても、交付実態が把握できない資格やカリキュラムの情報さえ確認できない資格が多数存在する。以上から、資格管理が十分になされていないことと、国家公認民間資格として認定されるに値する民間資格が存在しない可能性があるという現状を垣間見ることができる。

　さらに、死の教育講師・指導者は、ウェルダイイングについての統合的な教育を通して多様な知識を伝えるとともに、生と死についての多角度的な省察を促すことが求められる。そのため、一部の資格課程において数回の受講で資格を取得し、死の教育の講師・指導者と名乗れることについては懸念がある。管理機関によってカリキュラムにばらつきがあり、なかには「韓国死の教育協会」の標準カリキュラムに比べて大いに不足していることもある。また、検定試験さえ実施しない場合もある。

　加えて、死の教育関連資格は、ウェルダイイングに関心ある中壮年層をターゲットとしている場合が多いが、資格を重視する韓国社会で資格活用ができる仕事を探しているシニア達は少なくない。「心理相談師」、「指導師」、「専門家」等の資格名は興味をそそるものであろう。特に、教育カリキュラムが異なるにもかかわらず、同じ資格名、類似する資格名が使われていることは、受講者にとっても、

死の教育指導者を探す側にとっても混乱を招きやすいと思われる。また，資格の管理機関のウェブサイトには，資格課程を修了した後に死の教育講師・指導者として活動できるように，履歴書や授業案の作成を手伝ったり活動の場を紹介したりすると宣伝しているところもあるが，資格課程を修了した後の活動の現況については把握されていない上に，死の教育関連の民間資格だけで仕事に結びつくとは思えない。

　以上から，死の教育関連資格のなかには，受講者（消費者）確保のための戦略として，死の教育を民間資格化したと解釈できる。なお，現在の死の教育関連資格の中には，受講者が不十分なカリキュラムで高額の受講料を負担させられる場合や，不適切な内容でかえって死に対する不安や焦りを覚えてしまう可能性さえある。このような事態を防ぐためには，死の教育カリキュラムについての検討を重ね，良質な死の教育を提供することが重要であり，それは，教育機関や資格管理機関の努力だけでなく，民間資格の管理体制を整備することで実現可能であろう。

4　死の教育の役割と死の教育関連資格の課題

　本章では，近年のウェルダイイングという生き方，死の準備過程が注目を集めるなか，死の教育関連の民間資格が急増したことについて，その背景を考えてきた。

　超高齢社会が目前に迫った韓国は，ウェルビーイングからウェルダイイングが求められる社会となった。しかし，ウェルビーイングとウェルダイイングは反対語ではない。心身の健康や生活の質を重視する生き方を追求するなかで，尊厳ある死を迎える可能性を高められるためである。また，時間や生命の限界を受け入れ，創造主や死後の世界を考える等の死生観をもちながら死の準備をすることは，生をより意味あるものにするための原動力となる。

　心身の健康を追求するウェルビーイングブーム時にヨガ等の瞑想療法が流行り，有機農産物を好み，旅行や登山のような趣味活動に力を入れる人々が急増していた。そして，多くの関連商品やサービスが溢れるほど開発された。ウェルビーイングの意味は多様であるが，特定の関連商品やサービスを利用し，流行りの活動をすることで健康的で満足できる生活が実現するとは限らない。むしろ，ウェ

ルビーイング関連の商品やサービスの選択肢がありすぎて，何が本当にウェルビーイングに役立つのか，わからなくなったという指摘もあった。ウェルビーイングの過剰な商品化によって，かえってウェルビーイングの意味が色褪せたのである。

　ウェルダイイングの概念や取り組みが広がる今，同様の状況が起こりかねない。近年，複数の死の教育関連資格ができたことは，より多くの人々に主体的に死について考え備えるきっかけを与えた点で評価できる。しかしながら，ウェルダイイングブームの商品として死の教育関連の民間資格が急増した可能性は否めない。死の教育関連の民間資格の広告・宣伝には注意が必要である。

　死の教育はウェルダイイング文化を定着させるために，必要かつ有効である。韓国社会のウェルダイイングが「死に対する省察を通して死を漠然と恐れることなく生の一部として受け入れ，生死を超越する価値を求めて現在の生を意味あるものとして営み，死に関する決定を家族と共有し家族に負担を与えないとともに，尊厳ある死を迎えるための全生涯をかけた能動的な死の準備過程（キム・ガヘ／パク・ヨンファン 2020：235）」であるとしたら，死の教育は，ウェルダイイングについて関心を惹き，ウェルダイイングへの理解を深めさせる。また，自身の死への備えとして何が必要であるか見極める力を身につけさせ，死の準備に取り掛からせる役割を担っていると言える。

　なお，ウェルダイイング文化を定着させるためには，死の教育の質を高め，十分な知識や実践を兼備した死の教育講師・指導者を養成し，確保することが非常に重要である。しかしながら，それ以前に，死の教育とは何か，韓国社会にどんなカリキュラムが必要か等の検討を重ねなければならない。なお，生と死を知る，死に備えるようになることは，中壮年や高齢者が死の教育を受けることだけで実現できるとは言い難い。全世代に開かれた死の教育，家族を含めて行う死の教育，社会全般に向けての死の教育の検討が急がれる。

注
1）　終活カウンセラー協会ウェブサイトおよび厚生労働省ウェブサイトを参照。
2）　断捨離は片づけ論の一つ。単に不要な物を処分するだけでなく，物にとらわれずに生きていこうとする考え方そのものを指す。「不要な物を断つ，捨てる，物から離れる（執着しない）」生き方を目指すこと。
3）　アドバンス・ケア・プランニング（人生会議）とは，もしものときのために，望む医療やケア

について自ら前もって考え，家族等や医療・ケアチームと繰り返し話し合い，共有する取り組み
のことである（iACP ウェブサイトを参照）。

4 ）　もしバナゲームは，あなたと大切な誰かが「もしものための話し合い（＝もしバナ）」をする，
そのきっかけを作るためのゲームである。

5 ）　死の教育，死の準備教育，ウェルダイイング教育等の呼び方があるが，本章では死の教育とする。

6 ）　民間資格とは国家以外の個人，団体が新設して管理・運営する資格のことである。民間資格は
個人事業者，任意団体，法人（株式会社，社団法人，社会的協働組合等）が一定の要件を満たせば，
韓国職業能力研究院に登録でき，資格を管理できる。

7 ）　韓国職業能力開発院ウェブサイトを参照。

8 ）　例えば，最も多く死の教育を行っている「大韓ウェルダイイング協会」は現在支部が 8 か所で
あり，支会は88か所ある。

9 ）　現在の主要活動は，死の哲学，死の教育の必要性についての講演会の開催，死の教育関連のセ
ミナーやワークショップの開催，死の教育指導者課程の開設，哀悼相談（グループケア）専門家
教育，全国ウェルダイイング講師ネットワークづくり，死の教育の全国拡大事業，事前延命医療
意向書の登録業務等である。

10)　「韓国死の教育協会」創立の発起理事団体は以下の通りである。カクダン福祉財団，東国大学校
生死文化産業研究所，ソウル大学校生涯教育院，翰林大学校生死学研究所，高麗大学校死の教育
センター，韓国サナトロジー協会，大韓ウェルダイイング協会，韓国喪葬礼文化学会，事前医療
意向書実践集いである。社団法人事前医療意向書実践集いに関してはウェブサイトを参照。

11)　カクダン福祉財団ウェブサイトを参照。

12)　翰林大学校生死学研究所ウェブサイトによる。

13)　「ウェルライフ（well life）」は16件，「ウェルビーイング」は51件，「ホスピス」は 3 件（そのう
ち 2 件は動物に関する内容）が登録されていた。

14)　「死の準備教育指導者課程」は民間資格取得コースとして登録されていない。なお，「死の準備
教育指導者課程」の基本教育と深化教育を修了した人がウェルライフ指導師（Well Life
Director）資格を受講できるが，ウェルライフ指導師は民間資格として登録されている。

15)　2018年ウェルダイイング法が本格的に施行されて 6 年にも満たない23年12月17日現在，事前延
命医療意向書を作成し指定機関に登録した件数は，2,122,765件である。同数字は，国立延命医療
管理機関ウェブサイトによる。今後，事前延命医療意向書を作成する人は増加することが予想さ
れる。

16)　死の教育を受講したのは2.7％に過ぎなかったが，死の教育関連のセミナーやワークショップが
行われる際に，タイトルや内容に「死」を全面的に出さない場合もあり，参加者は死の準備教育
を受講したという意識がなく，このような調査結果が出された可能性は否めない。また，死の教
育を受講することを，死の教育資格課程（死の教育指導者養成講座）とみなして回答した可能性
もある。

17)　韓国消費者院による2015年に葬事サービスを直接利用した消費者639名を対象とした「葬礼・葬
墓利用実態調査」の結果では，平均葬事費用は，1,380.8万ウォンであった。調査結果は韓国消費
者院ウェブサイトを参照。

18)　死の医療化とは，死にゆく過程が医療的に管理されることを意味する。臨終が近づくと，病院
に移送され，集中治療室で延命治療等の医学的処置を受けながら，最期を迎えることが少なくな
い現状を指す。

第**17**章

なぜ，福祉行政 ICT 戦略が迅速に進んだのか

羅　珉京

1　世界トップクラスのデジタル政府

　昨今の韓国はデジタル先進国と言われ，福祉，医療，教育などのあらゆる分野で情報通信技術（Information Communication Technology, ICT）が活用されている。1990年代から ICT の活用が本格的に進められ，2001年には超高速インターネットの普及率が世界一となり，翌年は超高速インターネット加入者が１千万人を突破した。ICT の活用は福祉行政を始めとする行政機関にも速いスピードで普及した。2001年からは行政サービスの利用手続きを基本的に電子処理化することになった。住民票や各種証明書を発行する際には，役所まで足を運ぶ必要がなくなり，オンラインで申請することができるようになった。スマートフォンを使った電子申請システムも普及しており，「政府21」というアプリから住民票，納税，出入国，所得額など各種証明書の申請はもちろん，診療内容や国民年金の照会まで，多くの行政手続きがオンラインで解決できるようになった。こうした ICT を活用した行政機能の強化は，国連の世界デジタル政府ランキングで世界１位（10年，12年，14年の３回）となる快挙を果たし，それ以降も続いて上位を占めている。

　併せて，福祉分野における ICT 化も迅速に進められた。とりわけ福祉サービス提供体制や制度の狭間問題に対応するうえで ICT を活用したシステムがつくられてきた。基礎自治体の行政情報システムに包含された形で事業別・自治体別の分散管理を行っていた時期から，2010年の福祉業務に特化した情報システムの「社会福祉統合電算網」と政府省庁の横断型「社会保障情報システム」を経て，現在は「次世代社会保障情報システム」の構築と運用に向けた ICT 戦略が進められている。このように，韓国は行政サービスや福祉サービスにおいて，比較的

短期間で ICT 化の進展を成し遂げた。特に社会保障情報システムの活用は，経費節減等の財政効果や業務の効率化，ニーズに応じた福祉サービス提供体制づくりの向上等，福祉行政の ICT 戦略として一定の成果を出している。

本章は，韓国で福祉行政の ICT 戦略が迅速に進められた要因に注目する。ICT 化にかかる政策がどのように展開されてきたのか，福祉行政の ICT 化がどのように発展してきたのか，ICT 戦略の成果はどのようなものかについて整理し，ICT 化の急速な進展を可能にしたものは何かについて検討していく。

2 　デジタル政府の推進と福祉 ICT 化

1 　デジタル政府の推進状況

韓国におけるデジタル政府の全体的な推進過程は，**図表17-1** にまとめている。そこにみられるように，韓国政府が本格的に情報化に取り組んだのは1990年代に入ってからである。情報通信産業を国家発展の戦略的産業として育成するために，94年に「情報通信部」を新設した。また国家の情報化を促進するために95年「情報化促進基本法」（同法は2009年の「国家情報化基本法」を経て20年に「知能情報化基本法」へ改称）を制定し，情報化促進基金の確保等，国家情報化を推進する制度的基盤を整えた。これに基づいて社会的要請に対応する国家情報化のマスタープランを策定している。96年には第１次情報化促進基本計画を策定し，情報化促進のための10の重点課題，高速情報通信網の早期整備，情報通信産業の基盤整備などを進めた。97年には IMF 経済危機を迎えるとともに知識基盤社会への転換など，情報化の推進環境が大きく変わった。これらの変化を背景に情報化政策の改善が求められ，99年３月に「創造的な知識基盤の国家建設」を打ち出した第２次情報化促進基本計画「Cyber Korea 21」を策定した。

その後，2001年に「デジタル政府法」の制定に伴ってデジタル政府特別委員会を設置，デジタル政府の推進が金大中大統領のアジェンダとなった。02年４月にはグローバル化と国民の情報化能力の涵養などを盛り込んだ第３次情報化促進基本計画「e-Korea Vision 2006」を策定した。03年からは政府革新地方分権委員会が設置され，デジタル政府を推進するための31の国政課題に取り組んだ。

以後，インターネットの利用が普遍化して，情報化が社会全般に拡散することにより，ハッキングや個人情報の流出などが社会問題として浮上した。情報化政

図表17- 1　政権別にみるデジタル政府の推進状況

政権区分	年度	主な政策内容
金泳三政権 (1993.2~1998.2)	1994年12月 1995年3月 1995年6月 1996年1月 1996年6月	・情報通信部新設 ・超高速情報通信基盤構築総合計画策定 ・情報化促進基本法制定（1996年1月施行） ・情報化促進基金新設 ・情報化促進基本計画策定
金大中政権 (1998.2~2003.2)	1998年5月 1999年3月 1999年4月 2001年3月 2002年4月	・第1次情報化戦略会議 ・第2次情報化促進基本計画「Cyber Korea 21」策定 ・世界初のADSL（Asymmetric Digital Subscriber Line）サービス開始 ・デジタル政府法　制定（同年7月施行） ・第3次情報化促進基本計画「e-Korea Vision 2006」策定
盧武鉉政権 (2003.2~2008.2)	2003年8月	・デジタル政府ロードマップ公表：働き方改革，サービス改革，情報資源の管理改革，法制度の改革の4分野における国政課題推進
李明博政権 (2008.2~2013.2)	2008年2月 2008年12月 2009年5月 2009年11月 2011年3月	・情報通信部廃止 ・第4次国家情報化基本計画策定 ・情報化促進基本法から国家情報化基本法へ改定・改称 ・国家情報化戦略委員会設置 ・スマートデジタル政府推進計画策定
朴槿恵政権 (2013.2~2017.3)	2013年4月 2013年6月 2013年12月 2014年7月 2016年4月 2017年3月	・未来創造科学部新設 ・政府3.0ビジョン公表 ・第5次国家情報化基本計画策定 ・政府3.0推進委員会設置 ・デジタル政府2020総合計画策定 ・知能型政府基本計画策定
文在寅政権 (2017.5~2022.5)	2017年7月 2017年9月 2018年3月 2018年12月 2019年10月 2019年12月 2020年6月 2020年12月	・科学技術情報通信部新設 ・第4次産業革命委員会発足 ・政府改革戦略会議 ・第6次国家情報化基本計画策定 ・デジタル政府改革推進計画策定 ・人工知能国家戦略公表 ・デジタル政府改革発展計画策定 ・国家情報化基本法を知能情報化基本法へ改称

出所：保健福祉部・保健社会研究院（2019）およびジョン・チュンシク（2021）をもとに筆者作成。

策に対する新たな課題が現れたのである。そのため，これら社会問題を解消し，情報化の「促進」から情報の「活用」への変化に対応すべく，2008年12月に第4次国家情報化基本計画を策定した。13年以降は世界経済の低迷が長期化し，不確実性が増大するなど，経済社会的な問題を乗り越えるために，情報化に対する新

たな役割も求められた。ICTが社会に内在化してきていることで，ICTを活用した問題の解決と新たな価値の創出から情報化の役割を見出すことが重視されるようになったのである（ジョン・チュンシク 2021）。

そのようななかで，政府は2013年12月に第5次国家情報化基本計画を策定し，創造経済の実現に向けた政策を展開した。続いて，18年12月に第6次国家情報化基本計画を策定し，人工知能，ビッグデータ，クラウドなど，知能情報技術を活用した情報化事業を拡大していった。

このように，韓国におけるデジタル政府を推進する法的根拠は「情報化促進基本法」(1995年)と「国家情報化基本法」(2009年)である。これらの法に基づいて情報化促進基本計画や国家情報化基本計画が策定された。一方，福祉ICT化に関しては2000年代初期まで国家のICT化戦略として取り上げられてこなかった。02年の第3次情報化促進基本計画「e-Korea Vision 2006」(2002〜06年)のなかでようやく福祉情報統合システムの構築について提示された。福祉情報統合システムは「国家福祉情報システム」という名称で04年11月から07年4月までシステムの構築が進められた。以降，08年の第4次国家情報化基本計画（2008〜12年）から福祉ICT化が本格的に推進され，第5次国家情報化基本計画（2013〜17年），第6次国家情報化基本計画（2018〜22年）にかけて国のICT化推進の一部として進められた。国家福祉情報システムは，03年公表されたデジタル政府ロードマップの国政課題の一つとして，04年11月から07年4月までシステムの構築が進められ，09年まで運用し，10年の社会福祉統合電算網へ移行した。

2 福祉ICT化の発展過程

福祉におけるICT化は，1990年保健社会部（現在の保健福祉部）の基本計画のなかで議論がなされた。しかし，福祉施設における情報インフラの脆弱性や，対人サービスという業務の特性上データ管理が難しい等の理由から，他分野に比べてICT化の推進が滞っていた。一方，公的サービスの拡大による福祉職公務員の業務負担，福祉予算の不正使用等の課題が浮上し，福祉デリバリーシステムの改善が求められた。これを機に，福祉にかかる情報を統合して情報システムを構築する方策が講じられ，福祉ICT化が始まった。

福祉業務に特化した情報システムとして2010年に開始した「社会福祉統合電算網」がある。同システムにより，福祉業務を遂行するうえで必要な様々な利用者

の情報を連携・活用することで，正確かつ迅速に業務を遂行することが可能となった。例えば，給付別に行われた資産調査を統合することで業務の負担軽減につながると同時に，給付の手続きについて透明性を確保し給付金の不正使用や横領の防止を図った。福祉サービスが必要な人にとっては，多様な福祉給付を同時に申請することが可能となり，申請にかかる書類提出についても便宜が図られた（保健福祉部 2011）。社会福祉統合電算網が情報システムとして一定の運用効果が可視化されたことで，政府は福祉分野を越えた新たな統合型情報システムとして「社会保障情報システム」の構築を進めた。これを通じて，業務プロセスの改編や大規模な情報連携を行い，業務の効率化と国民の便宜を図ろうとした。

　2010年社会福祉統合電算網が構築されて以降，社会保障情報システムは情報インフラとして政策を遂行するうえで重要な役割を果たしてきた。ここ10年間，社会保障情報システムを通じて運用された社会保障制度の数が約100から約350へ拡大し，福祉サービス利用者と福祉予算の規模も約4倍に増加した。また社会保障情報システムの運用初期に重視された政策遂行の効率面から重複給付や不正受給の予防が成果として評価された。これに加えて最近はオンラインによる申請の拡大，ビッグデータを活用した狭間支援におけるニーズの発見にまで，その役割が拡大してきている。

　現在は社会保障情報システムを基軸に，第4次産業革命時代の知能情報技術を適用する「次世代社会保障情報システム」の構築を進めている。これまでの社会保障情報システムの成果と課題を踏まえて，サービス供給者視点の制度運営だけではなく，ユーザー観点からのサービスや関連情報を提供するという双方向型システム，そして標準化やモジュール化を通じた柔軟かつ拡張可能なシステムの構築を目指している。また次世代社会保障情報システムは官民協働による地域包括ケア，バウチャー制度や保育等を包含するビッグデータを活用したセーフティネットの強化，さらには申請主義から脱却して普遍的な社会保障への転換を模索している（保健福祉部 2019a）。

　このように，福祉におけるICT化の進展は第4世代を迎えている（**図表17-2**）。第1世代の2009年までは基礎自治体の行政情報システム（セオル）のなかで事業別・自治体別の分散管理を行っていた。そこから福祉業務に特化した情報システムの「社会福祉統合電算網」（第2世代），「社会保障情報システム」（第3世代）を経て，第4世代となる「次世代社会保障情報システム」の構築を進めている。

図表17-2 福祉ICT化の発展過程

第1世代	第2世代	第3世代	第4世代
セオル（새울）行政	社会福祉統合電算網	社会保障情報システム	次世代社会保障情報システム
2009年まで	2010年〜	2013年2月〜	2022年〜
事業別・自治体別の分散管理	保健福祉部と自治体における世帯別・全国集中管理	他の関連省庁や自治体に拡大	スマート福祉

出所：保健福祉部（2019：5）より作成。

3　社会保障情報システムの活用と成果

　福祉行政のICT戦略による社会保障情報システムの構築は，社会保障基本法第38条第2項および第3項に依拠して，社会保障の受給権者の決定や給付管理等に関する情報を統合・連携して処理する情報システムとして機能している。社会保障情報システムには2種あり，保健福祉部の福祉事業の業務を電子処理する「幸福eウム」と，各省庁の福祉事業業務の電子処理を支援する「凡政府」とがある。

　「幸福eウム」は，各種社会福祉サービスの給付や受給資格，受給履歴に関する情報を統合管理している。つまり，地方自治体の福祉業務を支援するために，既存の市・郡・区別の業務支援システムのなかから福祉分野を独立させて，個人・世帯別の人的情報と所得財産情報などを統合管理する情報システムである（**図表17-3**）。「幸福eウム」は主に全国の社会福祉職公務員が利用しており，同システムの利用により基礎生活保障，障害者福祉，高齢者福祉など福祉サービスの給付にかかる業務負担が軽減され，福祉サービスのデリバリーシステムの発展にも寄与したと評価されている（ハム・ヨンジン2013）。

　「凡政府」は，各省庁と情報の保有機関が提供する福祉サービスの情報，受給者の受給資格情報や受給履歴情報を統合管理するシステムである。同システムは各省庁と情報の保有機関に所属する福祉業務担当者が利用しており，統合管理されている情報を以って福祉業務の効率化を図りながら，オーダーメイド型福祉サービスの実現を支援するものである（**図表17-4**）。具体的には，省庁ごとに提供される給付やサービスが重複しているかを確認するとともに，変更事項を管理する過程で生じる費用を削減するために地方自治団体を含む全省庁の福祉サービスに関するすべての情報と連携し，これを統合管理する。

　社会保障情報システムが活用される主な領域は，給付管理，潜在的な受給者の

第17章　なぜ，福祉行政 ICT 戦略が迅速に進んだのか　273

図表 17-3　社会保障情報システム「幸福 e ウム」の構成

| 国税庁 | 国防部 | 国土交通部 | 健康保険公団 | 年金公団 | 雇用情報院 |

情報収集

データベース

情報収集
情報加工
情報生産
情報分析
情報提供
（情報保護）

社会保障情報院

社会保障情報院

システムのモニタリング
障害・誤作動への対応
開発課題の発掘
開発計画の策定
指針（業務）分析
開発管理
開発テスト
資料の補正
ユーザー支援

情報管理

システム運営

人的情報　受給履歴情報
所得財産情報　受給資格情報
幸福 e ウム画面　凡政府画面

情報提供

行政安全部
選考料免除

韓国電力公社
電気料金減免

教育部
資格確認サービス
（基礎生活受給者等）

情報活用

| 市郡区 | 邑面洞 | LH公社 | 保勲処 |

住民相談，申請，受給者申請，給付，適正受給者管理

自治体の
デリバリーシステム　　他省庁の
デリバリーシステム

出所：社会保障情報院のウェブサイトより作成。

図表 17-4　社会保障情報システム「凡政府」の構成

福祉事業運営機関					利用機関
保勲処	**福祉事業情報管理** ・福祉事業情報管理 ・新規福祉事業設計支援	**凡政府福祉事業業務支援** ・申請，調査，決定，給付，重複確認 ・類型別オーダーメイド型支援機能の提供	**事後管理** ・不適正な受給の検討管理 ・不適正な重複受給のモニタリング ・重複受給検討対象の管理 ・不適正な重複受給履歴の提供管理	**統合ポータル** ・福祉対象者の照会 ・障害者補助具 ・福祉統計	凡政府福祉政策担当者
教育部	**福祉サービス依頼** ・サービス依頼申請 ・サービス依頼の結果確認	凡政府業務支援のスタンダード・プラットフォーム			凡政府福祉業務担当者
国土交通部					
行政安全部	受給資格・受給履歴の統合データベース管理				自治体福祉業務担当者
産業部	資格決定連携管理	受給履歴連携管理　個人・世帯情報管理　サービスの基準管理	福祉統合データベース 個人／世帯DB　資格DB　受給DB		
省庁及び関連機関	**原情報保有機関**	国税庁　最高裁判所　行政安全部　国土交通部　金融機関			

公的資料（所得財産及び人的情報の変更資料）

出所：図表 17-3 と同様。

情報提供，高リスク対象者の情報提供，福祉情報統計システムの支援の4領域である。それぞれの領域で活用される社会保障情報システムの成果について，次の4点を中心に述べていきたい。

　1つ目は，給付管理における成果である。給付管理にかかる業務は申請，調査，

給付の決定，給付，事後管理などの段階を踏む。給付業務の各段階で社会保障情報システムの情報を連携することで，給付の重複など不正受給の防止が可能となる（オム・ジェソンほか 2021：131）。適正な給付管理のために社会保障情報システムの情報を活用して年2回の定期調査（月別の確認調査は年6回）が実施される。調査では現在受給者の受給資格を維持することが妥当か，給付が適切に行われているかを確認する。国税庁や国民健康保険公団，国土交通部などの公共機関の所得および財産情報を活用して受給者の資産の再調査を実施し給付の妥当性を測る。調査の対象は，基礎生活保障制度，ひとり親家庭支援，障害者年金，基礎年金，生活困窮者支援（ボーダーライン層の支援）など13種の受給者と扶養義務者である。調査結果によって給付の中止または給付額の返還措置がとられる。2010年から2017年6月までにシステムを活用した調査によって，約182万人が給付を中止され，そのために約4兆ウォンの費用が節減された。また，受給の不正を防止するために「死亡が疑われる者 HUB システム」を開設し，受給者が死亡した場合，家族の死亡届の提出遅延または死亡届の未提出により受給権が維持されることを防止している（社会保障情報院 2017）。「死亡が疑われる者 HUB システム」の活用により，2014年44億ウォン，15年に78億ウォン，16年に116億ウォンの福祉財政を節減することができた。死亡者や死亡が疑われる者の情報を国民年金公団や公務員年金公団，私学年金公団など25の公共機関と共有することで，関連機関の財政流出の防止に寄与している（ハン・ウンヒ 2017a：2017b）。

　2つ目は，福祉ニーズ発見に関する成果である。社会保障情報システムを通じて潜在的な受給権者を発見し給付に関する情報を提供することで，潜在的な受給権者の権利擁護に寄与している。2014年の基礎生活保障の受給権者にならなかった人のなかで他制度の未受給者の情報を提供したり，15年の個別給付の改編により受給申請が可能となった人や制度の狭間にかかわる情報を提供したりするなどして，11年から16年までに804万人の情報を提供し，そのなかの445万人が追加受給権者となった（チュ・ビョンジュ；パク・ソンミ 2017）。また，制度の狭間にある福祉ニーズの発見と関連して，社会保障情報システムを活用してリスクの高いニーズを抱えた人の情報を基礎自治体に提供し，申請主義の課題を解消することにつなげている。情報を受け取った基礎自治体は本人との相談や調査を実施してから必要なサービスを提供する。保健福祉部（2019）によれば，17年の1年間だけで高リスクの30万人のなかから約7万7000人（25.6％）を支援している。

第17章　なぜ，福祉行政ICT戦略が迅速に進んだのか　**275**

　3つ目は，国民の利便性に関する成果である。オンライン（福祉ポータル）を通じて政府の多様な福祉サービスの情報を提供している。その結果，福祉ポータルにアクセスする件数が年々増加しており，2014年の約549万件から16年には約824万件に伸びた。また，オンライン（福祉ポータル）を通じて申請可能な福祉サービスを拡大している。福祉ポータルを通じて福祉給付やサービスのオンライン申請が増加しており，14年の約31万件から51万件に増えている。これによってニーズに合わせたオーダーメイド型福祉サービスの検索も可能となり，個別または世帯が状況に応じて利用できるサービスを直接検索できるようになった。これには誰にとっても易しく即座に利用可能なサービスを検索できる「簡易検索」と家族の情報や所得財産の情報などを入力してサービスを検索する「詳細検索」がある。

　4つ目は，業務の効率化の側面から，福祉行政の正確性と迅速性が向上された点である。公的な資料の調査期間が短縮して，より正確かつ迅速な行政手続きができるようになったのである。例えば，公的資料の場合，2009年に最大14日かかったのが，11年以降は最大1.4日以内に短縮された。金融財産の場合は，09年最大60日だったのが，11年以降は最大12.3日以内までに縮まった。

　このように，社会保障情報システムの活用には，経費節減等の財政効果や業務の効率化，ニーズに合わせた福祉サービス提供体制づくりの向上等の成果がみられている。

3　「福祉死角地帯」への対応に向けた政府主導型のICT化戦略

1　ICT化を牽引した「住民登録番号」の力

　韓国がデジタル政府の先進国として認められ，経済社会的な影響を拡大した要因の一つに，政府主導による積極的な情報化政策の推進が挙げられる。韓国政府は1990年代からICTを活用した行政サービスの進展が国家の競争力に直結すると認識し，政権が変わってもICT化の推進に持続的に取り組んできた。その結果，短い期間でICT戦略の成果を可視化することができたが，そこには，ICT戦略のカギとなる「住民登録番号」の存在がある。

　住民登録番号はすべての国民に出生時に与えられる識別番号であり，韓国版マイナンバーとも言える。住民登録番号は生年月日，性別，地域番号など13桁の番号で構成されている。住民登録番号を通じて，行政サービスや福祉，医療，教

育，金融，納税，出入国管理など，個人のあらゆる記録を紐づけしている。その
ため住民登録番号は行政の ICT 化推進に重要な役割を果たしていて，福祉 ICT
化の中心的な役割を果たしている社会保障情報システムもまたこの住民登録番号
を基盤としている。

　1990年代前半に住民登録情報システムと国家情報化事業，2000年代のデジタル
政府事業（24時間行政サービス，行政情報共同利用システム，統合電算センター等）に
より行政情報システムの連携がスムーズに図られ，住民情報に関するデータを共
同利用できるなど，住民登録番号が果たしてきた役割は大きい。

　住民登録番号の導入は，1962年 5 月10日の住民登録法（法律第1067号）の制定
に依拠する。住民登録法は自治体が住民を登録することで，住民の居住状況や人
口の動態を明確に把握し，行政事務を適正に行うために作られた（同法第 1 条）。
その後の改正では，本籍地を離れたかどうかにかかわらず，すべての韓国の国民
に氏名，性別，生年月日，住所，本籍地を基礎自治体に登録させ，世帯の全員ま
たは一部が転居する際にも退居と転入届の提出を義務化した（同法第 2 条第 6 号，
第10条）。特に70年 1 月の法律改正では，69年に起きた北朝鮮武装乱入者事件を
きっかけに，18歳以上のすべての人に「住民登録証」の発行を義務化した。これ
は北朝鮮のスパイの識別を容易にするために住民登録証の提示を義務化するため
であった（キム・キジュン 1999）。75年の改正では国家安全保障の強化と人的資源
の効果的管理のために，住民登録証の発行を18歳以上から17歳以上に引き下げた。
その後，91年に住民登録情報システムが導入されるまで住民登録制度は見直しが
繰り返し行われた。95年には住民登録の書類をオンラインで発行できるようにな
り，97年には住民登録電算情報センターを設置し住民登録情報の統合管理に備え
た。

　一方，住民登録番号は個人に付与されるプライベートなものであるが，17歳以
上のすべての国民は必ず発行しなければならない。そのため，住民登録制度の運
用には国民の理解と協力が不可欠である。制度が導入された初期には北朝鮮との
対立が厳しい状況であったため，安全保障の側面から国民の理解と協力が比較的
得られやすかったとみられる。今や社会の広範囲にわたりあらゆるシステムに住
民登録番号を基盤とした ICT 化が進められている。住民は迅速に便利なサービ
スが利用できる利便性の側面から，住民登録番号の使用に抵抗が少ないと考える。
このように，1962年に導入された住民登録番号が普及してきたことが福祉 ICT

化戦略に大きく役立つと言えよう。

2 「福祉死角地帯」への対応に向けた ICT 戦略

　福祉行政の ICT 戦略に拍車をかけた主な背景に「福祉死角地帯」をいかに解消するかという課題があった。「福祉死角地帯」は「制度の狭間」に類似する概念として，社会福祉制度や社会保障体系のなかで広く捉えられている。未だ確固たる定義はないが，「支援が必要であるにもかかわらず，発見が難しく支援が受けられない人，または行政機能が不十分かつ福祉サービス利用の基準が厳しく，資源が限定されているなど，福祉サービスを受けられない阻害されている階層」と規定したり（チェ・ギュンほか 2012），社会福祉政策における死角地帯を「制度のサービス受給対象における決定基準の非合理性と非民主性，かつ制度の運用過程における非合理性と無能さにより受給対象から排除されたり，受給対象にもかかわらず排除された個人または集団」と捉える見解もみられる（パク・キョンハほか 2016）。

　こうした福祉死角地帯に対して，ニーズ発見の効率化を図るために ICT 戦略が講じられるきっかけとなったのが，2014年 2 月に発生した「ソウル市松坡区の母子世帯事件」である。当該事件は，ソウル市松坡区の集合住宅の半地下で暮らしていた母子世帯の 3 人（事件当時，母親60歳，長女35歳，次女32歳）が生活困窮や慢性疾患，失業などの状態で無理心中を図り，生を終えた事件である。事件内容を以下のように概略しておく。

　母親は食堂のパートで得る月12万円相当の給与で生計を立てていた。長女は糖尿と高血圧を患っていたが，医療費負担ができず治療を受けられない。次女は漫画家を志望しており，アルバイトで収入を得ていた。生活費と医療費をクレジットカードで支払っていたのが借金となり返済できない状態にあった。父親は2003年にがんで亡くなり05年に住居を移している。事件発生の 1 か月前に母親が転倒して怪我をしたため仕事を続けられなくなり，生計を立てられない状況だった。

　当該事件から，ボーダーライン層への支援が脆弱であると同時に，公的扶助における申請主義の限界，行政の情報が有機的に連携していないことが明らかになった。福祉サービスを利用するには本人自ら保険料納入証明書や給与明細書など必要なすべての書類を提出しなければならない。つまり，自ら弱者であることを積極的にアピールしないと福祉サービスへのアクセスは叶わない状況であった。

この事件が，ICTを用いたニーズ発見システムである「福祉死角地帯の発掘システム」を構築する決定打となり，政策に変化をもたらした。具体的には，低所得層の給付範囲を拡大し，制度の狭間にある福祉ニーズを早期に発見することを目的として「国民基礎生活保障法」「緊急福祉支援法」が改正され，2014年12月に「社会保障給付の利用・提供および受給権者の発掘に関する法律」（以下社会保障給付法）が制定された。特に，社会保障給付法（15年7月1日施行）は，ICTとビッグデータを活用して制度の狭間にある福祉ニーズを発見し支援につなげるシステム運用の根拠となった（保健福祉部ほか 2015）。例えば，電気や水道供給の停止など，社会保障給付法に定める生活上の危機的要素を抱えている世帯の情報を活用してニーズを発見し支援につなげることになっている。

　このように，「福祉死角地帯」に対応するICT戦略は，ビッグデータに基づくニーズ発見システムとして2015年から本格的にスタートした。同システムは，ニーズ発見につながる情報，すなわち電気や水道供給の停止など，生活のリスクと捉えられる情報を2か月ごとに18の関係機関から入手し分析する。その後，ビッグデータの分析から危機的状況や要支援と判断される人について基礎自治体に通知する。通知を受けた基礎自治体の担当チームは該当する住民への戸別訪問など，状況を確認してから必要なサービスを提供するという流れになる。同システムの運用により，支援対象は15年の1万8000人から22年は60万6000人へ増加し，支援率も15年の16％から22年50.2％へと年々増加している。15年から22年12月現在までの8年間，約526万7000人の情報を分析した結果，そのなかの約221万5000人が公的および民間による福祉サービスを利用することになった（保健福祉部 2023：3）。

　また，狭間支援におけるニーズ発見・支援体系の改善策の一環として，「社会保障基本法——社会保障給付の利用・提供および受給権者の発掘に関する法律」（社会保障給付法）の施行令を一部改正する案が23年4月24日に国会本会議で可決された。同法の改正により，ニーズをより正確かつ迅速に発見するために，システムで活用する情報の種類を44種に拡大した（**図表17-5**）。新たに加えられた情報は災害関連の医療費支援対象者情報，債務調整の中止者情報，雇用危機（最近1年以内に雇用保険の加入履歴がない対象者）情報，水道料金滞納情報，ガス料金滞納情報の5種である。

　社会保障給付法の改正は，福祉死角地帯に対応してセーフティネットを強化す

図表17-5　「福祉死角地帯の発掘システム」で活用する44種の情報

根拠：社会保障給付法 (第12条第1項各号および第2項)		根拠：社会保障給付法施行令 (第8条第2項別表2各号)	
情報内容	情報保有機関	情報内容	情報保有機関
電力供給停止	韓国電力公社	国民年金保険料滞納	健康保険公団
給水停止	上水道事業本部	医療危機[1]	
ガス供給停止	都市ガス会社	犯罪被害	警察庁
小中高の教育費支援内容のなか，学校長推薦によるもの	教育部	火災被害	消防庁
健康保険料滞納	健康保険公団	災害被害	行政安全部
健康保険料請求内訳		住居危機[2]	国土交通部，韓国土地住宅公社，各地方開発公社，集合住宅管理事務所
基礎受給の脱落・中止	保健福祉部	雇用危機[3]	雇用労働部，勤労福祉公団
福祉施設の退所		訪問健康事業対象	保健福祉部
金融滞納	信用情報院	おむつ・ミルク支援	
債務調整の中止（実効）者		新生児難聴支援	
通信費滞納	韓国情報通信振興協会	栄養プラス＊未支援	
1）①医療費負担荷重，②長期療養，③中度疾患算定特例，④療養給付長期未請求，⑤長期療養レベル，⑥災害関連の医療費支援対象 2）①賃貸基準金額以下，②家賃基準金額以下，③公共賃貸住宅の賃料滞納者，④集合住宅管理費滞納者 3）①個別延長給付対象者，②失業給付受給者（賃金滞納，廃業），③非自発的な事由による雇用保険喪失後再取得していない者のなか，失業給付の未受給者，④日雇い労働者のなか，失業給付の未受給者，⑤産業災害の療養終結後のキャリア断絶，⑥雇用危機（最近1年以内に雇用保険の加入履歴がない対象者）		オーダーメイド型給付申請	
		電気料金滞納	韓国電力公社
		水道料金滞納	上水道事業本部
		ガス料金滞納	都市ガス会社
		自殺高危険群	自殺予防センター
		来院事由　自害・自殺	救急医療センター
		休業・廃業者	国税庁
		世帯主が死亡した世帯	行政安全部
		住民登録世帯員	

注：＊「栄養プラス」は，栄養のリスクが高い妊産婦や乳幼児を対象に，体系的な栄養教育と必須栄養素が豊富な食品を支援し，栄養状態の改善と食生活の管理能力を向上させる健康管理型栄養支援制度である。
出所：保健福祉部（2022：7）より作成。

る福祉行政のICT戦略を後押ししている。国・地方自治団体は社会サービスの保障と所得保障とともに，すべての国民が生涯にわたり生活の質を維持し増進できる「生涯セーフティネット」を構築する役割をもつ（社会保障基本法第3条）。「すべての国民が生涯にわたり普遍的に充足されるべき基本的な欲求と特定の社会的危険により生じる特殊な欲求を同時に考慮し，所得・サービスを保障するオーダーメイド型社会保障制度」と，セーフティネットを普遍的な意味で捉え，社会保障のICT化を進めている。

　このように福祉行政のICT戦略は，国民の便宜と社会保障に関する業務の効率化を図るために，社会保障の給付の利用や提供，受給権者の発掘等の社会保障制度を運用するうえで必要な業務を電子化するなど，社会保障の基本的な方向に即して政府主導型で進んでいることが特徴であると言える。

4　第4次産業革命の時代を生き抜く福祉行政の姿

1　個人情報保護と仮名情報の活用

　韓国政府は「公共機関の情報公開に関する法律」（1996年）を制定するなど，国民の知る権利を保障し，公共情報の利用の活性化を図るために，公共機関が保有している情報を積極的に共有し開放するようにしている。社会福祉分野の代表的な公共ビッグデータは社会保障情報や社会サービスのバウチャー事業など，社会保障情報システムに集積されるデータがある。これらのビッグデータを共有し公開するために「政府3.0」という政策を推進している。だが社会福祉分野のビッグデータのなかには個人情報が含まれており，そのため情報の公開が制限されている（図表17-6）。

　政府は2011年に個人情報保護法を制定し，公共機関が本人の同意や法令による要求なしには個人情報を処理できないようにするなど個人情報の漏洩防止策をとっている。2020年1月には「データ3法」と呼ばれる「個人情報保護法」「情報通信網利用促進及び情報保護等に関する法律」「信用情報の利用及び保護に関する法律」の改正案が国会本会議で可決された。改正案の主な内容は，個人情報を仮名化するなどデータの活用を妨げる規制を緩和することである。しかし，改正案は仮名化された個人情報がどのように活用されるか，プライバシーが侵害されるおそれはないかなどの懸念もある。それまで個人情報は本人の同意なしに活

図表17-6　社会福祉分野における公共ビッグデータの内容と公開有無

	データ保有機関	内容	データ公開有無
社会保障情報	社会保障情報院	・各省庁と情報保有機関で提供する福祉事業情報および支援対象者の受給資格情報，受給履歴情報を統合管理 ・福祉対象者の決定と事後管理のために45機関552種の所得・財産関連資料およびサービスの履歴情報の連携	非公開
社会サービスの電子バウチャー	社会保障情報院	・政府と自治体が社会から支援を必要とする人に対してケア，日常生活支援，社会適応支援，文化体験等のサービスを提供することを電子処理	非公開
保育統合情報	社会保障情報院	・保育バウチャーの運営および行政支援の情報	非公開
福祉コールセンターの相談データ	福祉コール129センター等	・相談履歴	非公開
韓国福祉パネル	韓国保健社会研究院	・貧困層，ワーキングプア層，ボーダーライン層等の規模および生活実態の変化を動態的に把握 ・人口集団別の生活実態および経済活動，健康・医療，住居，所得，福祉サービスの利用，福祉ニーズ	公開

出所：イ・ヨンヒ（2015：8）より作成。

用することができなかったのが，今後は個人が特定されないよう加工した仮名情報をビッグデータとして統計資料の作成にあたるなど，公益的記録の保存などの目的で活用することができるようになったのである。人工知能（Artificial Intelligence）技術を駆使して仮名化された仮名加工情報は個人情報保護法の対象外で，データの活用を活性化するために新設された。

　これを受けて社会保障情報システムを運用する中核機関である社会保障情報院は，2023年5月4日に韓国インターネット振興院と業務協定を締結し，安全なデータの活用と個人情報保護に関する相互業務支援について取り決めを行った。具体的な内容は，①情報保護および個人情報処理システムの安全性の強化，②福祉分野における個人情報保護の自律規制の拡大，③先進事例の発掘および仮名情報の活用の活性化，④社会保障分野の再現データの生成および活用などである（23年5月8日，韓国インターネット振興院報道資料）。社会保障情報システムを運用するうえで，住民登録番号や住所など個人情報による高い利便性は個人情報の漏洩のリスクと隣り合わせにある。公共ビッグデータを有効に活用するためには，個人情報を保護する技術を高度化し，公開するデータの種類や公開の範囲について社

会全体で議論を続けていくことが求められる。

2 サステナブルな福祉行政の ICT 戦略

韓国は少子高齢化や所得格差，失業，養育・介護の負担等の社会問題の深刻化に伴い，福祉ニーズが複雑多様化してきている。このような状況下で，政府は福祉ニーズに対応するためにサービスの拡大を進めてきた。近年の政策と言えば，基礎年金の拡大（2014年），基礎生活保障の個別給付の改編（15年），基礎自治体の統合事例管理の拡大や住民センターの福祉機能の強化（16年）などが挙げられる。10年から17年までの福祉サービスの拡大状況と情報インフラの状況に関する関係指標の変化は次の通りである。まず，福祉対象者は700万人から2867万人へと約4.1倍増加，福祉予算は20兆ウォンから76兆ウォンへ約3.8倍，福祉サービスの種類は101種から350種へ約3.5倍，データの量は14TB から66TB へ約4.7倍，連携する情報の種類は218種から1,788種へ約8.2倍，福祉ポータルへのアクセスが月16万件から93万件へ約5.8倍増加した（保健福祉部 2019）。

このように，社会保障体系が拡大されるなかで ICT 戦略の中核機能を担ったのが2010年スタートの社会福祉統合電算網（社会保障情報システム「幸福ｅウム」）と13年に各省庁の福祉事業に拡大した社会保障情報システム「凡政府」である。社会保障情報システムは福祉政策の策定や実行において中核的な情報インフラとして，これまでシステムの安定的な活用のために課題の改善を重ねてきた。そこで，新たな ICT 戦略として次世代型社会保障情報システムの構想が公表され，19年から「ICT を活用した包容的な社会保障の実現」に向けてシステムの構築が進められている。これまでの給付管理を中心とした給付の重複防止や不正受給の防止という福祉行政の効率性の観点と供給者側の観点から，ユーザー側の観点へとシステムの転換を目指している。社会保障情報システム「幸福ｅウム」の利用者が主に社会福祉職公務員であったのに対して，次世代社会保障情報システムはすべての国民が利用できるようにすることから，今後ユーザーの利便性と活用度が高くなると予想される。

セーフティネットの強化の観点からも次世代社会保障情報システムの構築は意義が大きい。2000年に国民基礎生活保障制度が施行されて以降，セーフティネットの強化に関する政策は所得保障や社会サービスの拡大と保障のレベルを見直すことに焦点を当ててきた。次世代社会保障情報システムは制度の狭間問題の主な

要因とされる申請主義の課題と情報の非対称性の課題を改善することも狙いのひとつである。新システムが情報アクセスに脆弱な人びとに社会保障制度の受給権を確保し，必要なサービスを利用できる社会保障のプラットフォームとしてアウトリーチ型システムの機能が期待される。

　韓国政府は2022年世界デジタル政府ランキングで３位になった（United Nations E-Government Survey 2022）。デジタル政府の発展指数（EGDI, E-Government Development Index）の「オンラインサービスレベル」「通信基盤環境」「人的資本レベル」のすべての基準において，ここ20年近くICT先進国と評価されている。今後，デジタル政府に求められるのは第４次産業革命時代を生き抜く持続可能なICT戦略と実行力であろう。まずは次世代社会保障情報システムの実現においてその力量が試される。誰もが安心して利用しやすいシステムが実現されることを強く願いたい。

終　章

新たな挑戦をどうみるか：示唆と展望

呉　世雄

1　気になる読み手の見方

　韓国における「脱キャッチアップ的挑戦」と「福祉国家的ではないもの」に関連する17の論文を，読者の皆さんはどのように読んだだろうか。韓国の社会保障・社会福祉を支える制度政策と実践にかかわるそれぞれの論題は，福祉国家韓国の今日の状況を理解するための土台を提供してくれたと思われる。しかし，大きな「像の姿」（韓国の福祉事情）をどの部分から触れるか，どの立場から見るかによって，解釈や示唆するものも変わるであろう。また，読者のなかには，関心のあるテーマを取捨選択して読んでいる方がいるかもしれない。本書の趣旨がそのような読み方を誘っているので，読者からの解釈や見解も聞きたいところだが，ひとまずこの章では，我々執筆者たちの見方や解釈についてまとめておきたい。

2　韓国の福祉事情からの示唆

　本書は，福祉国家論の視点から韓国を規定したり，解釈するものではなく，社会福祉の各分野・実践をもとに韓国が目指している福祉社会を描くものである。すなわち，これまでの韓国に関する福祉国家論にみられる山脈や森（マクロ）に焦点を当てた論じ方ではなく，そのなかにあるそれぞれの木々や新芽（メゾ・ミクロ）をもとに実態を描こうとするものである。ここでは，それらの福祉事情を踏まえたうえで，もう一度，俯瞰的な視点に戻り韓国の福祉事情が意味することや，示唆するものについて論じたい。

1　福祉政治のダイナミズム

　社会保障・社会福祉をめぐる政治論争は，福祉国家の展開に欠かせないものとして，多くの国々で共通してみられるものである。韓国においても社会保障・社会福祉にかかわる政治論争は，特に2000年代に入ってから，その激しさが増しており，ときには政権交代の端緒とみなされるほど，政治家にとっても大きな意味を持つようになった。

　李明博政権（2008年2月～13年2月）のときに，福祉政策の選別主義と普遍主義をめぐる激しい政治論争を巻き起こす発端となった，ソウル市の「無償給食の住民投票」は，韓国における福祉政治の本格化を告げる出来事であった。当時ソウル市長であった呉世勲（ハンナラ党：現・国民の力）は，11年1月6日にソウル市議会で成立した「無償給食条例[1)]」に反対し，市長職をかけて無償給食について住民投票を行うことを提案した。世論が賛否真っ二つに割れたまま迎えられた住民投票（11年8月24日）の結果，投票率が開票基準（33.3%）を下回り（25.7%），投票そのものが無効となった。当時，「無効＝黙認的賛成」との世論が形成されており，呉世勲市長自らも投票結果が賛成または無効の場合は辞任すると宣言していたため，その責任を取る形で，呉世勲市長は辞任を表明した。その後の補欠選挙では，ソウル市長が反対派（朴元淳：無所属，後に民主党に入党）に代わり，またその責任を問われた党首脳部が総辞職するなど，ハンナラ党は大きな打撃を受けることとなった。

　進歩派と保守派の力争いは，その後，より広範囲かつ頻繁に表れる。例えば，本書の第2章では，社会保障の軸を成す年金制度をめぐる福祉政治の展開を見ることができる。なかでも，基礎年金という税方式による新たな年金制度の創設とその拡大過程を見ると，かつての「保守＝消極的福祉」，「進歩＝積極的福祉」というステレオタイプのロジックでは説明できない複雑な政治論議が確認できる。他にも，李明博・朴槿恵政権（2008年2月～17年3月）下で進められた保育無償化や普遍的福祉の拡大など，保守派による進歩寄りの政策が頻繁にみられる。また，第6章や第9章で扱っている高齢者貧困や少子化対策，青年政策などは，進歩・保守を問わず，ほとんどの政党が重要な政策課題として掲げており，福祉政治は子どもから高齢者まで幅広い層を対象に繰り広げられている。もはや社会保障・社会福祉の拡大や強化は，進歩の専有物ではなくなり，いかに多くの支持層にアピールできるかという，いわゆるポピュリズム化を伴いながら，政治論争の主要

アジェンダとして定着しつつある。

　韓国における福祉政治の激化は，制度政策のイノベーションを促す側面もあるが，一方では，政権交代という大きな政策環境の変化がもたらされる度に，反対側のパージ（purge）を引き起こすことも珍しくない。例えば，第1章および第5章で扱われているベーシックインカムや社会的経済をめぐる政策の原点回帰や逆風，また福祉行政のデリバリーシステムの度重なる組織改編・名称変更などがその例と言える。ここにみられる，前政権の功績や成果に対する「もみ消し」や政策議論の「白紙化」は，それまで積み重ねてきた経験やビジョンを埋め戻すことになるため，制度政策の効果性・効率性，さらに連続性を損ねる原因として働く場合も多い。

　にもかかわらず，韓国の福祉政治は，常に新たな論争を巻き起こし，二大両党（国民の力 vs. 共に民主党）の力争いを繰り広げながら，制度政策を刷新し，新たな道を模索し続けている。韓国の福祉発展期と評価されるアジア通貨危機以降における政党の二極化は，進歩派の金大中・盧武鉉政権（1998年2月〜2008年2月）10年，保守派の李明博・朴槿恵政権（08年2月〜17年3月）10年，進歩派の文在寅政権（17年5月〜22年5月）5年，という超接戦を繰り広げながら，今日（保守派の尹錫悦政権，22年5月〜現在）に至っている。このような相互牽制の構図のなかで行われたバランスの取れた政権交代は，韓国の社会保障・社会福祉を新たな道に推し進める大きな原動力であったと言える。

　政治論争は民意をつかむための政治戦略であるとともに，政策アジェンダを世に知らしめる効果をも持っており，国民の社会保障・社会福祉への関心を高めることにもつながっている。韓国における今後の福祉政治は，一層賢くなった国民をいかに納得させ，ともに未来を形作っていくかが問われるであろう。また，政治的支持層ごとに分断されている各階層の民意の衝突をいかに斟酌し，調整していくのかも大きな課題と言える。

2　市民社会の成長と当事者化

　福祉国家の発展は，経済発展や政策的アプローチがその前提となるが，それと同時に市民社会の働きかけによる世論形成や運動論的アプローチ，さらには第三セクターの形成・拡大による福祉の担い手としての役割など，市民社会が果たした功績も大きい。韓国の社会保障・社会福祉の発展においても，遅まきながら，

そのような市民社会の形成と成長が多くみられる。

　本書では，第4章で国民基礎生活保障法の制定，第5章で社会的経済政策の展開について紹介しているが，いずれも市民社会の草の根の実践がその土台を形成している。国民基礎生活保障法の制定においては，「参与連帯」を始めとする市民団体の役割が大きかった。参与連帯は，アジア通貨危機以前から「国民福祉基本線確保運動」を始め，公的扶助制度の改善に向けた様々な活動を展開してきた（カン・シンウックほか　2004：33；ナム・チャンソップ　2019：23）。また，市民団体によって取り組まれた1990年代における「貧民運動」や「生産共同体運動」などは，国民基礎生活保障制度における「自活支援事業」のモデルとして知られている。さらに，それらの団体や活動家は，制度化以降においても自活事業などにかかわり，実践の理念やノウハウを伝授する役割を果たしている。

　また，社会的経済政策においても，市民社会の影響は大きかった。上述の「貧民運動」や「生産共同体運動」などの実践は，初期の社会的経済組織の萌芽的な実践と評価される。また国の社会的経済政策に多くの影響を及ぼした，ソウル市の社会的経済の活性化を主導した朴元淳・元ソウル市長は，上述の「参与連帯」の創設メンバーでもあり，「美しい店」という社会的企業や，「希望製作所」のような市民活動のプラットフォームを立ち上げるなど，福祉や生活問題に関連する市民活動も積極的に展開してきた。このような市民団体や活動家による政治参加は，福祉問題と政治の関係をより密にする契機をつくったと言える。

　第10章や第11章における養育費の問題や障害者運動にかかる政策議論を触発し，制度政策を動かす事例からは，市民団体や当事者団体の組織的かつ戦略的なアプローチがみられる。第10章では養育費の未払い問題に立ち向かう「養解連」や「バッドファーザーズ」などのアグレッシブな世論形成戦略を見ることができる。また，第11章では障害者団体の「全障連」が展開している障害者の移動権（基本権）運動がマスコミや政治家を巻き込みながら世論形成を図っていく過程が描かれている。いずれの団体も，その戦略が非常に体系的に行われている。問題の実態や状況の厳しさを発信し政府に支援策を「要求」することにとどまらず，理論武装を備えた「交渉術」をもって，マスコミや政治家を巻き込んで活動するなど，市民運動の組織力の強さが垣間見える。

　このように，韓国の社会保障・社会福祉に関連する制度政策の形成過程において，市民団体などが果たした役割は非常に大きい。国の制度政策は，忽然と現れ

るものではなく，その土台となる実践や仕組みがあってこそ，実体化されるものである。韓国の市民社会，とりわけ市民団体による取り組みは主に1990年代以降に組織化され，それほど歴史が長くはないが，それ以前からの民主化運動の経験とノウハウをもとに，短期間で飛躍的な成長を遂げている。社会保障・社会福祉の拡大期における市民団体などによる運動論的アプローチは，福祉政治の激化と相まって，重要な起爆剤または潤滑油の役割を果たしている。

3　政府主導の福祉多元主義

　1980年代以降の福祉多元主義は，福祉サービスの供給主体が政府，民間非営利，民間営利，家族・コミュニティの４つの部門にみられるように，多元的であることが望ましいという考え方である。右派や左派といった政治的立場によって多元化の追求が持つ意義は異なるが，「最適ミックス」による政府の役割や負担の縮小といった新たな体制への転換を試みる点では一定の共通点を有する。韓国においても2000年代以前から，福祉多元主義に基づいて，福祉の準市場化を始め，社会保障・社会福祉の担い手の多様化が進められた。福祉多元主義の視点から見る韓国の社会福祉の展開においては，政府がその他の部門をコントロールする政府主導のアプローチが目立つ。つまり，民間（営利・非営利）や家族・コミュニティ部門の参入・参画を政府が推奨し，それを促すための制度政策が政府から用意される，いわゆる政府主導の福祉多元主義がみられる。

　第３章では，民間保険会社が運営する認知症保険の実態やその背景について論じられており，民間保険が第二のセーフティネットとして機能していることを指摘している。社会保険等の第一のセーフティネットの隙間を補うものとして民間保険の拡大を推奨し，それらの市場参入を促すような制度緩和が講じられている。人口構造や産業構造の変化は，社会保険制度の持続可能性を脅かし，社会保険制度を軸にした制度運営を難しくする要因となっている。民間企業への期待は，政府がそのような限界を認めたことを意味するとも言える。

　一方，第５章で見るように，社会的経済組織は雇用創出や社会サービスの担い手として期待され，今では第三セクターを代表する組織として位置づけられている。社会的経済に関連する制度政策は，民間非営利セクターの土壌が乏しい韓国の状況を鑑み，政府が自ら社会サービスなどの提供主体の多元化を図るために行った政策でもある。

また，療養保護士を扱っている第15章を見ると，国家資格のハードルを低くし，多くの国民が資格を取得し介護分野で活躍できるようにしていることがわかる。さらに，家族療養士を制度化し，要介護者の家族が公的介護サービスの提供者として働けるような仕組みも設けている。家族の行う介護行為が報酬として算定できるようになり，家族介護者への経済的支援にもつながっている。なお，金銭的なインセンティブがむしろ家族介護者を「介護を行うべき者」として固着させてしまうおそれがあることも注意しなければならない。他方，第16章では，死の教育に関する民間資格の普及・拡大が描かれており，当事者や家族の終活支援への関心や参画が増えている様子がうかがえる。このようなケアにかかる国家・民間資格の普及は，担い手の範疇の拡大にもつながっている。

第14章では，農村地域におけるマウル会館の機能について述べられている。社会資源が乏しい農村地域などでは，マウル会館が敬老堂の機能も合わせ持っており，高齢者の居場所だけでなく，保健・福祉に関する政府や自治体の事業と連動して高齢者向けのプログラムを実施するなど，福祉資源としての役割を担っている。また，政府は，住民組織やコミュニティによる見守りや相互扶助機能を支援するため，設備や運営費などについて公的支援を行っている。

一方，本書では取り上げていないが，文在寅政権では，政府部門による社会サービスの提供を強化するため，「社会サービス院」[3]を設置・運営する法律を制定し，広域自治体ごとに整備することが目指された。しかし，法整備の後，実際の仕組みを展開する過程においては，民間との役割重複や財源等の課題にぶつかり，社会サービスの提供を支える支援組織として，その機能や役割が限定されている。なお，2023年に行われた運営方針の改正では，社会サービス院の位置づけにおいて，政府による直接サービス提供ではなく，民間による社会サービスの支援機能が強調されるようになり，本来の目的とは大きく異なる展開となっている。このように社会サービス院の制度化は未完成の改革となってしまったが，多元主義の展開において政府機能の縮小ではなく，むしろ拡大するといった福祉先進国とは異なる展開を見ることができる。これは韓国の福祉多元主義が有する一つの特徴と言えるかもしれない。

韓国における福祉多元主義は，福祉先進国とは違って，福祉国家体制が成熟していない段階で展開されている。そのため，政府機能の縮小の代わりにその他の部門を活性化させる「体制再編・転換を図る代替物」としてではなく，政府部門

も含めて，多様な主体の参画を通じて「社会サービス国家」を推進していく「底上げの戦略」として展開されている。

4　包括的支援のシステム構築

　近年，日本では地域生活課題に資する包括的な支援体制の整備が叫ばれ，そのための制度政策が推進されている。それに関連して，総合相談窓口の設置，対象や分野を問わない・断らない相談体制，またそれを可能にする多職種・多部局連携による支援体制の整備，社会資源の開拓・開発など，ソーシャルワークの実践においても多くの実践課題が示されている。ここでは，韓国の社会福祉制度や実践にみられる包括的支援体制への示唆を挙げてみたい。

　第17章では，韓国における福祉行政のICT化の歩みと，その現状や成果が論じられている。韓国では「住民登録番号」（日本のマイナンバーに当たる）をもとに，1990年代から行政のデジタル化が進められ，2010年からは福祉行政にかかる様々な関連情報をデータベース化した社会保障情報システムが構築され，社会保障や福祉サービスに関連する公的機関および民間機関において活用されている。その成果は，福祉行政の業務の効率化だけでなく，データベースの活用によるアウトリーチや，クライアントの情報共有・活用に基づく多職種連携などを可能にし，ソーシャルワークの実践力の向上にもつながっている。

　また，第7章では高齢者の孤独死防止に関する制度政策の動きや成果が示されているが，そこにも社会保障情報システムを活用した孤独死ハイリスク群の早期発見や早期介入などが成果として挙げられている。地域社会とつながりをもって実践することはソーシャルワークの基本とされる。韓国では，物理的・情緒的なつながりだけでなく，様々な部局の連携によってライフライン（電気・水道・ガスなど）や社会保障の基本情報などをも活用し，潜在的ニーズの発見や早期介入などの実践に活かしている。社会福祉におけるICT化の推進は，様々な福祉制度の制度間ネットワークを強化し，いわゆる諸制度政策に横串を刺すような役割を果たしている。

　ソーシャルワークの実践の視点からは，第13章や第8章で論じられている総合社会福祉館や老人福祉館からも示唆を得ることができる。特に韓国の地域福祉を特徴づける民間の社会福祉組織の一つである総合社会福祉館は，その名の通り「総合的」な相談支援を行っており，児童，障害者，高齢者など特定の対象への援助

ではなく，分野を超えた包括的な実践を展開している。また社会福祉館では，地域の実情に合わせたプログラム開発や資源開発（後援者，ファンドレイジング）が積極的に行われることも特徴である。[4]このように，社会福祉館における分野を超えた相談援助や社会資源開発は，包括的支援の基盤を拡充しようとする日本に多くの示唆を与えてくれる。

5　後発性ゆえの革新性

　序章でも述べられているように，後発福祉国家とされる韓国は，福祉先進国が享受した経済成長の黄金期を経ずに福祉政策を進めなければならない宿命的な弱点を有する。特に，21世紀に入ってから本格的な福祉政策が整備され始めた韓国では，「雇用なき成長の時代」や「少子高齢化」という新しい社会課題と向き合うことが常に求められ，「走りながら考えなければならない」という政策スタンスが常態化している。またこれは，「福祉国家的ではないもの」や「脱キャッチアップ」という新たな道を切り開く動因となったのである。より正確に言えば，そのような後発性ゆえの制約が，おのずと「福祉国家的なもの」や「キャッチアップ」への「あきらめ」をもたらし，結果として新たな挑戦の道に推し進められたのである。しかし，韓国における福祉国家への道，特に近年の経験をたどると，「後発性ゆえの革新性」という側面も確認することができる。

　まず，福祉先進国のように社会保障制度が熟していないため，経路依存的制約が弱いことである。例えば，20世紀末から多くの先進福祉国家は，社会保険等の持続可能性を担保するための制度改革に迫られるも，既得権層の反対などにより，簡単にはことが進まない状況である。しかし，韓国は社会保障制度の歴史が比較的浅く，反対世論を形成する制度政策の利害関係者が少ないため，制度改革や方針転換が身軽に行われるという特徴を有する。

　また，福祉先進国の豊かな経験（成功や失敗）は，後発福祉国家の推進戦略の重要な道しるべとなり，「折衷主義」を採用する形で致命的な制度設計の失敗を避けたり，方針転換や改善を図ることができる。例えば，2008年に導入された老人長期療養保険制度は，ドイツや日本の介護保険制度を参考にしながら作られたが，運営方式や保険料，被保険者の範囲やサービス内容など，両国の制度改正の経過や課題をも考慮し制度設計を行っている。また日本の地域包括ケアシステムに相当する，韓国の「地域社会統合ケアシステム」においても，同様なベンチマー

キングの手法がみられる。このような折衷主義による政策の効率性は，後発性ゆえのものと言える。

　最後に，2000年代以降の情報化社会ならではの特徴として，テクノロジーの発展が，そのまま福祉行政や社会サービスに反映されやすい点が挙げられる。第17章で見るように，福祉行政のICT化は韓国の社会保障や社会サービスの標準装備となっている。これが可能になったのは，社会保障制度の未成熟により，データベース化の推進が比較的容易であったことも関係している。また，個人情報を守るだけでなく，活用する仕組みを作り，新たな制度政策に次々と適用しているため，政策運営側にも利用者側にもICT活用の日常化をもたらしている。このような韓国における福祉行政のデジタル化は，コロナ禍でその重要性が再確認され，日本にも多くの示唆を与えている。例えば，コロナ禍で日本と同じような支援策を実施していた韓国では，コロナ給付金の支給が，わずか2週間で97％完了し，その手続きの簡便さと迅速さが報じられている（「日本経済新聞」2020年5月29日）。福祉行政のデジタル化は，制度運営の効率性や利便性だけでなく，第12章で論じられている福祉アクセシビリティの観点からも多くのメリットを有する。制度の狭間の問題は，制度がないことだけが問題ではなく，制度運用上にみられる情報の非対称性や分節性に起因する場合が多いことを考えれば，福祉行政のデジタル化は福祉アクセシビリティの向上を促す重要な政策課題と言えよう。なお，このようなデジタル福祉の負の側面も看過してはならない。デジタルデバイド（digital divide，情報格差）による新たな差別や排除をいかに防ぐかという視点は，今後のデジタル福祉の推進において極めて重要な論題である。

　このように，韓国は後発福祉国家として「制約と機会」の両面を併せ持っており，特に2000年代以降の展開においては，「制約ゆえの機会」と言える施策や取り組みを確認することができる。韓国の新たな挑戦にみられる一定の特徴や要因を論究していくことは，キャッチアップを追求しない（できない），他のアジア諸国にも多くの示唆を示すことができるであろう。

3　さらなる挑戦に向けて

　本書では，韓国における新たな挑戦が「なぜ生まれたのか」という問いへの答えに焦点を当てている。その答えとして，実践や制度政策の形成と展開の背景と

なる韓国ならではの歴史・文化,社会・経済・政治状況,市民社会や国民性といった様々な背後要因があることを確認することができた。しかし,このような「様々な」要因を,韓国の福祉事情の説明変数として挙げることによって,その核心となる要因が見えにくくなる側面もある。今後,他の先行研究がそうであったように,何らかの分析視点をもって見ていくことで,それらの影響要因をより鮮明に導き出すことができるかもしれない。いずれにしても,本書はその前段の試論的なアプローチであり,韓国社会の全体像を体系的に描き出すには限界があることを記しておく。今後,理論的枠組みを補強しながら,より読み応えのあるものを世に出せるよう,研究仲間たちとともに検討を続けていきたい。

注
1) 当時,ソウル市では,低所得層のみを対象に無償給食を行っていたが,市議会で多数派を占めていた民主党は,保護者の所得に関係なく小・中学校の給食を無償化することを主張し,条例制定に踏み切った。条例により2011年から小学校5・6年生の給食無償化が始まり,12年には全小学校,14年には全中学校,21年には全高校に対象範囲を拡大している。
2) 参与連帯は,「参与民主社会と人権のための市民連帯」の略称で,「人間の尊厳…人権保障を第一の価値とし,民主主義の実現…参与と人権を軸とする希望の共同体建設」(参与連帯 1994)を目指し,1994年9月に組織された市民団体である。2023年4月現在,約1万4000人の会員を有し,参与・連帯・監視・代案の活動原則に則って,11の活動機構と4つの付設機関が活動を行っている。参与連帯は,政治牽制活動を積極的に展開しているため「圧迫市民団体」とも言われるが,社会保障や労働政策などにかかわる世論や政策形成を導く様々な市民社会運動を展開している。
3) 社会サービス院は,「社会サービスの支援および社会サービス院の設立・運営に関する法律」(2022年3月施行)に基づく公的組織である。社会サービス院は公共部門が社会サービスを直接提供し地域社会の主導的な役割を担うことにより,社会サービスの公共性の強化やサービスの質を向上させることを目的とする組織として,2019年からモデル事業を開始し,現在は16の広域自治体に設置されている。
4) このような開発志向の実践は,韓国のソーシャルワークの特徴でもある。これは,かつて政府からの補助金や委託金が100%提供されるのではなく,事業運営の一部を委託機関自らの努力で賄うことが求められていた,いわゆる「貧しい時代の実践」が生み出した遺産とも言える。またそれと関連して,プロポーザルの企画とファンドレイジングがソーシャルワーカーの重要な実践として踏まえられたことも影響している。

参考文献

本書に掲載しているのは，日本語文献のみである。ハングルで執筆された参考文献が膨大であるため，紙幅の関係上，法律文化社のウェブサイト（本書の紹介ページ）に掲載することとした。ハングル文献には，法律文化社のウェブサイトから本書の紹介ページに飛ぶか，右記のQRコードを読み込むことでアクセスすることができます。

序章

伊藤亜聖（2020）『デジタル化する新興国――先進国を超えるか，監視社会の到来か』中公新書。
金成垣（2008）『後発福祉国家論――比較のなかの韓国と東アジア』東京大学出版会。
金成垣（2022a）『韓国福祉国家の挑戦』明石書店。
金成垣（2022b）「韓国の社会保障制度の動向」『社会福祉研究』144：104-110。
金成垣・大泉啓一郎・松江暁子編（2017）『アジアにおける高齢者の生活保障――持続可能な福祉社会を求めて』明石書店。
田多英範（1994）『現代日本社会保障論』光生館。
田多英範（2009）『日本社会保障制度成立史論』光生館。
田多英範編（2014）『世界はなぜ社会保障制度を創ったのか――主要9カ国の比較研究』ミネルヴァ書房。
三浦文夫・三友雄夫編（1982）『講座 社会福祉(3) 社会福祉の政策』有斐閣。

第1章

伊藤亜聖（2020）『デジタル化する新興国――先進国を超えるか，監視社会の到来か』中公新書。
金成垣（2008）『後発福祉国家論――比較のなかの韓国と東アジア』東京大学出版会。
金成垣（2013）「韓国の国民基礎生活保障」埋橋孝文編『生活保護』ミネルヴァ書房：244-257。
金成垣（2022）『韓国福祉国家の挑戦』明石書店。
松江暁子（2014）「韓国――IMF経済危機と社会保障制度の創設」田多英範編『世界はなぜ社会保障制度を創ったのか――主要9カ国の比較研究』ミネルヴァ書房：265-296。
松江暁子（2023）『韓国の公的扶助――「国民基礎生活保障」の条件付き給付と就労支援』明石書店。
Garland, David（2016）*The Welfare State: A Very Short Introduction,* Oxford University Press.（＝2021，小田透訳『福祉国家――救貧法の時代からポスト工業社会へ』白水社。）

第2章

株本千鶴（2000）「韓国における敬老手当制度と老齢年金制度の形成過程について」『人文学報 社会福祉学』16：25-53。
金成垣（2022）『韓国福祉国家の挑戦』明石書店。
金淵明（2004）「韓国の年金改革」新川敏光・ボノーリ, J. 編『年金改革の比較政治学』ミネルヴァ書房：253-279。
高安雄一（2014）『韓国の社会保障――「低福祉・低負担」社会保障の分析』学文社。

裵俊燮（2018）「韓国の老後所得保障政策の政治過程における特徴——高齢者の利益代表における制度的断絶を中心に」『現代韓国朝鮮研究』18：53-64。

裵俊燮（2023）「年金——持続可能な制度構築に向けた議論」『社会保障研究』8(2)：160-174。

Béland, D., and R. Mahon（2016）*Advanced Introduction to Social Policy,* Edward Elgar Publishing.（＝2023，上村泰裕訳『社会政策の考え方——現代世界の見取図』有斐閣。）

第3章

小笠原信実（2019）「韓国における混合診療と公的医療保険給付の課題」『社会政策』11(2)：120-132。

金圓景（2020）「韓国の認知症対策」『日本認知症ケア学会誌』19(3)：514-521。

熊沢由弘（2019）「生命保障分野における「認知症保険」の概要・特徴と開発の背景」『共済総研レポート』162：26-39。

公益財団法人生命保険文化センター（2021）『2021（令和3年度）生命保険に関する全国実態調査』。

第4章

金碩浩（2006）「韓国における『自活事業』の現状と課題——1997年末の経済危機以降における構造的変化の観点から」『総合社会福祉研究』28：165-177。

金碩浩（2022）「韓国の自活事業における包括的ソーシャルワークの構造分析——『自活事例管理』に着目して」『金城学院大学論集』社会科学編18(2)：16-29。

松江暁子（2023）『韓国の公的扶助——「国民基礎生活保障」の条件付き給付と就労支援』明石書店。

第5章

呉世雄（2019）『韓国における社会的経済組織の育成政策と経営実態』全国勤労者福祉・共済振興協会。

金成垣（2022）『韓国福祉国家の挑戦』明石書店。

五石敬路（2012）「韓国における社会的企業制度の系譜と展開」『都市問題』103(6)：100-119。

藤井敦史編（2022）『地域で社会のつながりをつくり直す 社会的連帯経済』彩流社。

羅一慶（2016）「政治的起業家と社会革新——ソウル市の事例研究」『総合政策フォーラム』11(1)：29-52。

第6章

李省翰（2023）「韓国高齢者貧困の現状と課題——社会構造と社会保障改革を中心に」『ゆたかなくらし』NO.486：10-15。

岩田正美・西澤晃彦（2005）『貧困と社会的排除——福祉社会を蝕むもの—』ミネルヴァ書房。

厚生労働省（2018）「平成29年国民生活基礎調査」厚生労働省。

第7章

金涌佳雅（2018）「孤立（孤独）死とその実態」『日本医科大学医学会雑誌』14(3)：100-112。

河合克義（2009）『大都市のひとり暮らし高齢者と社会的孤立』法律文化社。

河合克義（2015）『老人に冷たい国・日本——「貧困と社会的孤立」の現実』光文社。

小辻寿規・小林宗之（2011）「孤独死報道の歴史」『Core Ethics』7：121-130。

鄭熙聖（2020）『独居高齢者のセルフ・ネグレクト研究――当事者の語り』法律文化社。

東京都保健医療局東京都監察医務院（2021）「東京都監察医務院で取り扱った自宅住居で亡くなった単身世帯の者の統計（令和2年）」。

内閣府（2016）『平成28年版高齢社会白書』内閣府。

内閣官房（2022）「孤独・孤立対策の重点計画　概要」（2023年10月1日取得，https://www.cas.go.jp/jp/seisaku/juten_keikaku/r04/index.html）。

ニッセイ基礎研究所（2011）「セルフ・ネグレクトと孤立死に関する実態把握と地域支援のあり方に関する調査研究報告書」平成22年度老人保健健康増進等事業。

新田雅子（2013）「『孤独死』あるいは『孤立死』に関する福祉社会学的考察：実践のために」『札幌学院大学人文学会紀要』93：105-125。

野村総合研究所（2014）「孤立（死）対策につながる実態把握の仕組みの開発と自治体での試行運用に関わる調査研究事業報告書」平成25年度セーフティネット支援対策等事業費補助金。

結城康博（2012）「序章　社会問題としての孤独死」中沢卓実・結城康博編『孤独死を防ぐ――支援の実際と政策の動向』ミネルヴァ書房。

Townsend, P（1957）The Family Life of Old People：An Inquiry in East London, Routledge.（=1974, 山室周平監訳『居宅老人の生活と親族網――戦後東ロンドンにおける実証的研究』垣内出版。

第8章

藺牟田洋美（2016）「ライフレビュー・サクセスフルエイジング・居場所感」『老年社会科学』37(4)：428-434。

岡本るみ子・水上勝義（2018）「高齢者の精神健康における顔の運動効果について」『日本老年医学会雑誌』55(1)：74-80。

長田久雄・鈴木貴子・高田和子・西下彰俊（2010）「高齢者の社会的活動と関連要因：シルバー人材センターおよび老人クラブの登録者を対象として」『日本公衆衛生雑誌』57(4)：279-290。

金美辰（2020）「老人福祉館利用地域高齢者の社会活動と継続利用に関する研究」『人間福祉学会誌』19(2)：35-42。

金美辰（2023）「韓国高齢者における老人福祉館活用理由と主観的幸福感との関連」『人間生活文化研究』33：185-190。

金美辰・堀米史一（2012）「介護予防サービス利用者の日常生活機能低下要因の調査研究」『介護福祉士』18：41-46。

佐々木隆夫（2013）「定年後高齢者の居場所確保を目的とした社会福祉士による援助の必要性：定年後高齢者の社会的孤立防止の観点から」『医療福祉研究』7：1-14。

浜崎優子・佐伯和子・塚崎恵子・城戸照彦（2007）「地方中核都市における高齢者の社会活動と幸福感に関する研究（第2報）――後期高齢者の主観的幸福感の関連要因」『北陸公衆衛生学会誌』33(2)：86-91。

深堀敦子・鈴木みずえ・グライナー智恵子・磯和勅子（2009）「地域で生活する健常高齢者の介護予防行動に影響を及ぼす要因の検討」『日本看護科学会誌』29(1)：15-24。

第9章

宇野重規（2020）『民主主義とは何か』講談社現代新書。

落合恵美子（2023）『親密圏と公共圏の社会学——ケアの20世紀体制を超えて』有斐閣。

落合恵美子編（2013）『親密圏と公共圏の再編成——アジア近代からの問い』京都大学学術出版会。

落合恵美子編（2021）『どうする日本の家族政策』ミネルヴァ書房。

金成垣（2008）『後発福祉国家論——比較のなかの韓国と東アジア』東京大学出版会。

金成垣（2022）『韓国福祉国家の挑戦』明石書店。

金成垣（2024）「韓国福祉国家はどこに向かっていくのか」『社会政策』15(3)：176-189。

春木育美（2020）『韓国社会の現在——超少子化，貧困・孤立化，デジタル化』中公新書。

松江暁子（2009）「韓国における少子化対策」『海外社会保障研究』167：79-93。

松江暁子（2011）「韓国における少子化問題——その背景および原因と政府の対策」『賃金と社会保障』1537：46-65。

三浦まり編（2018）『社会への投資——〈個人〉を支える〈つながり〉を築く』岩波書店。

Garland, David（2016）*The Welfare State: A Very Short Introduction,* Oxford University Press.（＝2021，小田透訳『福祉国家——救貧法の時代からポスト工業社会へ』白水社。）

第10章

尹龍澤（2021）「韓国の行政基本法——紹介と翻訳」『創価ロージャーナル』14：99-125。

第11章

秋田市太郎（2021）「初期エルンスト・ブロッホにおける『非同時代性』の思想」『立命館法政論集』19：246-288。

孔栄鍾（2023）「政策公約からみた韓国障害者政策の現局面」『社会福祉学部論集』19：147-157。

第12章

朝倉美江（2020）「移民問題と多文化福祉コミュニティ」三本松政之・朝倉美江編著『多文化福祉コミュニティ——外国人の人権をめぐる新たな地域福祉の課題』誠信書房：28-53。

石河久美子（2018）「地域福祉研究のあり方を問う——多文化ソーシャルワークの課題」『日本の地域福祉』31：5-6。

越智あゆみ（2011）『福祉アクセシビリティ——ソーシャルワーク実践の課題』相川書房。

三本松政之（2020）「地域福祉と多文化福祉コミュニティ」三本松政之・朝倉美江編著『多文化福祉コミュニティ——外国人の人権をめぐる新たな地域福祉の課題』誠信書房：1-24。

新田さやか（2020）「資料3　韓国の外国人労働者，多文化家族等に係る政策」三本松政之・朝倉美江編著『多文化福祉コミュニティ——外国人の人権をめぐる新たな地域福祉の課題』誠信書房：204-205。

野田有紀・李恩心（2023）「多文化共生社会づくりにおける福祉サービスへのアクセシビリティ——日本と韓国の多文化共生施策と包括的支援体制への課題を中心に」『学苑』（971）：38-48。

春木育美（2014）「日本と韓国における外国人政策と多文化共生」『東洋英和大学院紀要』10：17-27。

第13章

金範洙（1995）「韓国における地域社会福祉館の発展過程に関する研究」同志社大学大学院文学研究科社会福祉学専攻博士学位論文。

第15章

任セア（2020）『介護職の専門性と質の向上は確保されるか──実践現場での人材育成の仕組みづくりに関する研究』明石書店。

任セア（2022）「介護人材確保をめぐる政策の課題」（第1部「高齢者福祉の政策評価」の第3章）埋橋孝文編『福祉政策研究入門　政策評価と指標　第1巻──少子高齢化のなかの福祉政策』明石書店：74-91。

林春植・宣賢奎・住居広士（2010）『韓国介護保険制度の創設と展開──介護保障の国際的視点』ミネルヴァ書房。

第17章

羅芝賢（2019）『番号を創る権力──日本における番号制度の成立と展開』東京大学出版会。

春木育美（2020）『韓国社会の現在──超少子化，貧困・孤立化，デジタル化』中公新書。

森田朗（2018）「社会保障・医療分野におけるICTおよびビッグデータの活用」『社会保障研究』3(3)：378-390。

事項索引

あ 行

ICT 化／戦略　267, 268, 270-272, 277-280,
　282, 290, 292
アジア　59, 157, 158, 160, 252, 292
アジア通貨危機　1-3, 9, 19, 33, 43, 68-72,
　75, 76, 78, 81, 83, 89, 158, 219, 222, 286
新しい福祉国家　14, 15
育児休業（制度）　4, 147, 149, 152
李在明　26, 27
異次元の少子化対策　138
一億総中流社会　157
移動権闘争　177
居場所作り　129
李明博政権／政府　7, 9, 10, 20, 22, 29, 65,
　89, 269, 285, 286
医療扶助　2, 62
医療保険　2, 48, 49, 59, 152, 159
インフォーマル経済　45
ウェルダイイング　253, 257, 262, 264, 265
運転免許停止処分　162, 164-166
運動論的アプローチ　168, 170-172, 286
永久賃貸住宅　213, 219, 222
M字曲線　127
オーダーメイド型（福祉）　20, 57, 150,
　272, 275
呉世勲　93, 94, 285

か 行

介護危機　239, 252
外国救護機関　217, 218
介護人材　249-252
介護福祉士　238-241, 250-252
介護予防（事業）　125, 126, 128, 133-137
皆年金　1
皆保険　1, 19, 37, 39, 40, 42, 48
格差　81, 101, 107, 149, 151, 154, 156, 184,
　225, 282
革新性　94, 291
カクダン福祉財団　255, 256, 258, 260, 263
家事訴訟法　163, 164
家族センター　198-201, 208
家族療養士　289
家族療養保護士　244, 245
仮名（加工）情報　280, 281
韓国自活福祉開発院　68, 69
韓国死の教育協会　254-256
韓国社会的企業振興院　84
韓国障害者団体総連盟　186
完全雇用　157, 158
基礎年金　10, 11, 24, 25, 34-36, 38-44
基礎老齢年金　33, 40-44, 98, 100
金大中政権／政府　7, 19, 20, 61, 71, 72, 81,
　95, 247, 268, 269, 286
金泳三政権／政府　95, 269
教育競争　151, 154
教育費　144, 147, 152, 154, 157, 160
行政情報システム　267
協同組合　15, 16, 78, 81, 85, 86, 89-91, 119
協同組合基本法　4, 77, 80, 85, 86, 89
近代家族　157
勤労能力のある（貧困層）　60, 62, 63, 71,
　72
勤労連携福祉　62, 72
勤労を通じた自立・自活　72
軍人年金　2
経済開発5か年計画　233
刑事処罰　162-164, 166-168, 172
敬老堂　128, 133, 228, 229, 233, 234, 254
敬老年金　40, 41
現金給付　3, 4, 6-8, 13, 27, 29, 152
現任研修　242-244
広域自活センター　68
工業化　222, 233

公共勤労事業　70, 82, 83, 93, 100, 101

交通弱者法　180, 182, 183

公的扶助　1-3, 8-10, 19, 21-25, 35, 40, 60, 70-72, 77, 78, 99, 102, 287

後発性　42, 44, 291, 292

後発福祉国家　12-15, 17, 34, 43, 45, 158, 291

公務員年金　2

高齢化　42, 47, 52, 97, 98, 105, 111, 121, 126, 143, 144, 220, 226, 229, 233-237, 253

高齢者貧困　34, 97, 98, 100, 101

国際協同組合年　85

国際障害者年　178, 187

国際奉仕団体　217, 218

国民皆保険・皆年金体制　3, 19

国民基礎生活保障　3, 9, 19, 23, 25, 60, 61, 71-73, 82, 206, 278, 282, 287

国民支援金　12

国民就業支援制度　12, 24, 25, 64, 67, 76

国民年金　2, 10, 22, 24, 34-39, 42, 43

国民の力　176, 186

国民福祉基本構想　74

国連貿易開発会議　184

個人事業主　9, 21, 23, 26, 30

個人別自活支援計画　67

個人別自立経路　67

５大所得保障政策　10, 12, 24, 25

国家資格　219, 238, 239, 247-251

国家試験制度　219, 241, 249

国家情報化基本計画　269, 270

国家人権委員会　189, 190

孤独・孤立対策の重点計画　114, 115

孤独死高危険群　111, 120

孤独死　110, 113, 114

孤独死実態調査　116, 120, 124

孤独死防止　114, 120, 290

孤独死予防法　114, 116

孤独死老人追跡調査報告書　111

子どもの権利条約　162

個別給付　9, 23, 24, 274, 282

コミュニティ企業　86

雇用創出　61, 77, 81-83, 88-90, 247, 248, 251, 252, 288

雇用と所得の不安定　144, 146, 155, 157, 158

雇用なき成長　68, 76, 78, 89, 90, 291

雇用保険　2, 19, 22, 30

雇用保障総合対策　82

孤立死　112, 259, 262

孤立死防止　112-114

コロナ禍　12, 26

混合診療　159

さ行

サービス給付　6-8

在韓外国人処遇基本法　192, 195, 196

最低限度の人間らしい生活　72

最低生計費　38

才能寄付　132

参与連帯　287

自営業　9, 21, 22, 26, 30-32, 34, 74, 102

ジェンダー平等　145, 153, 159, 200

死角地帯　22, 23, 27, 31, 37, 43, 275, 279

自活企業　4, 15, 16, 60, 61, 66, 67, 76, 80, 81, 85, 86

自活企業活性化方策　76

自活共同体　66, 74-76, 82, 85

自活勤労事業　61, 64-67, 76

自活支援センター　74, 75

自活（支援）事業　60-63, 66-70, 73, 75-78

自活事例管理　67

仕事と家庭の両立困難　144, 146, 154, 155, 157

資産形成（支援）事業　27, 67

次上位者／階層　12, 62, 63, 66, 67, 85, 117

次世代社会保障情報システム　267, 271, 282

事前延命医療意向書　259, 261

実損（医療）保険　59

指定代理請求人制度　50

児童手当　10, 11, 24, 25

ジニ係数　70

市民権　182, 208

市民社会　91, 108, 170, 182, 183, 286-288

社会活動　128, 130-132

社会起業家　91

社会サービス　64-66, 75, 82-84, 90, 91, 220, 280, 281, 288, 289

社会サービス堂　119, 220, 289

社会サービス国家　6-8, 12-14, 290

社会的企業　6, 80, 81, 83-86, 100, 101, 287

社会的企業育成法　4, 77, 80, 83-85, 90, 91

社会的経済　75-78, 80, 81, 86-91

社会的経済活性化方案　4, 87

社会的経済基本法（案）　86, 87, 92, 93

社会的経済三法　86, 87

社会的経済総合支援計画　92

社会的経済組織　80, 84-88

社会的経済の生態系づくり　86, 88, 89, 92

社会的孤立　98, 99, 113-116

社会的就労創出事業　82, 83, 90

社会的投資戦略　7, 20

社会福祉士　68, 117-119, 122, 123, 135, 211, 219, 223, 224, 241

社会福祉事業法　195, 214, 218, 220, 222

社会福祉実践　217, 221

社会福祉統合電算網　270

社会変革　173

社会保険　2, 3, 8-10, 19-23, 29, 31, 32, 35, 36, 44, 45, 56-58, 288

社会保険ではない制度　6, 8, 12-14, 20, 32

社会保障基本法　272, 278

社会保障給付法　278

社会保障情報システム　267, 271-275, 282

社会保障制度の機能不全　21, 24, 31, 98, 104, 105

就学前教育・保育支出　141

終活　254

宗教団体　135

住民登録番号　275, 276, 290

住民登録法　276

就労支援　4, 6, 7, 71, 75, 82, 98, 105, 108, 199

就労支援事業　132

出国禁止　162-164, 166, 167

準普遍主義　6, 10, 11, 13, 14, 44

障害者権利運動　177, 190

障害者権利条約　187-189

障害者権利予算　183

障害者差別禁止法　181, 188

障害者年金　10, 24, 25, 181, 188, 274

障害者福祉館　15, 16, 219

生涯セーフティネット　280

消極的福祉　285

条件付き受給者　62, 63, 67, 68

少子化　138, 159, 160, 204, 220

　　――対策　138, 140, 141, 143, 154, 285

少子高齢化　3, 4, 7, 34, 44, 90, 98, 204, 212, 237, 247, 252, 282, 291

資力調査　21

事例管理　215

人口オーナス　148, 150

新興国の逆説的な強み　14, 33

人口ボーナス　148

申請主義　274, 283

生活支援士　118, 119, 122

生活保護　2, 40, 41, 82, 86, 132, 182, 219

生産共同体運動　73, 74, 82, 93, 287

生産的オーダーメイド型福祉　20

生産の福祉　61, 71, 72, 74, 82

政治勢力化　185-187

脆弱階層　67, 72, 75-77, 82-84, 218, 219

政治両極化　185, 186

制度頼みの体質　94

制度の狭間　121, 267, 274, 277, 278, 282, 292

青年基本法　152

青年通帳　27-29

積極的福祉　285

折衷主義　291, 292

セマウル運動　227, 234

全国5大標準化事業　64, 76

全国障害者差別撤廃連帯（全障連）　176, 177, 185, 287

全国民雇用保険　9, 10, 23, 29

選択議定書（障害者権利条約）　189

先任療養保護士　242-244

選別主義　11, 285

専門性　128, 134, 135, 204, 216, 223, 242, 244, 248-250

相対的貧困率　76
ソウル協同組合支援センター　92
ソウル社会的経済支援センター　92
ソーシャルアクション　173
ソーシャルベンチャー　81, 88
ソーシャルワークグローバル定義　173

た　行

第1次孤独死予防基本計画　115-117
第1次年金改革　38
第1／第2の出生率低下　157
第三セクター　91, 286, 288
多職種連携　290
脱キャッチアップ的挑戦　1, 2, 12, 14, 16, 284
脱工業化　13, 88, 158
多文化家族支援法　192, 193, 195-198
多文化共生政策　192, 193, 204
男性稼ぎ主モデル　157
地域自活センター　60, 64, 68, 69, 74-76, 82
地域社会統合ケアシステム　291
地域組織化　215
地域特化事業　64
地域福祉　15, 93, 211-213, 290
地域包括支援センター　112, 125, 128, 134, 135
地下鉄デモ　176, 180, 183, 187
長期療養要員　240, 243
低出産高齢社会委員会　143
低出産高齢社会基本計画　4, 140, 143
低出産高齢社会基本法　4, 143
低所得長期失業者　70
デジタル政府　268-270, 275, 276, 283
デジタルデバイド　292
デジタル福祉　292
泰和女子館　217
出向く住民センター　201
統合給付　9, 23, 24
ドゥルヌリ社会保険　9, 22, 23, 29
特殊雇用　30
特別就労支援事業　75
都市化　110, 111, 222, 233

独居老人生活管理士　117

な　行

二極化　76, 78, 103, 107
20世紀体制　157-160
認知症　47, 48, 55, 56, 112, 239, 240
認知症安心社会　57
認知症安心センター　57
認知症ケアの社会化　49, 54, 58
認知症国家責任制　49, 57, 58
認知症総合管理対策　48
認知症保険　47, 48, 50-54, 58, 59
年金政治　43
農村地域　226, 227, 229, 232, 234, 237
能動的福祉　7, 20, 220
盧武鉉政権／政府　7, 8, 20, 247, 251, 269, 286

は　行

朴元淳　91-93, 285
朴槿恵政権／政府　7, 9, 20, 23, 66, 89, 269, 285, 286
朴正熙政権／政府　35, 237
バッドファーザーズ　168-171
非営利組織　85, 91
非正規雇用者／労働者　9, 21-23, 30-32, 70, 105, 121, 147, 149-151, 154
ビッグデータ　271, 278, 280, 281
非同時代性　184, 185
ひとり親世帯　162, 163, 172
比例原則　162, 163, 166, 167, 170
貧民運動　73, 287
不安定就労層　9, 21-23, 29, 30
フォーディズム　13, 157
福祉アクセシビリティ　192, 201, 204-207, 292
福祉館（総合社会福祉館）　6, 15, 16, 108, 201, 211, 213, 254, 262
福祉後進国　5
福祉国家的ではないもの　2, 14-16, 284
福祉国家の黄金時代　13, 14, 158

事項索引　305

福祉国家論　284
福祉政治　285, 286, 288
福祉先進国　4, 5, 289, 291
福祉多元主義　288, 289
不正受給　271, 274, 282
不当な権限の融合　162, 163, 166, 167, 170
普遍主義　11, 285
普遍的なサービス　220
扶養義務者基準　12, 21
ベーシックインカム　25-27, 29
保育施設利用率　141, 142
包括的支援（体制）　87, 92, 115, 121, 290
包容的福祉　20, 220
ポスト工業化　68, 69, 73

ま 行

マウル会館　16, 226-230
マウル企業　4, 15, 16, 80, 81, 85, 86, 108
マウル共同体　92, 93
マウル共同体総合支援センター　92
Me Too 運動　170, 173
身元公開　162-164, 166, 167, 169
民間医療保険　49
民間保険　i, 1, 15, 47, 49, 51, 52, 54, 58, 59, 159, 288
民主党　186, 285, 286
無償給食条例　285
無償保育　2, 149
無年金・低年金　10, 24
文在寅政権／政府　8, 10, 11, 20, 23, 24, 89, 220, 269
モデル自活事業　73

や 行

尹錫悦政権／政府　8, 10, 20, 25, 33, 94
養育費　162-164, 172
養育費解決総連合会（養解連）　168-170, 287
養育費債権者　163
養育費債務者　163
養育費立替制度　171-173
養育費不払い問題　162, 163, 167, 168
養育費履行確保制度　163, 170, 172, 173
養育費履行確保法　164, 165, 171, 172
養育費履行管理院　164-166
余暇活動　127, 235, 236, 253
予備社会的企業　84, 86

ら 行

両大法案闘争　178
療養病院　56, 240
療養保護士の養成課程　240-242
隣保館運動　217
連帯経済　85
老後への備え　100, 102, 106, 107
老人個別型統合サービス　117-119, 121-123
老人長期療養保険　4, 48, 56, 91, 125, 239-241, 243, 245, 247
老人福祉館　6, 16, 126, 130, 131, 133, 254, 262
老人見守りサービス　118
老人見守り総合サービス　117
老人見守りバウチャー　124
労働統合型社会的企業　84, 89, 91
老齢手当　35, 40, 41
6月抗争　178

執筆者紹介

執筆順，現職，読者へ一言

金　成垣（きむ・そんうぉん）　　　　　　編者，序章・第1章・第9章

東京大学大学院人文社会系研究科教授

本書をふまえ，地域研究としての韓国研究を超え，福祉国家論・社会福祉論の新しい展開を願います。

裵　俊燮（べ・じゅんそぷ）　　　　　　　　　第2章

明治学院大学国際学部国際学科専任講師

似ているようでどこか異なる韓国の社会政策について，新しい観点からアプローチできる機会になれば幸いです。

金　圓景（きむ・うぉんぎょん）　　　　　編者，はじめに・第3章

明治学院大学社会学部社会福祉学科准教授

本書を通して，比較研究の面白さに気づき，探究していく仲間が増えることを願います。

金　碩浩（きむ・そこ）　　　　　　　　　　第4章

愛知県立大学教育福祉学部社会福祉学科准教授

日本に拠点をおく韓国人研究者の自由闊達な議論にぜひご関心を寄せていただければ幸いです。

呉　世雄（お・せうん）　　　　　　　　編者，第5章・終章

立命館大学産業社会学部准教授

本書を通して，比較の視点から日韓の社会福祉の進むべき道を考える機会となれば嬉しいです。

李　省韓（い・そんはん）　　　　　　　　　第6章

佐久大学人間福祉学部人間福祉学科専任講師

発見の旅とは，新しい景色を探すことではなく，新しい目で見ることです。本書を通して，新たな視野で知識や情報が共有できれば幸いです。

鄭　熙聖（ちょん・ひそん）　　　　　　　　　　　　　　　第7章

関東学院大学社会学部准教授

本書が，社会福祉に関する研究や議論の場を提供し，韓日両国の交流と理解を深め，より良い社会の実現に貢献する一助となれば幸いです。

金　美辰（きむ・みじん）　　　　　　　　　　　　　　　　第8章

大妻女子大学人間関係学部人間福祉学科教授

本書が，日韓の社会福祉に関する比較研究のきっかけになれば幸いです。

姜　民護（かん・みんほ）　　　　　　　　　　　　　　　　第10章

同志社大学社会学部社会福祉学科助教

激動する韓国の社会福祉事情から，新たな展開への突破口が少しでも見いだされることを期待します。

孔　栄鍾（ごん・よんじょん）　　　　　　　　　　　　　　第11章

佛教大学社会福祉学部社会福祉学科准教授

本書における現代韓国への「問いかけ」とその「答え」が，「韓国はやっぱり面白い！」「もっと知りたい！」につながることを願います。

李　恩心（い・うんしむ）　　　　　　　　　　　　　　　　第12章

昭和女子大学人間社会学部福祉社会学科准教授

福祉の発展度合いにかかわらず，異なる環境における取り組み方の違いに焦点を当ててみるのも面白いと思います。本書を通じて，ともに学びあう機会になればと思います。

崔　恩熙（ちぇ・うんひ）　　　　　　　　　　　　　　　　第13章

松山東雲女子大学人文科学部心理子ども学科講師

「なぜ韓国では？」と思われる事が少しでも解消できれば嬉しいです。

金　吾燮（きむ・おそっぷ）　　　　　　　　　　　　　　　第14章

熊本学園大学社会福祉学部特任講師

韓国の日常生活に関わっている福祉事情の解析が，今後の福祉の在り方を考える一助となれば幸いです。

任　セア （いむ・せあ）　　　　　　　　　　　　　　　　第15章

立教大学コミュニティ福祉学部福祉学科助教
本書を通して，近くて遠い国である韓国の福祉事情，特に人材育成についてともに
議論できればと思います。

孔　英珠 （こん・よんじゅ）　　　　　　　　　　　　　　第16章

西南学院大学人間科学部社会福祉学科准教授
本書の多様な問題意識や検討内容から韓国の現状への理解が深まり，新たな議論や
関係が広がることを願います。

羅　珉京 （な・みんきょん）　　　　　　　　　　　　　　第17章

長野大学社会福祉学部准教授
韓日の福祉の過去・現在・未来について，仲間たちと学びあえる場を増やしていき
たいと思います。

Horitsu Bunka Sha

社会福祉研究叢書 4

現代韓国の福祉事情
―― キャッチアップか、新しい挑戦か

2025年1月25日　初版第1刷発行

編著者	金　成垣・金　圓景
	呉　世雄

発行者　畑　　光

発行所　株式会社　法律文化社

〒603-8053
京都市北区上賀茂岩ヶ垣内町71
電話 075(791)7131　FAX 075(721)8400
https://www.hou-bun.com/

印刷／製本：亜細亜印刷㈱
装幀：仁井谷伴子
ISBN 978-4-589-04381-8

© 2025　Sung-won Kim, Won-kyung Kim, Se-woong Oh Printed in Japan

乱丁など不良本がありましたら、ご連絡下さい。送料小社負担にてお取り替えいたします。
本書についてのご意見・ご感想は、小社ウェブサイト、トップページの「読者カード」にてお聞かせ下さい。

JCOPY　〈出版者著作権管理機構　委託出版物〉

本書の無断複写は著作権法上での例外を除き禁じられています。複写される場合は、そのつど事前に、出版者著作権管理機構（電話 03-5244-5088、FAX 03-5244-5089, e-mail: info@jcopy.or.jp）の許諾を得て下さい。

竹本与志人著
〔社会福祉研究叢書1〕

認知症のある人への経済支援
―介護支援専門員への期待―

A5判・206頁・4950円

経済的理由で在宅療養のための様々なサービスを自ら利用制限する事例が少なくない。現場で支援するケアマネを対象に，認知症のある人の経済問題の実態と経済支援の対応を可視化することで制度の十分な活用を図り，課題解消の方途を示す。

吉田仁美著
〔社会福祉研究叢書2〕

障害者ジェンダー統計の可能性
―実態の可視化と課題の実証的解明をめざして―

A5判・282頁・5940円

国際的に重要性が指摘されている障害者ジェンダー統計の先進国における研究動向と日本の現状を把握。その上で，障害の医学モデルから社会モデルへの転換に際して，障害者ジェンダー統計における新しい統計データの分析の方向性を示すことをめざす。

小沼聖治著
〔社会福祉研究叢書3〕

ソーシャルアクション・モデルの形成過程
―精神保健福祉士の実践を可視化する―

A5判・208頁・4400円

精神保健福祉士にとって，行政機関に働きかけ社会福祉制度やサービスの改善・開発を目指すソーシャルアクションの技術は必要不可欠である。精神保健福祉士の現状やソーシャルワークの価値・倫理観にも触れつつ，その実践方法を紹介する。

石井まこと・所道彦・垣田裕介編著
〔Basic Study Books〕

社 会 政 策 入 門
―これからの生活・労働・福祉―

A5判・238頁・2860円

従来の教科書にはない学生（読者）目線で，社会を生きていく上で重要な知識や考え方を身につけられるように，ライフステージ別で起きる生活・労働・福祉の問題を事例を踏まえて，現行制度の使い方，問題点，新しい制度の作り方などを理解できるように工夫した。

浅羽祐樹編

はじめて向きあう韓国

四六判・208頁・2310円

政治・外交・経済・経営・歴史・社会・文化といった様々な側面において日本と縁の深い韓国。このような隣国の幅広い分野について多角的に知ることで，私たちがどう「向きあう」ことができるのかを考える現代韓国に関する入門書。

―――法律文化社―――

表示価格は消費税10%を含んだ価格です